Christian Alt
Christian Schiffer

ANGELA MERKEL IST HITLERS TOCHTER

Im Land der Verschwörungstheorien

Carl Hanser Verlag

2. Auflage 2018

ISBN 978-3-446-26028-3
Umschlag: Anzinger und Rasp, München
Motiv: Liberal Freemason, Masonic Eye Of Providence,
https://creativecommons.org/licenses/by-sa/3.0/, CC-BY-SA 3.0
Satz: Greiner & Reichel, Köln
Druck und Bindung: Friedrich Pustet, Regensburg
Printed in Germany

INHALT

KAPITEL 1

EINLEITUNG

Eigentlich hatten wir nie geplant, Aufklärer zu sein, keine Ritter für das Schöne, Wahre und Gute, entschlossene Abschmetterer des Bullshits da draußen. Wir wollten ganz sicher nicht mit zittrigen Fingern an Rauchmeldern herumfummeln, uns auf eBay halbseidene Facebook-Gruppen kaufen müssen und uns durch Foren irgendwelcher Reichsbürger wühlen. Eigentlich wollten wir unsere Ruhe, wir wollten vor der Playstation mit einer Tüte Flips abhängen und gelegentlich ein oder zwei Bier trinken gehen.

Natürlich hatten auch wir mitbekommen, dass da etwas im Gange war, dass immer öfter von sogenannten »Fake News« gesprochen wurde; dass es immer öfter hieß, die Leute würden heute jeden Unsinn glauben und dass man ja andererseits gar nicht mehr so richtig klar sagen könne, was das eigentlich sei, die Wahrheit. Dass da draußen der Kopp-Verlag hohe Umsätze mit »alternativen Wahrheiten« machte oder dass die reißerischen Bücher des ehemaligen FAZ-Redakteurs Udo Ulfkotte die Spiegel-Bestseller-Listen anführten.

Doch das alles interessierte uns damals nicht so richtig. Klar: Es gab Verschwörungstheorien, nur spielten die in unserer Welt keine Rolle. Verschwörungstheoretiker, das waren irgendwelche leichtgläubigen Vollhonks im Internet.

Und trotzdem fanden wir uns ein paar Monate später in einer Art Kaninchenbau wieder, in einer Halbwelt aus Paranoia, Halbwahrheiten, Ressentiments und Irrationalität.

Dass es so gekommen ist, dafür gibt es eine Schuldige: die Realität. Genauer: die analoge Realität. Denn in der digitalen Realität, dem Internet, waren wir ja schon längst durch ein Stahlbad an Bullshit gewatet und hatten deswegen über all die Jahre fein kalibrierte Bullshit-Detektoren herausgebildet. Wenn es hieß, dass kleine Katzen in Einmachgläsern gehalten werden, wenn wir wieder mal einen Kettenbrief weiterleiten sollten, weil der kleine Timmy ganz dringend eine Knochenmarkspende benötigte, wenn uns nigerianische Prinzen um Geld anpumpten, wenn Ronaldinho in einem angeblichen Amateurvideo Pingpong mit der Torlatte spielte oder Jan Böhmermann das deutsche Feuilleton narrte, immer schlug unser sechster Internet-Sinn zuverlässig an. Wir rochen Fakes und Hoaxes zehn Zentimeter gehen den Stream und hatten unseren Facebook-Algorithmus zudem über all die Jahre so erzogen, dass der schlimmste Bullshit gar nicht erst zu uns durchdrang; keine Nachrichten des Kopp-Verlags, keine Videos von Ken Jebsen und keine Theorien des Compact-Magazins verunstalteten unsere Timelines. Wir hatten sorgsam unsere Favoritenlisten angelegt, hatten uns liebevoll um unsere Twitter-Blocklisten gekümmert und dem Netz so nach und nach seine bullshitfreien Seiten abgetrotzt.

Doch dann schlug der Bullshit zurück, und zwar in der Kohlenstoffwelt. Auf Hochzeiten, beim Trinken mit der Thekenmannschaft, in der U-Bahn, beim Kartenzocken mit ehemaligen Klassenkameraden, in der Bäckerei, bei Kaffee und Kuchen mit entfernten Verwandten: Immer öfter wurden wir nun mit Bullshit konfrontiert, mit steilen Thesen und wirren Theorien, mit skurrilen Fakten und bizarren Überzeugungen. Da war die Großtante, die sich absolut sicher war, dass Chemtrails im Auftrag der US-Regierung alle vergiften wollten, da war der zweikampfstarke Linksaußen, der sich absolut sicher war, dass der 11. September ein »Inside-Job« war, und der mittlerweile pensionierte Deutschlehrer, der die Flüchtlingssituation für einen geheimen Plan zur Zerstörung des christlichen Abendlandes hielt. Im privaten Umfeld begegneten uns nun plötzlich dauernd Verschwörungstheorien, und dummerweise konnten wir die nicht schnell einfach so wegklicken. Man verwickelte uns in Diskussionen, konfrontierte uns mit alternativen Fakten und begann dann sogar damit, unser geliebtes Internet nach und nach mit Konspirativ-Content zu kontaminieren. Immer wieder bekamen wir nun Links zugeschickt zu regelrechten Bullshit-Veredelungsangeboten, auf denen der Quatsch mit halbseidenen Fakten angereichert und als ernst zu nehmende Nachricht serviert wurde.

Was man über uns wissen sollte: Wir sind zwei Übernerds. Christian Schiffer, das ist der Typ, der auf Partys nach ein paar Drinks immer in den »Verrückten Professor«-Modus schaltet und dann stundenlang von der Bundesligasaison 94/95, von Schumpeters Theorie der schöpferischen Zerstörung oder dem Computerspiel MadTV erzählt. Christian Alt wiederum ist ein regelrechter Virtuose in Sachen Exceltabellen, einer, der sich in so ziemlich jedes Thema hineinfuchsen kann, egal, ob es um Balkontomaten geht oder um Teilchenbeschleuniger. Gemeinsam waren wir schon auf einem 24-Stunden-Marathon in der Virtual Reality, haben uns durch das Dickicht der deutschen Computerspielbranche geschlagen und künstliche Intelligenzen an den Rand des Wahnsinns getrieben. Dann kam vor ein paar Jahren der Wendepunkt: Wir standen auf der Mad-Max-Party der Gamescom rum, umschwärmt von eingekauften Schauspielern in kettenbehangenen Lack-und-Leder-Outfits. Aber das interessierte uns nicht. Stattdessen redeten wir stundenlang über Zufallsbegegnungen mit Verschwörungstheoretikern, die immer häufiger zu passieren schienen. Wir zeigten uns auf unseren Smartphones zuerst die lustigsten Theorien. Dann die weniger lustigen. Und dann die rechtsextremen. Irgendwann kippte die Stimmung völlig. Was zur Hölle war nur mit den Menschen los?

Erst irritierte uns das alles, dann waren wir genervt, und irgendwann wurden wir sauer. Sahen die Leute denn nicht, was für einen Unsinn sie da verbreiteten? Wer zur Hölle glaubt denn bitte zum Beispiel, dass Obama ein Echsenmensch ist? Und was sind das für Menschen, die felsenfest davon überzeugt sind, dass die Erde flach ist?

Es war, als wären wir auf der langweiligen Firmenfeier mal schnell eine rauchen gegangen – und als wir wiederkommen, gibt es auf einmal Pfeffi für alle, die Elke aus der Buchhaltung tanzt auf dem Tisch und der Manfred aus dem Controlling zeigt seine Sammlung von Nazi-Bierdeckeln.

Deswegen schreiben wir jetzt dieses Buch. Und da wir beide nun mal Christian heißen, verschmelzen wir jetzt für den Rest des Buch zu einem »wir«. Das ist wahrscheinlich auch gut so, denn die Entblödung der Welt, das ist kein Job für nur eine Person.

Wir haben damals nicht nur gemerkt, dass es weder der Großtante noch dem Linksaußen noch dem Deutschlehrer guttut, an Chemtrails, Inside Jobs und den großen Bevölkerungsaustausch zu glauben, sondern dass dieser schöne neue Wahn auch der Gesellschaft schadet. Verschwörungstheorien sind eben nicht mehr nur ein Popkultur-Ding wie in den 90ern, als wir jeden Dienstagabend im Pyjama vor der Glotze hingen und uns bei Akte X so sehr gruselten, dass uns manchmal die Flipstüte aus unseren zitternden Teenie-Händen glitt. Verschwörungstheorien werden jetzt wirklich geglaubt, und zwar auch solche, die den Drehbuchschreibern von Akte X niemals eingefallen wären.

Uns war klar geworden: Es ist wichtig, unterscheiden zu können zwischen Glaubwürdigem und Unglaubwürdigem. Es ist wichtig zu wissen, was Quatsch ist und was nicht. Es ist wichtig zu wissen, was sich ein gelangweilter ehemaliger Fußballprofi, der vielleicht zu viele Kopfbälle gemacht hat, ausgedacht hat (Reptiloide) und was durch seriöse Quellen belegt ist (NSA)?

Und so ziehen wir mit dem ganz großen Arsenal an Verschwörungsvertilgungsmitteln in den Kampf gegen die Verdummung, mit Recherche, Lektüre, Experteninterviews und Selbstversuchen. Wir beginnen eine Reise an das Ende der Wahrheit, die manchmal anstrengend, kurios, Angst machend, heiter und traurig zugleich war – und die uns am Ende beinahe den Verstand gekostet hat.

Das hier ist ein Buch für die schweigende Mehrheit. Eine Mehrheit, die keine Lust mehr hat, über unbewiesene Fakten zu streiten. Der Matsch steht uns bis zu den Knien, und wir haben Gummistiefel dabei. Wir begeben uns hinein in das absurde Reich der Verschwörungstheorien, begegnen Verschwörungstheoretikern und hinterfragen die Mechanismen, die am Werke sind. Und versuchen so, sicher durch das Moor der alternativen Fakten zu waten.

KAPITEL 2

WIR PACKEN
UNSERE KOFFER

Hätten wir von Anfang an gewusst, wie schwer diese Reise ins Land der Verschwörungstheorien wird, wir wären sie wahrscheinlich nie angetreten. Was wir wollten, war so etwas wie der verschwörungstheoretische Kurztrip mit EasyJet. Einmal schön für 29 € mit Handgepäck an die Adria, ein bisschen an den Strand, ein bisschen in coole Clubs, ein paar Cevapcici auf Krk. Auf Verschwörungstheorien übertragen bedeutet das: Wir lesen uns Verschwörungswissen auf Wikipedia an, das wir dann dazu nutzen, um das Kartenhaus der irren Theorien mit einem gezielten Schlag zu Fall zu bringen. Wir packen unter die Verschwörungstheorien bei Youtube oder Facebook einfach unser Wissen, klären auf, dann kommen die alle schon wieder zur Besinnung.

Als ganz großen Coup haben wir uns etwas vorgenommen, was mit grenzdebil noch beschönigend beschrieben ist: Wir bauen unsere eigene Verschwörungstheorie, um zu zeigen, wie hirnrissig Verschwörungstheorien sind. Mit dem Veröffentlichen unserer eigenen Theorie wäre der Kurztrip dann vorbei, wir hätten gesiegt und würden uns verkatert, aber glücklich zum Flughafen schleppen. Dann ginge es nach Hause, wir könnten mit neuen Eindrücken prahlen und könnten auf Instagram zeigen, was für geile kosmopolitische Typen wir doch sind. #blessed.

Was wir bekamen, war eine Reise nach Mordor.

UNSERE EIGENE
VERSCHWÖRUNGSTHEORIE

Unsere Reisevorbereitungen beginnen im Herbst 2016: Jeder entspannt sich im Biergarten, um die letzten warmen Sonnenstrahlen des Jahres abzugreifen, nur wir nicht: Wir sitzen zu Hause an einem schmucklosen IKEA-Beistelltisch und dilettieren zunehmend genervt an einem fünf Euro teuren Billo-Rauchmelder herum. Aber wir haben nun einmal Großes vor, eine eigene Verschwörungstheorie wollen wir kreieren, um der Welt da draußen zu zeigen, was eine Verschwörungstheorie so alles beinhalten muss, damit sie funktioniert. Dass das eine wahnsinnig dumme Idee ist, wissen wir damals natürlich noch nicht. Reichsbürger sind für uns damals bloß Spinner, die im Privatfernsehen vor die Kamera gezerrt werden, und von #pizzagate haben wir zwar schon gehört, aber Hillary wird in ein paar Wochen ja eh mit riesigem Abstand gegen diesen Reality-TV-Star gewinnen. Wir sind noch nicht Inhaber einer obskuren Facebook-Gruppe, wir sind noch nicht in Holland gewesen, um uns in die Geheimnisse der Echsenmenschen-Verschwörung einweihen zu lassen, und wir haben noch keinen blassen Schimmer, was das Wort »manichäisch« bedeutet. Was wir hingegen haben, ist ein bisschen Wikipedia-Wissen über ein paar All-Time-Classics: Bielefeld existiert nicht, die Mondlandung war gefakt, die Erde ist eine Scheibe, jaja danke, wirklich sehr interessant, aber das können wir auch.

Während wir da also aufgeregt in unseren Paul-Breitner-Gedächtnis-Anzügen in einem über das Zimmer verteilten Haufen Rauchmelderverpackungsmaterial sitzen, skizzieren wir einen groben Schlachtplan: Wir wollen ein möglichst authentisches Verschwörungsvideo anfertigen, dann stellen wir den Clip bei Facebook rein und auch bei Youtube, dann teilt es irgendwer, dann teilt es noch irgendwer, dann teilen es noch mehr Leute, dann berichten einschlägige Blogs darüber, dann geht das Ganze auf Reddit, dann berichtet VICE darüber, dann berichtet Bento darüber, dann berichtet Buzzfeed darüber, dann berichten etablierte Qualitätsmedien darüber, dann empören sich die einschlägigen Blogs über die Qualitätsmedien und die etablierten Medien empören sich über die einschlägigen Blogs, VICE, Bento und Buzzfeed berichten dann wiederum über alles, und nach und nach reift das Ganze so zu einem medialen Clusterfuck von beachtlicher Größe heran. Und dann? Dann endlich kommen wir! Denn endlich kommen wir auf perlweißen Einhörnern dahergeritten und verkünden der überraschten Öffentlichkeit, dass wir alle nur verarscht haben, dass alles nur ein großer Spaß war. Alter Schwede, wie man uns ausgebuffte Medienprofis dann aber monatelang als abgebrühte Investigativ-Dandys abfeiern wird!

Ein paar Jahre ist es nun her, dass ein blasser, bebrillter Systemadministrator die Welt darüber aufgeklärt hat, dass die Totalüberwachung der digitalen Welt eben keine Verschwörungstheorie ist, denn natürlich gibt es sie, die Verschwörungstheorien, die sich als wahr herausgestellt haben: MK Ultra, das geheime Forschungsprogramm der CIA zur Bewusstseinskontrolle, Watergate, die Ausbildung von Guerilla-Truppen mitten in Europa namens »Gladio«; zur Zeit der Prohibition bringt das FBI vergifteten Alkohol in Umlauf, um den Schwarzbrennern eins auszuwischen: Auch das gilt zunächst als Verschwörungstheorie, aber es ist keine, ca. 400 Menschen sterben damals. Daran müssen wir denken, als wir überlegen, welche Ingredienzien unsere Verschwörungstheorie enthalten soll, damit sie den Aluhüten da draußen so richtig schön mundet. Eine Sache, die uns offensichtlich erscheint: Ein wahrer Kern wäre gut, zu abgehoben darf es nicht zugehen, also nichts von wegen der Mond ist in Wirklichkeit ein gigantisches Hologramm oder unter dem Flughafen von Denver liegt der Bunker der Weltelite, diese beiden Verschwörungstheorien gibt es außerdem ja schon. Wir wollen etwas Bodenständiges erschaffen, konspirative Hausmannskost für Otto-Normal-Aluhut sozusagen, wir wollen so etwas wie die Jogginghose unter den Verschwörungstheorien kreieren: eine Theorie, wegen der man vielleicht etwas schief angeschaut wird und in der Kneipe nicht mehr anschreiben darf, wegen der man aber nicht gleich vor die Tür gesetzt wird. Und dann entwickeln wir das DEFCON-System, das Defence-Conspiracy-System, das genauso funktioniert wie das DEFCON-System der US-Armee. Mit fünf Kategorien, nach denen Verschwörungstheorien klassifiziert werden:

DEFCON 5:

Zu DEFCON 5 gehören Verschwörungstheorien, bei denen einiges dafür spricht, dass es gar keine Verschwörungstheorien sind: Oktoberfestattentat, Barschel-Suizid, der »Selbstmord« von König Ludwig II. (da hatte doch bestimmt der preußische Geheimdienst seine Finger im Spiel!), vielleicht auch der Tod von Marilyn Monroe, da sind wir uns nicht so ganz einig.

DEFCON 4:

DEFCON 4 rufen wir bei populären Mainstream-Verschwörungstheorien aus: bei JFK, 9/11 oder, da sind wir uns eben nicht ganz einig, bei Marilyn Monroe.

DEFCON 3:

Ein Fall für DEFCON 3 ist all das, was schon ziemlich bekloppt ist, das aber unser leicht verschrobener Großonkel oder dieser weirde Mathelehrer mit dem unkontrolliert vor sich hin wuchernden Backenbart aus der 11. Klasse auch noch glauben könnte: Chemtrails, Impf-Lüge und so ziemlich alles mit George Soros.

DEFCON 2:

DEFCON 2 ist schon eine recht kritische Situation, da muss man dann schon Nerven bewahren und schnell seine Dummfug-Deflektorschirme hochfahren, denn hier geht es schon sehr skurril, bizarr und verschwurbelt zu: Reptiloide, flache Erde, hohle Erde, flach-hohle Kombi-Erde.

DEFCON 1:

Bei DEFCON 1 schließlich ist Alarmstufe Rot angesagt, und die tritt ein bei BRD GmbH, Bevölkerungsaustausch, New World Order und allgemein Nazi-Kram.

Wie einigen uns schnell darauf, dass unsere Verschwörungstheorie eine DEFCON-2-Verschwörungstheorie werden soll, vielleicht auch DEFCON 3.

Unsere Verschwörungstheorie geht so: Seit einiger Zeit gilt in immer mehr Bundesländern die sogenannte »Rauchmelderpflicht«. Neubauwohnungen, aber oftmals auch Bestandswohnungen, müssen mit einem »Rauchmelder« ausgestattet werden. Begründet wird diese Zwangsmaßnahme vordergründig damit, dass angeblich 500 Menschen im Jahr bei Feuern ums Leben kommen. In Wirklichkeit geht es aber natürlich darum, die bundesdeutsche Bevölkerung zu überwachen – und zwar flächendeckend. Jedes Bundesland hat eigene Regelungen verabschiedet, die »Rauchmelderpflicht« soll also nicht auf einen Schlag eingeführt werden, sondern perfiderweise schleichend, um nicht den Argwohn der Bevölkerung hervorzurufen. Diese ausgeklügelte Strategie der Deutschland GmbH ist lange Zeit aufgegangen, doch bald werden die Menschen aufwachen, denn jetzt kommen wir! Genauer: Jetzt kommt ein total verwackeltes und schlecht beleuchtetes Handyvideo, in dem jemand mit zittrigen Fingern an einem Rauchmelder herumfummelt, um ausgesprochen grobmotorisch und umständlich den vermeintlichen Überwachungssensor rauszulöten. Unser Video ist jetzt nämlich schon halb fertig, und es wird entscheidend dazu beitragen, dass unsere Verschwörungstheorie Marke Eigenbau schon bald abgeht wie ein Mossad-Kantinenschnitzel, das zumindest ist so klar wie ein chemtrailfreier Frühlingshimmel in der Jungsteinzeit.

Einer der Gründe, warum wir damals noch so naiv waren, ist unsere eigene Geschichte. Wir sind beide in den 90ern groß geworden und ganz ehrlich: Es gab damals nichts Geileres als Verschwörungstheorien – und ein bisschen vermissen wir diese naive Fin-de-siècle-Mentalität auch heute noch. Bevor wir beginnen, unsere Koffer für die Reise zu packen, müssen wir uns erst mal klarmachen, wie viel persönliches Gepäck wir so mit uns rumschleppen.

WARUM DIE 90ER FÜR DIESES BUCH VERANTWORTLICH SIND

Wir haben viel gelacht über die Ewiggestrigen, über die, die wollen, dass alles wieder so wird wie früher. Die sich in eine Zeit zurückwünschen, in der Deutschland noch BRD hieß. In der man noch mit D-Mark bezahlt und man nach Feierabend ein Herrengedeck runtergekippt hat, statt einen Vanille-Latte mit Sojamilch. Eine Zeit, in der Zigeunerschnitzel noch Zigeunerschnitzel heißen durfte, Fips Asmussen das Fernsehen dominierte und Kneipen noch diesen einmalig prickelnden Teppich aus kaltem Rauch, abgestandenem Bier und Urin hatten, der sich beim Betreten auf der Zunge ausrollt.

Aber wenn wir ganz ehrlich sind, werden auch wir öfter nostalgisch. Besonders dann, wenn wir an die 90er denken. Denn die waren die goldene Zeit harmloser Verschwörungstheorien in der Popkultur.

Wir ertappen uns beim Schreiben dieses Buchs immer wieder dabei, wie wir uns in diese magische Verschwörungszeit zurückflüchten. Denn Verschwörungstheorien haben damals noch Spaß gemacht. Es gab keine Chemtrails, keine flache Erde, sogar die jüdische Weltverschwörung hat für zehn süße Jahre mal nicht herumverschwört. Stattdessen sahen wir Scully und Mulder auf unserem Röhrenfernseher dabei zu, wie sie bei Akte X einer gigantischen Verschwörung auf der Spur waren. Wir wussten: Die Wahrheit, die ist irgendwo draußen. Weit draußen. Es ging um Außerirdische, um medizinische Experimente und um eine ganze Menge Schwachsinn. Wir haben mitgefiebert, als in Staffel 2 eine Teenagerin versuchte, den brutalen satanistischen Ritualen ihres Lehrers zu entkommen. Oder als in Staffel 3 ein Killer seine Opfer durch Telepathie zum Selbstmord trieb. Oder als sich in Staffel 1 das Monster Eugene

Tooms durch enge Schächte quetschte, um die Leber von nichts ahnenden Büroangestellten zu fressen. Wir waren von Anfang an dabei, die eine Hand in der Flipstüte, die andere an der Kinnlade, die sich einfach nicht mehr schließen wollte. ProSieben, der Sender, auf dem damals Akte X lief, arrangierte sein ganzes Programm rund um Akte X. Der Montag wurde plötzlich zum »Mystery-Montag« umgebaut, nach Akte X lief Outer Limits, wo es auch um Aliens, geheime Regierungsprogramme und jede Menge anderen Quatsch ging.

Bis heute hält sich hartnäckig das Gerücht, dass ProSieben alleine für den Genre-Begriff der »Mystery« verantwortlich ist. Akte X trat damals eine beispiellose Welle an Mystery-Geschichten los. Plötzlich mussten überall Aliens vorkommen oder verrückte Wissenschaftler. SAT.1 produzierte damals eine 25-teilige (!) Fernsehserie mit Erich von Däniken: Auf den Spuren der All-Mächtigen. Und genau wie bei Akte X saßen wir auch hier gebannt vor der Glotze. Was von Däniken damals behauptete, war für uns nicht etwa Bullshit, es war spannendes Geheimwissen. Es war eine Zeit, in der wir zwei Geschichtslehrer hatten: den in der Schule, der uns langweilige Dinge über die Goldene Bulle, den Augsburger Religionsfrieden oder den Untergang der Römischen Republik erzählte (wenn auch nicht unbedingt in dieser Reihenfolge). Und dann Erich von Däniken. Er erzählte uns von Prä-Astronauten, von Aliens, die die Erde besucht haben und sich mit Menschenaffen gepaart haben, was die ersten Menschen hervorbrachte, nicht etwa die Evolution. Mit den Millionen, die von Däniken in diesen Jahren verdient hat, wird er später einen Mystery-Freizeitpark bauen – der leider nach drei Jahren wieder schließen muss.

Erich von Däniken war für uns damals ein Held. Genau wie Mulder oder Scully. Wir haben alles geglaubt. Alles. Quer über alle Sender hinweg hat sich bei uns damals der Eindruck verfestigt: Es gibt mehr in der Welt, als uns gesagt wird. Die Theorie konnte noch so bekloppt sein, wir dachten (und es sollte vielleicht betont werden, dass wir damals noch sehr, sehr jung waren): »Wer weiß, vielleicht ist da ja was dran? Mit dem Mauerfall hat ja auch niemand gerechnet, dann gehen ein paar Leute montags spazieren, jemand verspricht sich bei einer Pressekonferenz, und zack, haben wir an Weihnachten eine merkwürdige Verwandte unterm Baum sitzen.«

Es waren nicht nur Aliens oder Prä-Astronauten, die uns begeistert haben. Wir waren auch fest davon überzeugt, dass die CIA jede Menge Dreck am Stecken hat. Und zum Beispiel auch für den Mord an JFK verantwortlich war. Dass Lee Harvey Oswald gar nicht der einzige Schütze gewesen sein kann, beweist uns Oliver Stone in seinem Film »JFK – Tatort Dallas«, der 1992 in die Kinos kommt: drei Schüsse in 15 Sekunden? Aus einem spitzen Winkel? Mit einem Baum dazwischen? Also, bitte!

Verschwörungstheorien hatten etwas Spielerisches. Wie beim Quartett haben wir uns auf dem Schulhof auszustechen versucht. »Die CIA hat JFK umgebracht« schlägt »Nazis sind auf der dunklen Seite des Monds« und wird wiederum von »Die Mondlandung war gefakt« geschlagen. Die Erde ist flach, Stich!

Die 90er waren eine naive Zeit, in der man Spaß haben wollte: zunächst am Mystery-Montag und danach in seiner Kuhfleckenhose beim Raven. Die 90er sind die logische Fortführung der 60er – das Individuum stand über allem. 50 Jahre Kalter Krieg mitsamt ideologischer Lagerbildung waren über Nacht verpufft. Anything goes. Verschwörungstheorien gehörten zum cool-ironischen Großstadtleben genauso dazu wie der Golf III in der Bon-Jovi-Edition.

Schützenhilfe für dieses neue geile und freie Leben kam damals ausgerechnet von den Universitäten. In den 90ern haben sich die französischen Philosophen der Postmoderne flächendeckend durchgesetzt. Keine WG-Küche kam mehr ohne Poster von Michel Foucault aus. Der glatzköpfige Superphilosoph stand an der vordersten Front einer ganzen Philosophie-Bewegung, deren Ziel es war, alles überkommene Wissen zu zerlegen und wieder neu zusammenzusetzen. Die postmodernen Philosophen haben – genau wie ihre Kollegen aus der Aufklärung – mit vielem vermutlich recht gehabt: Die Zeit der großen Erzählungen ist vorbei, Menschen sind nicht rational. Aber: Ihre Denkschule hat auch die Schleusen für jeden möglichen Quatsch geöffnet. So sagte Jean Baudrillard, die Nummer zwei der postmodernen Philosophen, dass »Wahrheit kaum existiert«. Sie sei ein Produkt, das von gesellschaftlichen Akteuren hergestellt wird: Und Wissenschaftler, Journalisten, Augenzeugen sind nie wirklich objektiv. Sie alle schleppen eine ganze Menge an persönlichen Vorurteilen und Vorannahmen mit sich rum, die zu jeder Zeit durchschlagen. Deswegen gibt es DIE Wahrheit nicht, sondern nur viele verschiedene Wahrheiten. Das ist alles schön und gut und funktioniert, solange wir uns als Gesellschaft trotzdem auf bestimmte Wahrheiten einigen können. Ein Baum hat ja trotzdem grüne Blätter, auch wenn der Biologe, der ihn betrachtet, farbenblind ist. Aber was wir gerade erleben, ist, dass sich Leute wie Steve Bannon schamlos und mit fataler Wirkung aus dem postmodernen Werkzeugköfferchen bedienen: Sie werfen mit alternativen Fakten um sich und betonen, dass Narrative viel wichtiger seien als die schnöde Wahrheit.

Dass unser verklärter Blick auf die 90er falsch ist, fällt uns erst bei unseren Recherchen auf. Denn während wir in den 90ern absurde Verschwörungstheorien abgefeiert haben wie die neue CD von Weezer, wächst irgendwo in der Verschwörungsmelange ein großes Problem heran. Gerade in den 90ern kippen Verschwörungstheorien von etwas Harmlosem zu etwas Gefährlichem – und schuld sind mal wieder die Illuminaten.

Man kennt das Klischee aus Filmen: Der Aluhut steht in seiner Wohnung vor einer riesigen Wand, voll mit ausgeschnittenen Zeitungsberichten, Fotos, Karten usw. Dann erklärt er dem Helden seine abgefahrene Theorie, mit einem roten Faden hat er die einzelnen Punkte verbunden; während er spricht, zittert sein rechtes Auge. »Behold a Pale Horse« von Bill Cooper ist das Buch-Äquivalent zu dieser Kino-Verschwörungswand: als hätte die Putzfrau eines Tages die Schnauze voll gehabt, alle Reißnägel entfernt und sämtliche Fotos und Artikel auf einen Stapel geworfen. Das aus dem Stapel entstandene Buch ist »Behold a Pale Horse«, eine obskure Sammlung an allem möglichen Quatsch. Aber als es 1991 erscheint, sorgt es für Furore. Es trifft einen Nerv. Und zwar aus mehreren Gründen. Da wäre zum einen die Geschichte, die Cooper erzählt. Die liest sich heute wie die direkte Inspiration zu Akte X. Bill Cooper berichtet aus seiner Zeit in der Navy: Irgendwann sieht er, stationiert auf einem Boot im Pazifik, plötzlich ein riesiges Ufo. Ein Ufo so groß wie ein Flugzeugträger. Er erstattet seinem Vorgesetzten Bericht, der Cooper sagt, er soll den kompletten Vorfall vergessen. Und weil er diesem Befehl folgt, wird er als Belohnung in die ganze Geschichte eingeweiht: 1947 legte ein außerirdisches Ufo in New Mexico eine Bruchlandung hin. Es wird nicht das letzte gewesen sein, in den 50ern stürzten noch einige mehr ab, bevor die Aliens irgendwann formalen Kontakt mit dem US-Präsidenten Dwight D. Eisenhower aufnahmen. Und Überraschung: Es war nicht nur eine Alien-Rasse, die hier landete, sondern gleich zwei! Und sie hassten sich. Eisenhower machte einen Deal und erlaubte den Aliens, in New Mexico eine geheime Alienbasis zu bauen. Finanziert wurde der Bau durch – wie sollte es auch anders sein – den Drogenhandel der CIA. Der US-Präsident, der beim Erscheinen des Buchs das Weiße Haus bewohnte, George H. W. Bush, steckt nun, früher einmal Chef der CIA, natürlich mit den Aliens unter einer Decke. Die Kooperation mit den Aliens geht sogar so weit, dass ab den 1980er-Jahren ausgewählte Wissenschaftler auf den Heimatplaneten mitfliegen durften.

Coopers Buch ist konfus, abenteuerlich und bescheuert. Er zitiert etwa aus den »Protokollen der Weisen von Zion«, sagt aber, dass man das Wort »Jude« durch »Illuminat« ersetzen müsse. Zack, fertig ist der Molotowcocktail unter den modernen Verschwörungstheorien. Denn die wahren Herren, das seien ja schon immer die Illuminaten gewesen. Die Illuminaten sind die wahren Strippenzieher. Sie stecken hinter Hitler und Stalin, hinter den Jesuiten und Freimaurern, hinter dem Geheimtreffen der Weltelite bei der Bilderberg-Konferenz und dem Vatikan sowieso. Und sie stecken auch mit den Aliens unter einer Decke, um die – Achtung – neue Weltordnung ins Leben zu rufen.

Die New World Order (NWO) ist heutzutage so etwas wie der Endgegner aller, die es mit Verschwörungstheoretikern aufnehmen wollen. Sie besagt in würdevoller Schlichtheit: Eine kleine Super-Elite bestimmt in abgedunkelten Zimmern über unser Wohl und Wehe. Sie entscheidet Kriege, bestimmt, wer ins Kanzleramt und ins Weiße Haus einzieht, und ist sogar daran schuld, dass die Butterpreise so hoch sind. Und wenn man ganz genau hinhört, merkt man, dass mit NWO eigentlich auch immer die Juden gemeint sind. Die »jüdische Weltverschwörung« heißt heute eben NWO.

Dieses kleine Büchlein von Bill Cooper ist dafür verantwortlich, dass die Theorie der neuen Weltordnung in den Mainstream überschwappt. Und zwar mithilfe der Aliens und Illuminaten. Vor »Behold a Pale Horse« war es nämlich so, dass nur extrem rechte Randgruppen an die Idee einer ultimativen Weltverschwörung glaubten. Cooper machte diese der »Generation Akte X« schmackhaft. Und nicht jeder von ihnen ersetzte in den »Protokollen der Weisen von Zion« »Jude« durch »Illuminat«.

Wenn wir unseren neuen Job, Aufklärer für das Gute zu sein, damals ernst genommen hätten, wir hätten noch ein bisschen weiterrecherchiert. Wir wären in die Bibliothek gegangen, hätten mit Experten gesprochen und uns durch Fachartikel gequält, warum bestimmte Theorien nicht stimmen können. Unser Reisegepäck hätte dann kaum in drei große lederbeschlagene Reisetruhen gepasst. Stattdessen denken wir, nachdem wir unsere Verschwörungstheorie gebaut haben: Fuck it, das kriegen wir schon hin.

KAPITEL 3

DER ERSTE KONTAKT

Wir, die selbst ernannten Aufklärer, machen uns sofort auf den Weg. Wir wollen raus in die Welt, wir wollen mit Verschwörungstheoretikern sprechen, sie davon überzeugen, dass sie im Unrecht sind. Wir stellen uns das vor, als würde man eine kleine Partei gründen. Ganz langsam fängt man da an, indem man auf dem Supermarktparkplatz Flyer an Menschen verteilt, die gerade echt Besseres zu tun haben. Dann kommt das Upgrade: der erste Parteitag im Hinterzimmer einer verrauchten Kneipe. Kommunalwahl, Landtagswahl, Bundestagswahl, Europawahl. Wir wollen Teil einer Jugendbewegung sein! Ein Gespenst geht um in Europa! Es ist das Gespenst der Aufklärung!!!

Aber nicht so vorschnell. Noch gammeln wir ja immer noch auf dem gedachten Supermarktparkplatz rum, in der linken Hand eine Leberkässemmel, in der rechten unsere Flyer. Noch haben wir keinen Verschwörungstheoretiker gefunden, den wir im Einzelgespräch umpolen könnten. Bis sich unsere Bekannte Sara meldet.

»Mein Vater ist Rentner und verbringt sehr viel Zeit vor dem Rechner. Da kommt er dann von der einen Seite auf die nächste, auf das nächste Youtube-Video, auf die nächste Theorie.«

Sara macht sich Sorgen. Ihr Vater, der sein ganzes Leben lang immer für das Gute gekämpft hat, ein Alt-68er, der bei den Jusos war und auf Demos, der glaubt plötzlich an Verschwörungstheorien. Er ist in den Kaninchenbau der Verschwörungen eingestiegen und kommt alleine nicht mehr raus. Über jedem Treffen von

Sara und ihrem Vater hängt der Schleier der Verschwörer, jedes Mal gibt es Streit. Er wirft ihr vor, sie sei gehirngewaschen von den Mainstream-Medien, will sie überzeugen, ihr die Welt erklären. Wie Väter das nun mal so an sich haben. Inzwischen leben beide auf verschiedenen Informationskontinenten. Quatsch, in verschiedenen Informationsuniversen. Auf der einen Seite steht Sara, die die Tagesschau guckt und die SZ liest. Auf der anderen ihr Vater, der sich lieber im Internet informiert. Auf Seiten wie Global Research, die weder richtig global noch Resarch ist, sondern glaubt, dass im Westen Medien und Regierungseliten unter einer Decke stecken. Oder RT Deutsch, die ungefähr dasselbe glauben wie Global Research, mit dem Unterschied, dass sie von der russischen Regierung finanziert werden. Und natürlich: Ken Jebsen, der mal beim RBB gearbeitet hat und heute vor allem den Youtube-Kanal KenFM betreibt, wo er über Israel schimpft und Russland preist. Ihr Vater ist wiederum überzeugt, dass das, was er sich im Internet-Selbststudium beibringt, stimmt. Denn es steht ja auf so vielen Seiten.

Sara betont immer wieder, dass ihr Vater kein Hardcore-Verschwörungstheoretiker ist. Niemand, der an die flache Erde oder Reptiloide oder die jüdische Weltverschwörung glaubt. Stattdessen hat er nur mal seinen großen Zeh ins Meer der Verschwörungstheorien gehalten. Aber das reicht schon. Ein normales Familienleben ist gerade nicht mehr möglich, weil man auf jeder Feier, bei jedem Ausflug, bei jedem Nachmittagskaffee irgendwann auf die Themen kommt, die beide auf die Palme bringen: 9/11; die USA haben den IS aufgebaut; die Macht der Rothschilds. Während Sara früher noch mit Argumenten dagegenhielt, hat sie das inzwischen aufgegeben. Sie hat ihm immer mal wieder Links geschickt, mit Artikeln von Tages- und Wochenzeitungen. »Ich glaube, wenn er es anklickt und es steht irgendwie, weiß ich nicht, Süddeutsche, Spiegel oder irgendwas da, also das, was er als ›Systemmedien‹ sieht, dann liest er gar nicht weiter und sagt direkt: Ja, damit brauchst du mir nicht kommen.«

Heute schickt sie keine Links mehr. Er hingegen schon. Vielleicht weil es so ganz alleine im eigenen Informationsuniversum dann doch sehr einsam ist. Sara will aber nicht in sein Universum, sie will da bleiben, wo sie ist. In unserer Realität.

Es ist ein milchiger Herbstmorgen, als wir bei Saras Vater klingeln. Die Welt draußen hat die Umstellung auf Winterzeit noch nicht verkraftet: Niemand ist auf der Straße. Leere Supermärkte, leere Dönerbuden, leere Tchibo-Filialen. Wir haben uns mehr oder weniger selbst eingeladen, und zwar aus mehreren Gründen. Da wäre zuerst mal der egoistische: Wir wollen mit Verschwörungstheoretikern reden, wollen wissen, wie sie ticken. Und da ist einer, der noch nicht so tief im Kaninchenbau steckt, gerade richtig. Und der nicht so egoistische Grund: Wir glauben, dass wir den beiden helfen können. Wir sind Mediatoren, zwar ohne Ausbildung oder jegliche andere Qualifikation, aber wir haben Talent. Außerdem glauben wir, dass es gar nicht so schwer sein wird, einen Verschwörungstheoretiker umzuprogrammieren. Hey, wenn wir in einer Sache richtig gut sind, dann ist es Selbstüberschätzung.

Unsere Idee: Wir klingeln da jetzt, und dann renken wir das schon wieder ein. Wir sind ja gut vorbereitet! Auf der Fahrt hierher haben wir uns noch mal in die Verschwörungstheorien eingelesen, an die Saras Vater glaubt. Die Rothschild-Verschwörung: totaler Bullshit, die Familie Rothschild ist schon seit Ewigkeiten kein Finanzgigant mehr, sondern besitzt im Vergleich zu Bill Gates, Mark Zuckerberg und Jeff Bezos wirklich nur Peanuts. Die USA stecken hinter dem IS: auch wenn die Lage in Syrien sehr kompliziert und die Außenpolitik der USA kein Ruhmesblatt ist: Nein, so einfach ist es dann doch nicht.

9/11 war ein Inside Job: puh ... da müssen wir weiter ausholen, lesen Sie das am besten auf Wikipedia nach.

Unsere Strategie: gnadenloses Debunking. Debunking ist so ein Wort, das man in der Skeptikerszene immer wieder hört. Es kommt von »Bunk«, eine altertümliche Formulierung für Bullshit, die niemand mehr benutzt – mit Ausnahme von Pfeife rauchenden Englischprofessoren, die beim Scrabblespielen mal richtig abräumen wollen. »Debunken« ist also so etwas wie »Entbullshiten«: Wenn jemand an falsche Fakten glaubt, dann muss man ihm einfach nur die richtigen Fakten vorlegen. Und weil alle Menschen edel, hilfreich und gut sind, werden sie ganz bestimmt erkennen, dass sie falschliegen. Weil Debunking eine so naheliegende Strategie ist, ist sie auch immer der erste Versuch, wenn man sich mit Verschwörungstheoretikern streitet. Du sagst, 9/11 war ein Inside Job? Hier ist meine Zusammenfassung eines 3000-Seiten-Berichts, der beweist, dass du keine Ahnung hast. Lies das erst mal, bevor wir hier weiterreden, Freundchen! Beim Debunking wird Klugscheißertum zur Waffe.

Wer jetzt eins und eins zusammenzählen kann, der wird ahnen, dass diese Strategie bei Saras Vater nicht funktionieren wird. Wahrscheinlich hat sie noch nie bei irgendjemandem was gebracht. Debunking führt nämlich in der Regel nur dazu, dass die Gräben noch tiefer werden. Dass man abends stinksauer ins Bett geht, weil der andere mal wieder nicht zuhören wollte, man sich aber trotzdem auf die Schulter klopft, weil man ja auf der richtigen Seite der Geschichte steht. Aber wir wussten das damals noch nicht. Wir haben uns knallhartes Verschwörungswissen draufgeschafft. Wir sind zwei Erzengel Gabriel, die die frohe Botschaft in alle Lande tragen. Fürchtet euch nicht, denn wir waren auf Wikipedia!

Und natürlich haben wir verdammt viele Vorurteile. Verschwörungstheoretiker kennen wir bisher nur aus dem Internet – bei einem geklingelt haben wir noch nie. Wir fragen uns, wie so ein Verschwörungstheoretiker wohl lebt. Wie viele »I want to believe«-Poster an der Wand hängen, wie viele handsignierte Erstausgaben von Udo Ulfkottes Bestseller »Gekaufte Journalisten« im Regal stehen. Werden wir uns vor Betreten der Wohnung Aluhüte anziehen müssen?

Das ist natürlich alles Unsinn. Als uns Saras Vater die Tür aufmacht, stehen wir vor einem freundlich dreinschauenden älteren Herrn. »Hallo, haben Sie Zeit, mit uns über Verschwörungstheorien zu reden?« Die Wohnung ist so normal, sie könnte von Tine Wittler eingerichtet worden sein. Im Flur stehen große Regale, überall sind Bücher. Die schwarze Katze streunt herum und maunzt uns leise zu. Wir setzen uns alle an den Küchentisch, auf dem ein paar Bücher liegen und ein kleines Netbook mit einer Mini-USB-Maus. Das Tor zur Welt, auf diesem Netbook liest Saras Vater, was die Eliten jetzt schon wieder alles planen. »Kaffee?« Nein, danke. Wir sind hier, um ein hartes Gefecht der Ideen zu führen. Draußen vor der Tür haben wir noch mal genau überlegt, wie wir auf die Verschwörungstheorien reagieren wollen. Wie wir argumentieren. Wie wir irgendwann unser Seil rausholen und Saras Vater aus dem Loch ziehen, das er sich geschaufelt hat. Wir sind darauf vorbereitet, dass er kaum aus seinem Schildkrötenpanzer herauswill.

»Sie haben ja lange nicht gewusst, ob Sie dieses Interview machen sollen«, sagen wir.

»Nee, wieso? Wer hat Ihnen das erzählt?«

»Ähm…« Wir haben noch nicht mal die erste Frage gestellt und schon verkackt. Später gehen wir noch mal alle Mails durch, hören uns noch mal an, was genau Sara gesagt hat, und stellen fest: An keiner Stelle hat er sich geziert, interviewt zu werden. Da kommt die Systempresse einmal nach Hause und schafft es noch nicht mal zur ersten Frage, ohne zu lügen. Sehr peinlich.

Aufklärer für das Schöne, Gute und Wahre zu sein ist nun mal nicht ganz so einfach, wenn man Vorurteile hat. Apropos Vorurteile: Saras Vater unterläuft sie fast alle. Wir haben uns einen grummeligen alten Verschwörungstheoretiker vorgestellt, wie er in den 90ern oft im Fernsehen zu sehen war. Ein bisschen zottelige Haare, der viele wirre Theorien im Mund führt und in jedem dritten Satz von den »Eliten« und »Kontrolle« spricht.

»Wollen Sie dann ein Wasser?«

»Nein, danke.«

Auch alles Quatsch. Saras Vater ist ein unglaublich netter alter Herr. Jemand, hinter dessen Augen man immer ein kleines Lächeln vermutet. Jemand, der nur die Hälfte dessen glaubt, was er liest. Und jemand, dem es sehr wehtut, dass das Verhältnis zur Tochter nicht mehr so gut ist wie früher.

Im Internet kann man stundenlang mit Verschwörungstheoretikern streiten. Man kann sich Kommentare und Artikel und Videos um die Ohren hauen, bis das Notebook glüht. Sitzt man dann aber an einem kalten Herbsttag mal einem Verschwörungstheoretiker gegenüber, ist plötzlich alles anders. Die harten Bandagen, mit denen wir kämpfen wollen, die kommen nicht zum Einsatz. Wir scheitern auf ganzer Linie, auch mit dem Debunking. Saras Vater hat für jeden Einwand ein Gegenargument bereit. Es kommt dann so was wie:

»Ich habe sogar ein schriftliches Papier mir ausgedruckt. Ein Bericht vom amerikanischen Geheimdienst für Obama, in dem der Krieg in Syrien als konfessioneller Krieg dargestellt worden ist. Von Schiiten und Sunniten.«

So schnell sind noch nicht mal wir Wikipedia-Engel. Unser tolles Internet-Klugscheißertum, mit dem wir seit Jahren ziemlich gut fahren, findet hier sein Ende. Wir sind keine Experten für den Krieg in Syrien. Zu den Religionskonflikten zwischen Schiiten und Sunniten fällt uns schon was ein, aber eben nicht viel mehr als anderen Normalos auch. Sollten Sie jemals bei Günther Jauch auf dem Stuhl sitzen und es geht in der Millionenfrage um die Hintergründe des Kriegs in Syrien: Bitte rufen Sie uns nicht an! Und erst recht sind wir keine Experten, wenn es darum geht, Geheimpapiere der CIA auf ihre Echtheit zu überprüfen. Wir sind nicht Jason Bourne, verdammt.

Ganz arg wird es, als Saras Vater seine Bücher rausholt. Einen ganzen Stapel hatte er beiseitegeräumt. »Wir sind die Guten: Ansichten eines Putinverstehers oder wie uns die Medien manipulieren« von Mathias Bröckers und Paul Schreyer. »Gekaufte Journalisten« von Udo Ulfkotte. »Ich glaube, der ist ein bisschen rechts«, meint Saras Vater. »Wer beherrscht die Welt« von Noam Chomsky (»ein humanistischer Leuchtturm, finde ich«). Aus dem anderen Informationsuniversum ist inzwischen auch ein anderes Medienuniversum geworden. Mit Playern wie dem Kopp-Verlag, die – wenn man einem Artikel der FAZ glauben kann – einen Jahresumsatz von 10 Millionen Euro machen. Es sind Bücher, an denen nicht alles erfunden ist. Sie sind gerade so »falsch«, dass es nicht gelogen ist. Udo Ulfkotte – Gott hab ihn selig – macht das sehr geschickt. In »Gekaufte Journalisten« dreht er Studien und Forschungsergebnisse gerade so, dass es möglichst schlecht für die etablierten Medien aussieht. Klar, Journalisten machen Fehler, manchmal recherchieren sie auch schlecht – aber eine groß angelegte Verschwörung, Systempresse oder Manipulation steckt dahinter nicht. Wenn man hier jetzt debunken wollen würde, müsste man ganz tief reingehen, bis runter zur letzten Fußnote. So gut vorbereitet sind wir dann doch nicht, und wenn wir es wären, würde uns keiner zuhören.

Ziemlich schnell steht uns das Wasser bis zum Hals. Oh Gott, waren wir arrogant. Saras Vater hat seine Hausaufgaben gemacht und wir sind stark versetzungsgefährdet. Und selbst wenn wir alles wüssten. Selbst wenn wir dreißig Semester die

Lage im Nahen Osten studiert hätten. Und selbst wenn wir Barack Obama höchstpersönlich im Schlepptau hätten, der Saras Vater ganz genau erklärt, wie er welche Entscheidung getroffen hat: Es hätte vermutlich nichts gebracht. Wir merken hier zum ersten Mal, was uns im Lauf der Recherche immer wieder auffallen wird. Mit Fakten kommt man gegen Verschwörungstheorien nicht an. Es geht nicht darum, wer den längsten Appendix hat. Es geht nicht um Fakten, es geht darum, dass sich die Geschichte richtig anfühlt. Der amerikanische Comedian Stephen Colbert hat das mal »Truthiness« genannt. In seiner Show »The Colbert Report« verarschte er die ultrakonservativen Nachrichten von Fox News, die in einem ganz anderen Informationsuniversum spielen als unseres. Ist Obama ein Muslim? »Keine Ahnung. Beweise gibt es dafür nicht, aber es fühlt sich eben richtig an.« Natürlich gibt es Beweise, dass er kein Muslim ist. Und auch dafür, dass er nicht in Kenia geboren ist. Aber die Story klingt in den Ohren der Fox-Zielgruppe eben gut. Diese Fake-Geschichte glauben übrigens heute noch 29 Prozent der Amerikaner.

Inzwischen haben wir begriffen, dass man Verschwörungstheoretikern mit Fakten nicht wirklich beikommt. Wir werden es später trotzdem noch mal versuchen, allein, damit Sie ein bisschen Angeberwissen haben, wenn Ihnen auf der Cocktailparty jemand ein dummes Gespräch über die Mondlandung reindrücken will. Aber eine gute Methode, Leute aus dem Wahn herauszuholen, ist das nicht. Sie fühlen sich besser, ihre Mitmenschen nicht.

Wir sitzen also irgendwann ziemlich bedröppelt vor diesem netten älteren Herrn, der sich ziemlich gut auskennt. Wenn es ein Examen für die Internet-Universität gäbe, an der Saras Vater sich all das beigebracht hat, er würde mit summa cum laude abschließen. Wir Großmäuler sind auf ganzer Linie gescheitert. Eher zufällig stolpern wir daher über eine Strategie, mit der man

Verschwörungstheoretikern begegnen kann: einfach mal die Klappe halten und zuhören. Den anderen nicht als irren Spinner begreifen, sondern als Menschen. Denn Verschwörungstheoretiker sind ja keine bösen Menschen. Sie sind fest davon überzeugt, dass ihre Ideen über die Welt stimmen. Dass sie recht haben. Genau wie wir davon überzeugt sind, dass wir recht haben. Rein zufällig landen wir an einem Punkt, an dem auch Sara mit ihrem Vater gelandet ist. Als wir sie fragen, wie man ihre Beziehung wieder kitten könnte, sagt sie: »Kitten würde bedeuten, dass beide sagen: Ok. Du glaubst das. Ich glaube das. Jeder hat seinen Standpunkt, wir reden nicht weiter drüber und wir respektieren uns trotzdem.« Liebe in Zeiten der Verschwörungstheorien.

Wir werden später noch einmal zu diesem düsteren Herbstmorgen zurückkommen, zu Sara und ihrem Vater. Denn während wir da so sitzen und zuhören, wie Saras Vater von »Politik als Theater« spricht, »wo die eigentlich wichtigen Dinge hinter der Bühne passieren«, merken wir: Der geplante Kurztrip muss ausfallen. Verdammt noch mal, wir müssen noch mal ganz von vorne anfangen. Wir müssen noch einmal komplett neu überlegen, was eine Verschwörungstheorie überhaupt ist, wieso Menschen daran glauben, warum Leute Bücher mit wirren Ideen vollschreiben. Wieso Sara und ihr Vater sich streiten.

Bevor wir weitermachen können, müssen wir uns erst mal um die Geschichte der Verschwörungstheorien kümmern.

KAPITEL 4

EINE KURZE GESCHICHTE
DES KOLLEKTIVEN WAHNS

Wenn wir 100 Leute fragen würden: »Gab es heute oder früher mehr Verschwörungstheorien?«, wie viele würden da wohl »heute« sagen? 80? Vielleicht sogar 90? Dabei ist tatsächlich »früher« die richtige, wenn auch wenig präzise Antwort. Verschwörungsdenken war früher, also vor dem Zeitalter der Massenmedien, wesentlich akzeptierter und weiter verbreitet als heute. Erst in den 50ern und 60ern waren Verschwörungstheorien plötzlich nicht mehr legitim. Der bundesrepublikanische Nachkriegsmainstream lautete: Linke lesen Spiegel, Konservative die FAZ, aber zur Tagesschau kommen wir wieder zusammen. Schließlich wollte man ja Wim Thoelke und den Großen Preis nicht verpassen. Erst durch das Internet, um das wir uns im nächsten Kapitel kümmern werden, wurde der Mainstream dann vollends aufgesplittert, in unzählige kleinteilige Informationsuniversen, die ihren eigenen Wahrheiten anhängen. Das Internet zersetzt Macht-Strukturen, was uns in eine Situation bringt, in der die Menschheit über Tausende Jahre war: Einer verbreitet eine Verschwörungstheorie, und es gibt keine übergeordnete Instanz, die gegensteuert.

VON MORDENDEN GÖTTERN, CHRISTEN UND JUDEN

Die Antike ist voll mit Geschichten von Verschwörungen. Da wäre zum Beispiel die Geschichte von Thetis, einer Meeresgöttin, die von Hera im Olymp aufgezogen wird. Sie erlebt eines Tages, wie ihre Ziehmutter sich gemeinsam mit Athene und Poseidon gegen Zeus verschwört. Sie haben keine Lust mehr auf dessen Macho-Gehabe und legen den Donnergott deshalb in Ketten. Ketten, die selbst er, der mächtigste aller mächtigen Götter, nicht durchbrechen kann. Thetis ist aber loyal gegenüber Zeus, flieht aus dem Olymp und sucht Hilfe bei Briareos, einem fünfzigköpfigen und hundertarmigen Giganten. Er durchbricht Zeus' Fesseln und hilft ihm wieder auf den Thron. Die Verschwörung ist beendet.

Solche Geschichten gibt es in der griechischen und römischen Mythologie zuhauf. Irgendwer will mehr Macht, mehr Einfluss, mehr Sex und mordet und verschwört so lange, bis er oder sie am Ziel ist. Das Verschwören, das geheime Planen ist eine menschliche Konstante. Womit sich die Historiker allerdings schwerer tun: Verschwörungstheorien. Da finden sich in der Antike viel weniger. Wissen war begrenzt, und damals in der Athener Polis hat noch nicht jeder wilde Theorien rumgetwittert, dass die Spartaner in Wirklichkeit Echsenmenschen sind #spartadid911. Deswegen kennen wir heute nur noch die ganz großen antiken Verschwörungstheorien. Zum Beispiel: Als im Jahr 64 nach Christus Rom 14 Tage in Flammen steht, gibt Nero dafür den Christen die Schuld. Die Römer hingegen glauben Nero hinter dem Brand. Auch heute noch streiten Historiker. Wahrscheinlich ist, dass weder Nero noch die Christen an dem Brand schuld waren, sondern wie so oft einfach der Zufall.

Interessant an der Nero-Verschwörung ist, dass sie uns eine

Vorausschau liefert, welche Verschwörungstheorien es sind, die die Jahrhunderte überdauern. Es sind immer die, bei denen eine konkrete Gruppe einer anderen an den Kragen will: Die Christen zünden Rom an! Die Hexen fressen unsere Kinder!! Die Juden vergiften die Brunnen!!! Schwule machen Aids!!!! Reptilien beherrschen uns alle!!!!! Die Juden sind in Wirklichkeit schwule Reptilienmenschen, die uns Aids bescheren, um uns zu beherrschen!!!!!!

Verschwörungstheorien funktionieren immer dann besonders gut, wenn sie sich gegen eine kleine Gruppe richten, die in der Gesellschaft keine wirkliche Lobby hat. Nach dem »Die Christen haben die Stadt abgefackelt«-Gequatsche von Nero begann die erste Welle der Christenverfolgung. Hunderte Christen wurden hingerichtet.

Sozialwissenschaftler nennen so etwas heute »gruppenbezogene Menschenfeindlichkeit«. Ich habe etwas gegen die X oder die Y und traue denen so ziemlich alles zu. Und wenn mir dann irgendetwas Schlimmes passiert, dann gebe ich X oder Y die Schuld daran, ist doch klar. In der Geschichte sind es seit Jahrtausenden die Juden, die mit absurden Verschwörungstheorien belegt werden. Das Ganze fängt schon in der Antike an: Römer und Griechen erzählen sich Geschichten darüber, dass Juden angeblich Kinder in obskuren Ritualen ermorden. Und wenn sie keine Kinder zum Abschlachten finden, dann nehmen sie Erwachsene. Und wenn sie darauf keine Lust haben, dann beten sie einen goldenen Eselskopf an. Im Jahr 200 nach Christus schreibt der – inzwischen glücklicherweise nicht mehr verfolgte – römische Christ Minucius Felix über die angeblichen Praktiken der Juden: Kinder würden rituell geopfert werden, das Blut getrunken und die Gliedmaßen unter der gierigen Menge verteilt.

Die Ursprünge dieser Ritualmordlegende finden sich tatsächlich in der Tora, denn alte Kulturen, aus denen das Judentum irgendwann hervorging, kannten Menschenopfer. Aber noch viel öfter steht in der Tora, dass man eben keine Menschen opfern darf. Die Ritualmordlegende setzt jetzt genau in dieser Grauzone an: Sie hört nur das, was sie hören will, und ignoriert den Rest. »Bitte KEINE Menschen opfern« verstehen die Verschwörungstheoretiker genauso wenig wie Präpubertierende »Bitte NICHT vom Beckenrand springen«. Aber selbst wenn das mit den Menschenopfern gar nicht dringestanden hätte: Die Menschen der Antike hätten irgendeinen anderen Grund gefunden. Die Tora könnte sagen, dass alle Juden ihren Nachbarn dreimal am Tag ein Marmeladenbrot schmieren sollen – die Nachbarn hätten sie verfolgt, weil sie nur Erdbeer- und keine Aprikosenmarmelade bekommen.

Sieht man sich die Geschichte der Ritualmordlegende an, dann kann man leicht das Vertrauen in die Menschheit verlieren. Dieser Bullshit wird nicht nur in der Antike erzählt. Nein, auch die Menschen im Mittelalter glauben ganz fest daran, dass Juden Kinder ermorden, um ihr Blut zu trinken. Und wenn sie das nicht tun, dann vergiften sie die Brunnen. Die Geschichte des Abendlands ließe sich als Geschichte des Antisemitismus beschreiben – es beginnt mit der Ritualmordlegende in der Antike und endet mit den »Protokollen der Weisen von Zion«, die knapp 2000 Jahre später zur Ermordung von 6 Millionen Juden beigetragen haben.

Um die Protokolle wollen wir uns aber später kümmern. Denn eigentlich sind wir ja in unserer kurzen Verschwörungs-Geschichte erst im Mittelalter angekommen. Neben Ritualmordlegenden, Brunnen-Vergifter-Storys und anderen erfundenen Juden-Geschichten war das Mittelalter aber eher wenig verschwörerisch. Das hört sich zuerst merkwürdig an, ergibt beim zweiten Nachdenken aber Sinn: Verschwörungstheorien haben viel mit Religion zu tun. Sie sprechen dieselben Bereiche unseres Gehirns und Denkens an. Wie reagiert also ein mittelalterlicher Mensch, wenn er auf etwas trifft, das er nicht erklären kann? Er gibt Gott dafür die Schuld. Und wenn es nicht Gott ist, dann immerhin der Satan, der ja auch irgendwie zu Gott gehört. Es gibt im Mittelalter keine Geschichten über heimlich gelandete Aliens. Oder über den bösen Fürsten, der die Bevölkerung ausbeutet. Wieso auch? Der Fürst wurde von Gottes Gnaden auf seinen Stuhl gesetzt. Wenn eine Krankheitswelle ein ganzes Dorf dahinrafft, dann ist das eben Gottes Wille und keine Verschwörung. Wenn der Kaiser ermordet wird, dann ist das zwar tragisch, aber auch Gottes Wille – der wird schon was verbrochen haben, der Kaiser. Und wenn während eines Ritterturniers ein Ufo landet, dann ist es verdammt noch mal Gottes Wille, dass dieses Ufo dort landet. Auch der Antisemitismus des Mittelalters ist mit Religiosität zu erklären. Immerhin verteidigt man »nur« seine eigene Religion gegen die der Gottlosen. Und warum? Weil es Gott so von mir will.

LET'S GO CRAZY: DIE AUFKLÄRUNG

Lassen wir das Mittelalter aber hinter uns und gehen in unseren Siebenmeilenstiefeln weiter, und zwar in die goldene Zeit des Bullshits und Halbwissens: die Aufklärung. »Sapere aude«, haben wir alle mal in der Schule gelernt. »Habe den Mut, dich deines eigenen Verstandes zu bedienen«, so übersetzt Immanuel Kant diesen lateinischen Spruch. Die Aufklärung, lernen wir heute, ist die Zeit der großen Rationalität. Humanismus? Kommt aus der Aufklärung. Modernes Staatswesen? Aufklärung. Menschenrechte? Aufklärung! So viel von unserem Selbstverständnis als aufgeklärte, rationale Bürger entstammt der Aufklärung. Kritisches Denken wurde erst mal zum Wert an sich, Rationalität zur Währung. Auch heute ist die Aufklärung ein hehres Ideal. Ernst Ulrich von Weizsäcker forderte unlängst sogar: »Wir brauchen eine neue Aufklärung.«

Bitte, bitte nicht. Denn die Aufklärung hat uns nicht nur die wissenschaftliche Methode, Rationalität und Humanismus gebracht – sondern auch jede Menge Bullshit. Die Gedanken waren plötzlich frei. Sehr frei sogar. »Alchemie, Astrologie, okkulte Freimaurerei, Magnetheilung, prophetische Visionen, das Beschwören von Geistern«, all das wurde wiederbelebt, erzählt der Historiker Keith Thomas in Kurt Andersens Buch »Fantasyland«. »Sie sind alle implizit Kants Leitspruch gefolgt, ihren eigenen Verstand zu benutzen. Nur in dieser Atmosphäre der aufgeklärten Toleranz konnten solche unorthodoxen Kulte offen praktiziert werden.« Die Aufklärung war in ihrer Ablehnung von althergebrachtem Wissen so erfolgreich, sie hat die Schleusen geöffnet für den Wahn.

Bei unseren Recherchen sind uns immer wieder Kant-Zitate untergekommen. Verschwörungstheoretiker schmücken sich mit schlauen Sprüchen des Philosophen, bezeichnen sich als »Freidenker«, als »unangepasst« und »aufgeklärt«. Die Grenze zwischen kritischem Denken und Verschwörungstheorie, sie haben sie schon längst mit 120 Sachen überfahren. Die Aufklärung richtete sich gegen die Experten von damals: Priester, Bischöfe, Päpste, die nicht nur wussten, was die Welt im Innersten zusammenhält, sondern auch, wer in der Gesellschaft an welchem Platz steht. Diesen Kampf hat die westliche Welt gewonnen. Gott ist tot, wir gehen an Weihnachten zwar noch in die Kirche, aber auch nur, weil Oma sich darüber doch so freut und sowieso nicht mehr so viel Zeit hat auf diesem Planeten. Die Welt wird uns heute von den Kindern der Aufklärung erklärt: Wissenschaftlern, Philosophen, Schriftstellern. Sie sind die neuen Experten.

Verschwörungstheoretiker kämpfen mit den Mitteln der Aufklärung jetzt dagegen an. Beziehungsweise: Sie verstehen die Mittel der Aufklärung bewusst falsch, um sie für sich zu vereinnahmen. Bitte erzählt mir nicht, dass es keine Chemtrails gibt, ich habe sie doch selbst gesehen! Bitte sagt mir nicht, dass die Erde rund ist, ich habe noch keinen Beweis dafür gesehen! Und bitte, bitte sagt mir nicht, dass Merkel kein Reptilien-Mensch ist, ich hab doch extra ein halbstündiges Youtube-Video dazu gemacht, das das alles ganz genau belegt! Die Revolution frisst ihre Kinder.

Die Aufklärung ist aber nicht nur für absurdes Halbwissen verantwortlich, sondern auch für die krassesten Oberverschwörer ever. Zumindest, wenn man Dan Brown glauben darf.

DIE ILLUMINATEN – FAKT UND FIKTION

Das letzte Mal, dass Verschwörungstheorien in der Popkultur so richtig populär waren, also im positiven Sinne, war Mitte der 00er-Jahre. Über Nacht waren da nämlich die Illuminaten plötzlich wieder in wirklich aller Munde (nachdem sie Cooper ja Anfang der 90er-Jahre wieder salonfähig gemacht hatte). Dieser verschnarchte Geheimbund, der seit Ewigkeiten ausgestorben ist, stand im Rampenlicht, dorthin gezerrt vom Romanautor Dan Brown – wenn schon nicht der beste, dann der bestbezahlte aller Verschwörungsromanciers. In seinen Büchern über den Symbologen Robert Langdon geht es immer um einen geheimen Kult, eine Geheimorganisation, einen Geheimorden – Hauptsache geheim. Diese geheimen Verschwörer im Geheimbund machen dann irgendwas Geheimes, was Oberchecker Langdon natürlich sofort checkt. Der Harvardprofessor, den man sich seit der Verfilmung der Bücher auch nur noch als Tom Hanks vorstellen kann, stolpert zufällig in eine Verschwörung nach der anderen. In »Illuminati« sind es die krassen Illuminaten, die eine Bombe aus Antimaterie im Vatikan verstecken. In »Sakrileg« ist es die krass katholische Organisation »Opus Dei«, die die noch krasseren Nachfahren von Jesus beschützt. Und in »Inferno« … ach egal, haben wir nicht gelesen, haben wir auch keine Lust, auf Wikipedia nachzuschauen. Wichtig ist doch eh nur, was auf dem Klappendeckel steht: »Eine spannende Jagd durch {hier eine pittoreske europäische Hauptstadt einsetzen} beginnt.« Über den literarischen Erfolg von Dan Brown kann man streiten, über den finanziellen nicht. Dan Brown hatte im Jahr 2004 alle seine vier Romane auf der Bestsellerliste der New York Times. Der popkulturelle Einfluss war enorm. Die Illuminaten und die Freimaurer waren plötzlich wieder hip.

Aus der Psychologie wissen wir, dass Menschen sich besonders dann Verschwörungstheorien zuwenden, wenn etwas Schreckliches passiert ist. Etwas, das ihren Alltag auf den Kopf stellt und eine große Leerstelle hinterlässt. Und genau hier passen die Bücher von Dan Brown rein. Sie schlagen eine Brücke zwischen dem Alten und dem Neuen. Zwischen den neuen Feinden, die irgendwo in Pakistan sitzen (oder vielleicht doch im Weißen Haus???), und den alten, die »seit Jahrhunderten unsere Gesellschaft unterjochen und kontrollieren wollen«. Im Internet wurden schnell Querbezüge zwischen 9/11 und den Illuminaten festgestellt. Da ist zum Beispiel ein Spiel, das Furore macht: »Illuminati: The Game of Conspiracy« – ein Kartenspiel aus dem Jahr 1995, das angeblich die Zukunft vorhersagt. Denn da ist doch tatsächlich diese eine Karte, auf der der Tod von Diana beschworen wird. 1995, also zwei Jahre vor ihrem tragischen Unfall! Auf anderen Spielkarten wird vor der Lügenpresse gewarnt oder vor dramatischen Ölbohrungs-Katastrophen (Deep Water

Horizon, anyone?). Und dann ist da noch diese eine Karte, die das Fass endgültig zum Überlaufen bringt: Auf ihr ist zu sehen, wie die Twin Towers von einer Explosion zerlegt werden. Wie gesagt, das Erscheinungsjahr: 1995.

Dan Browns Bücher sind der verschwörungstheoretische Überbau eines ganzen Jahrzehnts. Im Jahr 2006 erscheint auf ProSieben »Galileo Mystery« – ein Magazin, das sich mit pseudowissenschaftlichem Verschwörungsquatsch beschäftigt und gefühlt in jeder Sendung die Illuminaten unterbringt. Die Popkultur feiert die Illuminaten als Superverschwörer ab, aber es lohnt sich, sich einmal kurz anzusehen, was sie wirklich getrieben haben.

Wenn man heute die Geschichte der Illuminaten liest, ertappt man sich öfter bei dem Gedanken: Was, diese absoluten Mega-Nerds sollen böse Strippenzieher sein? Denn die Illuminaten, das waren keine düsteren Gestalten in dunklen Kutten, sondern eher die Typen aus dem Schachclub, die beim Debütantenball keinen Fuß vor den anderen kriegen. Ein Beispiel für die Nerdigkeit der Illuminaten: Ordensgründer Adam Weishaupt wollte seinen Verein, gegründet am 1. Mai 1776 im beschaulichen Ingolstadt, eigentlich »Bienenorden« nennen. Denn die Mitglieder sollten unter der Leitung einer Bienenkönigin den Nektar der Weisheit sammeln. Man muss sich das auf der Zunge zergehen lassen: All unsere modernen Verschwörungstheorien hätten plötzlich mit Bienen zu tun. Statt dem Illuminaten-Auge gäbe es Holzschnitte pummeliger Bienchen. Statt Dreieck eine Wabe. Und Robert Langdon würde in »Bienuminati« ergründen, was Biene Maja eigentlich mit dem Mord an Kennedy zu tun hat. Ein Glück, dass Weishaupt sich später für Illuminati entschied. Das klingt cool, das kann man sich auf ein T-Shirt drucken, damit macht man Eindruck bei den Debütantinnen.

1776 ist Weishaupt Professor für praktische Philosophie und

Kirchenrecht an der Universität Ingolstadt – eine Universität, die vollständig von Jesuiten beherrscht wurde. Weishaupt war isoliert: der einzige Professor, der nicht Jesuit war. Noch schlimmer: Er war begeistert von den Ideen der Aufklärung. Gleichheit, Bürgerrechte, Freiheit – kompletter Unsinn also in den Augen der Jesuiten. Adam Weishaupt ist ein bisschen wie Mark Zuckerberg, nur in weniger genial – der kam während seiner Zeit an der Harvard-Universität in keinen der coolen Studentenclubs rein. Also musste was Eigenes her. Mark Zuckerberg gründet Facebook, Adam Weishaupt gründet den »geheimen Weisheitsbund«. Beide Male eine Entscheidung mit dramatischen Folgen. Aber während Zuckerberg im ersten Jahr schon 1 Million Mitglieder in seinem Netzwerk zählt, hat Adam Weishaupt um die 20. 20, nicht 20 Millionen.

Der Grund für den Weisheitsbund: Weishaupt will seinen Studenten Aufklärungsliteratur geben und sie vor dem Zugriff anderer Geheimlogen bewahren. Hier zeigt sich schon früh die paranoide Seite von Weishaupt: Er ist fest davon überzeugt, dass die Gold- und Rosenkreuzer-Loge der Freimaurer hinter seinen Studenten her war. Die Rosenkreuzer waren, beziehungsweise sind, eine mystische Freimaurerloge, die Alchemie betrieb. Weishaupts Angst: Die Freimaurer werben ihm die chronisch klammen Studenten ab, mit Hirngespinsten über Goldmacherei und anderem Bullshit! Hier sieht man gut das Doppelgesicht der Aufklärung. Auf der einen Seite Alchemie und Mystizismus, auf der anderen Freiheit, Gleichheit und Brüderlichkeit.

Obwohl, so gleich sind die Ordensmitglieder von Weishaupts Orden dann doch nicht. Er gilt als herrschsüchtiger Egomane, der mit Widerspruch schlecht umgehen kann. Vielleicht tut er sich deshalb gerade in den ersten Jahren schwer mit der Mitgliederwerbung, sein total geiler Geheimorden droht zum Riesenflop zu werden.

Aber dann kommt ein Mann, der das Ruder noch mal rumreißt: Freiherr Adolf von Knigge. Ja, DER Knigge. Der Typ, der unserer Tante Klara beigebracht hat, wie man Rot- und Weißweingläser unterscheidet, wird ab 1780 Chef-Rekrutierer der Illuminaten. Die Struktur der Loge kupferte er von den Freimaurern ab, denn so war es einfacher, andere Freimaurer für die Illuminaten-Sache zu gewinnen. Der Anfang vom Ende des Ordens. Weishaupt war von den Massen an Illuminaten nicht begeistert. Er hatte Angst, dass die Geheimnisse des Ordens weitergetratscht werden könnten – und an Geheimnissen hat Weishaupt am meisten Freude. Weishaupt macht das, was heute Kinder machen, wenn sie einen geheimen Detektivorden erfinden: Er denkt sich obskure Initiationsriten aus, falsche Namen, geheime Fachbegriffe und verschiedene Rangstufen und sagt seinen Mitgliedern, dass sie jetzt nur noch auf seinem Spielplatz spielen dürfen. Eigentlich fehlt da nur noch der Detektivausweis aus dem Yps-Heft.

Dabei muss es eigentlich gar keine Geheimnisse geben. Denn die selbst gewählte Aufgabe der Illuminaten, Mark Zuckerberg würde heute dazu wahrscheinlich »Mission Statement« sagen, schrammt hart an der Grenze zur Naivität vorbei: Sie wollen einen Umbau des Staates mit friedlichen Mitteln. Indem sie immer mehr Staatsposten mit ihren eigenen, aufgeklärten Leuten besetzen. Bis irgendwann alle Menschen frei sind und niemand mehr beherrscht wird. Diese Lehre der Illuminaten ist Novizen nicht zugänglich, erst wenn man sich in der Loge hochgedient hat, werden einem die wahren Ziele der Illuminaten erklärt.

Manche Geheimnisse deckt man eben besser nicht auf. Spätestens als Knigge Hunderte neue Illuminaten anschleppt, ist der Spaß im total geheimen Geheimclub vorbei. Die »Geheimnisse« der Illuminaten werden großflächig ausgeplaudert. Man wird misstrauisch. Und dass die Illuminaten etwa so gefährlich sind wie der Bund deutscher Kaninchenzüchter, konnte ja keiner ahnen. Alles, was man von außen sah, war eine Gruppe flüsternder Männer, die sich mit merkwürdigen Geheimzeichen begegnen. Wer weiß, ob diese Nerds nicht doch den Staat stürzen wollen!

In Bayern war man schon damals mit neuen Ideen sehr vorsichtig. Nachdem Kurfürst Karl Theodor Gerüchte über die Illuminaten hörte, hat er bald die Faxen dicke. 1784 verbietet er alle Geheimgesellschaften, die er nicht selbst abgesegnet hat. Adam Weishaupt stellt sofort alle Treffen seiner Geheimgesellschaft ein, aber die Katze war da schon aus dem Sack. Der Mythos der Illuminaten, hier beginnt er. Denn obwohl diese bravste aller Geheimgesellschaften seit 1784 nicht mehr aktiv ist, glauben es trotzdem alle. Wie, bitte schön, beendet man eine Geheimgesellschaft? Es ist eine Frage, die wir uns später noch stellen werden, wenn es darum geht, unsere selbst erfundene Verschwörungstheorie aus der Welt zu schaffen. Adam Weishaupt versucht es mit radikaler Ehrlichkeit. Er meldet sich bei Karl Theodor und verrät diesem alle »Geheimnisse« der Illuminaten. Alle Handzeichen, alle Symbole, alle Geheimwörter, alles. Es bringt nichts. 1785 stellt sich dann noch Gott gegen die Illuminaten – zumindest wurde das so gesehen. Denn am 28. Juli 1785 wird ein Mönch in Regensburg von einem Baum erschlagen. An seiner Leiche findet man eine komplette Liste aller Illuminaten in ganz Bayern. Die Hexenjagd kann beginnen, Adam Weishaupt muss fliehen. Hätte er seinen Orden doch nur Bienenorden genannt! So ein uncooler Name hätte nie so viele Mitglieder angezogen. Weishaupt flieht nach Gotha, die Illuminaten sind Geschichte.

Zumindest offiziell. Denn hier, an dieser Stelle, überschreiten die Illuminaten die Schwelle von Fakt zu Fiktion. Es passiert etwas, das wir in der Zukunft immer und immer wieder sehen werden. Wir nennen es einfach mal das verschwörungstheoretische Entropiegesetz – das klingt verdammt schlau. Aus dem Physikunterricht wissen wir vielleicht noch, dass es ein Naturphänomen namens Entropie gibt. Das heißt: Alles strebt danach, chaotischer zu werden. Eis will zu Wasser werden, der Zucker im Kaffee will sich auflösen, und kaum verbringt man mal ein paar Tage auf der Couch, um die neue Staffel Game of Thrones zu bingen, schon ist alles dreckig. Überall liegen Flipskrümel, leere Coladosen und Pizzakartons. Daran sind nicht wir schuld, sondern nur die Entropie! Und auch sonst im Leben wird alles immer chaotischer: Der Chef ist jetzt nicht mehr der liebe Herr Günthner aus der Elisenstraße, sondern ein chinesischer Hedgefonds. Wir haben nicht mehr drei Parteien im Bundestag, sondern sechs. Und in die Innenstädte kommen wir mit unserem Auto nicht mehr rein, weil wir die Euro-4-Norm nicht packen. Na schönen Dank auch! Das Leben ist überfordernd – zumindest kann es einem so vorkommen, wenn man lang genug lebt, um andere Zustände zu kennen.

Auch Ende des 18. Jahrhunderts kam den Menschen die Welt total chaotisch vor. Die Regeln, die für Jahrhunderte gegolten hatten, wurden von der Geschichte weggefegt. Adelstitel wurden weggenommen und der Besitz gleich mit. Es war verdammt chaotisch da draußen – irgendjemand musste doch für dieses Chaos verantwortlich sein: die Illuminaten. Sie wurden einfach für alle Übel verantwortlich gemacht – so waren sie z.B. auch die wahren Strippenzieher der Französischen Revolution – und das Chaos, also die Entropie, der Welt wurde auf diese Weise reduziert.

Das verschwörungstheoretische Entropiegesetz ist natürlich kein Naturgesetz. Und wir sind auch keine Wissenschaftler. Aber: Das, was Ende des 18. Jahrhunderts mit den Illuminaten passiert ist, folgt einem wiederkehrenden Muster. Das Chaos in der Welt steigt und steigt, und irgendwann muss eine Verschwörungstheorie her. Eine neue Verschwörungstheorie, die nicht nur das neue Chaos in der Welt erklärt, sondern auch alle Verschwörungstheorien, die davor kamen. So kommen wir im Verlauf der Geschichte von den Juden zu den Illuminaten und wieder zu den Juden. Und von den Juden zur New World Order. Und von der New World Order zu interstellaren Aliens, die, als Juden verkleidet, zur NWO gehören und von dort die Illuminaten steuern.

»ERSCHAFFE DEINE EIGENE REALITÄT« – DIE PSYCHEDELISCHEN 60ER

Nach dem Mord an John F. Kennedy am 22. November 1963 wird der mutmaßliche Mörder schnell gefasst. Lee Harvey Oswald passte perfekt auf die Täterbeschreibung, er war zur Tatzeit am Tatort, später wird man sogar noch seine Fingerabdrücke am Gewehr finden. Dabei war Oswalds Festnahme nur ein Zufall: Ein Tag nach dem Attentat wurde er zufällig von einem Streifenpolizisten angehalten – Oswald fackelte nicht lange und schoss den Polizisten mit vier Schüssen nieder. Der Polizist starb noch vor Ort. Ein paar Stunden später konnte Oswald in einem Kino gefasst werden. Die Polizei von Dallas war begeistert – zufällig hatten sie, nur einen Tag nach dem Mord am Präsidenten, den Täter in Gewahrsam. Ein Geständnis gab es zwar noch nicht, Oswald stritt sogar alles ab, aber die Beweise waren erdrückend.

Die Presse applaudierte: Zum einen, weil sie ganz nah randurfte, als das FBI und die Polizei Oswald vernahmen, und zum anderen, weil die Polizei sie genau auf dem Laufenden hielt, was jetzt mit dem Attentäter passieren würde. Erst würde er dem Bezirksgefängnis überstellt werden und dort in Untersuchungshaft bleiben, bis es zur Anklage käme. Die Presse überschlug sich mit Meldungen – jedes Detail wurde erwähnt. Jeder wusste, wann Oswald verlegt werden würde. Auch der Nachtclubbesitzer Jack Ruby. Am 24. November 1963, zwei Tage nach dem Kennedy-Attentat, macht sich Ruby auf den Weg zur Polizei. Um 11:21 Uhr kommt er im Keller des Polizeipräsidiums an – zeitgleich mit Oswald und den Polizisten, die ihn zum Gefangenentransport eskortieren. Woher wir die Zeit so genau wissen? Der Mord an Lee Harvey Oswald wurde von den Fernsehkameras aufgenommen, die natürlich auch dabei waren. Ruby schreit: »Du hast meinen Präsidenten getötet, du Ratte« und schießt. Oswald wird an den Folgen eines Bauchschusses sterben. Einen Tag später wird John F. Kennedy beerdigt.

In den ersten Tagen nach dem Attentat gab es noch keine Verschwörungstheorien, keine irren Leitartikel, Kommentare und Leserbriefe. Das Land war im Schock und trauerte um seinen strahlenden Präsidenten. Die Europäer waren hingegen nicht so zurückhaltend. Bereits Ende 1963, also nur wenige Wochen nach dem Attentat, fragten die Berliner Morgenpost und die Welt, ob der Kennedy-Mörder Lee Harvey Oswald vielleicht deshalb umgebracht wurde, weil er zu viel wusste. Dann kam irgendwann raus, dass Jack Ruby Verbindungen zur Mafia hatte. Dass die Vernehmung Oswalds sehr chaotisch ablief. Dass zahlreiche Zeugenaussagen ignoriert wurden. Und, und, und.

Das Attentat auf John F. Kennedy wuchs innerhalb kürzester Zeit zur »Mutter aller Verschwörungstheorien«. Bis heute sind schätzungsweise zwischen 1000 und 2000 Bücher zum Kennedy-Attentat geschrieben worden. 95 % davon glauben an eine Verschwörung. Bis heute ist ein Großteil aller Amerikaner überzeugt, dass Lee Harvey Oswald nicht der einzige Schütze gewesen sein kann. Sie geben abwechselnd der Mafia, dem FBI, der CIA, der NSA, Fidel Castro, Israel, dem Militär und Waffenherstellern die Schuld an JFKs Tod. Selbstverständlich wurden auch Aliens bereits beschuldigt, auf den Präsidenten geschossen zu haben.

In den 60er-Jahren werden die Amerikaner kollektiv zu Verschwörungstheoretikern. Das hat natürlich zunächst mal mit der Sachlage zu tun: Im Kennedy-Fall gibt es so viele offene Fragen, so viele Beweise, so viele Widersprüche, dass ein ganzes Land zu Hobbyermittlern wird: Was ist mit dem Hügel? Mehr als 50 Zeugen sagen, sie hätten Rauch von einem kleinen Hügel am Dealey Plaza gesehen. Aber Lee Harvey Oswald schoss ja von einem Hochhaus aus. Was ist also mit dem verdammten Hügel? Und wenn wir schon dabei sind, was ist denn mit dem Zapruder-Film? Gedreht von einem Hobby-Filmer und ganz deutlich zeigend, ohne Wenn und Aber, wie Kennedys Kopf nach hinten geschleudert wird. Nach hinten! Das heißt, nach Adam Riese und Eva Zwerg, die Schüsse müssen von vorne gekommen sein. Und wer jetzt immer noch nicht überzeugt ist, der lasse sich mal Folgendes durch den Kopf gehen: Wie kann es eine einzelne Kugel schaffen, sieben Wunden bei Kennedy zu hinterlassen? EINE KUGEL!

Das Kennedy-Attentat verändert in den USA die Dynamik zwischen Staat und Bürger. Noch in den 50ern war der Staat für den Bürger da, die Behörden haben sich liebevoll um den Einzelnen gekümmert – die Guten, die wurden freigesprochen und die Übeltäter weggesperrt. Das Attentat auf Kennedy sät Zweifel in der amerikanischen Bevölkerung. Und je schlimmer das Jahrzehnt für die Amerikaner wird, desto mehr wird Kennedy verehrt. Denn Kennedy, der hätte das bestimmt alles verhindert: Vietnamkrieg, Bürgerrechtsproteste, Watergate. Je mehr Kennedy zum Quasi-Jesus wird, desto mehr geht man auf die Suche nach Pontius Pilatus.

Heute können wir uns anhand der Verschwörungstheorien zum Kennedy-Attentat ganz genau ansehen, wie und warum die 60er zur Blütezeit für alle möglichen Verschwörungstheorien wurden. Denn je mehr Menschen daran glauben, dass dunkle Mächte Kennedy umgebracht haben, desto mehr glauben sie daran, dass diese dunklen Mächte auch sonst die Strippen ziehen und zum Beispiel die Mondlandung faken. Oder die Gegenkultur mit Geheimagenten wie Frank Zappa unterwandern (der Bart sagt doch alles!). Oder Elvis per Gedankenkontrolle in den Selbstmord treiben. Die 60er sind das Jahrzehnt, in dem alle den Verstand verlieren. Und zwar manchmal auch aus gutem Grund, wie die echten Verschwörungen der Zeit zeigen.

Da wäre zum einen MK Ultra, ein geheimes Forschungsprogramm der CIA, das in den 60ern seinen Zenit erreichte. Hier wurde nicht nur mit allen möglichen bewusstseinserweiternden Drogen experimentiert, LSD, Mescalin, MDMA etc., sondern auch mit Elektroschocktherapie, Nervengiften und Hypnose. Der Kalte Krieg musste gewonnen werden, und die CIA hat wirklich alles versucht. Vor allem notorisch klamme Studenten ließen an sich herumexperimentieren, um sich ein paar Dollar dazuzuverdienen. Unter den Teilnehmern ist nicht nur Ted Kaczynski, der in den 90ern als massenmordender UNA-Bomber bekannt wird, sondern auch Ken Kesey, der die Experimente so geil findet, dass er seinen Studenten-Freunden von der Wunderdroge erzählt und damit die frühen Jahre der Hippie-Bewegung lostritt. Seine Erfahrungen mit MK Ultra wird Kesey ein paar Jahre später in seinem Roman »Einer flog übers Kuckucksnest« zusammenfassen, einem der Standardwerke der Gegenkultur, in dem es vor Regierungsparanoia nur so wimmelt. Die Hippies vermuteten hinter jeder Ecke den zupackenden Staat, der sie aus ihrem VW-Bus reißt, in eine schwarze Limousine zerrt und sie entweder direkt nach Vietnam verschifft oder mit obskuren

Experimenten umpolt. So ganz falsch haben sie damit nicht gelegen.

Aber auch die Hippies sind nicht ganz unschuldig daran, dass in den 60ern so viele den Verstand verloren haben. Die Gegenkultur, mit ihrer »Anything goes«-Haltung, hat uns nicht nur eine offenere Gesellschaft, mehr Demokratie, Feminismus, weniger Sexismus, kritisches Denken, Umweltpolitik gebracht, sondern auch Homöopathie, Energiepyramiden und eben Verschwörungstheorien.

Neben »Traue niemand über 30« oder »Wer zweimal mit demselben pennt, gehört schon zum Establishment«, hat man Hippies auch oft »Erschaffe deine eigene Realität« sagen hören. Es ist ein Spruch, der von der amerikanischen Autorin Jane Roberts stammt. Roberts war davon überzeugt, dass ein metaphysisches Geistwesen namens Seth zu ihr spricht und ihr Bücher diktiert: »Die Welt ist ein bunter Baukasten, aus dem man sich selbst bedienen kann. Ich kann mir eine Welt vorstellen, in der es keinen Sexismus, kein Militär und keinen Rassismus mehr gibt.« Toll. Oder ich kann eine Welt bauen, in der magische Geistwesen meinen Körper durchfliegen und meine Seele zum Kilimandscharo tragen. Auch toll. In diesem Spruch, der uns armen Sterblichen glücklicherweise durch das Geistwesen Seth überliefert wurde, liegt der Kern für den Glauben an allen möglichen Unfug. Die Ablehnung von Expertenwissen findet man auch in Theodore Roszaks »The Making of a Counter Culture« wieder. Dieses Buch – 1969, nur drei Wochen nach Woodstock erschienen – war damals eine Sensation. Zum ersten Mal wurde diese komische neue Generation genau beschrieben und bekam sogar einen Namen: Gegenkultur. Roszak schreibt von »sogenannten Experten, die vom Staat bezahlt werden«, einem »Umsturz der wissenschaftlichen Weltsicht« und von der »Wissenschaft als Staatsreligion«.

Das klingt jetzt ja erst mal alles nicht so schlimm: Lasst die Leute doch an Geister glauben oder Energiewesen, könnte man einwenden. Mit 'ner Wünschelrute rumzulaufen tut schließlich keinem weh, und wären wir alle nicht ein bisschen entspannter, wenn wir nach dem Bikram Yoga noch einen Yogi-Tee trinken würden? Das Problem ist nur, dass dieser ganze New-Age-Kram, der in den 6oer-Jahren erfunden wurde, die Grundlage für einige der fiesesten Verschwörungstheorien der Gegenwart darstellt: »Lass die Experten nur labern, ich glaube daran, dass Impfen meine Kinder behindert macht! Lass die Schlaumeier und Experten nur labern, der Klimawandel ist nur eine Erfindung der Chinesen.«

Wir haben es in der Aufklärung gesehen, wir sehen es in den 6oern, und wir werden es auch gleich wieder in den 9oern sehen: Neue Denkrichtungen bringen nicht nur mehr Vernunft und mehr Teilhabe. Sie können auch den Bullshit befeuern. Es ist ein bisschen so wie bei Computern (wahrscheinlich gäbe es auch Dutzende andere Analogien, aber wir kennen uns eben mit Computern aus): Die Aufklärung ist wie ein frühes Betriebssystem, sagen wir mal MS-DOS. Ein Betriebssystem, das für damalige Verhältnisse sehr viel kann. Plötzlich gibt es Tabellenkalkulation! Und Schreibprogramme! Und Computerspiele! Für einen süßen Moment scheint alles möglich, die Zukunft ist verdammt noch mal endlich in der Gegenwart angekommen. Aber dann merken wir: Mhm ... soooo toll ist das jetzt auch nicht. Da muss doch noch mehr gehen! Und während wir so über möglichen Updates brüten, fallen uns die ganzen Bugs auf, die sich eingenistet haben. Die Aufklärung befeuert eben nicht nur Teilhabe, Demokratie und Vernunft, sondern eben auch Geisterglaube, Alchemie und Verschwörungstheorien. »Wir brauchen endlich ein Update!«, würden wir twittern, wenn man mit MS-DOS schon twittern könnte.

Das Update kommt dann mit Windows 95 – in unserer formidablen Analogie die Gegenkultur der 60er. Auf einmal haben wir eine Maus! Und Excel! Und Word! Und sogar Solitär, das beste Computerspiel der Welt! Und statt es – ganz computermonogam – nur mit einer Maschine zu machen, kann ich jetzt übers Internet zu ganz vielen anderen Maschinen in die Kiste. Toll. Aber irgendwann nisten sich auch hier Bugs ein. Das System, das wir vor einer Woche noch toll fanden, lenkt plötzlich in Richtungen, die wir nie gewollt haben. Es stürzt ab, wird lahm und macht nicht das, wofür es gedacht ist. Wie bei: New-Age-Seinslehre, Bachblütenquatsch, Geistheilung.

Ungeduldig trommeln wir auf der Maus rum ... wir brauchen was Neues, aber zacki, zacki! Das Neue kommt in den 90ern, das Windows Vista. Auch hier gibt es neue Denkrichtungen (»Boah, jetzt mit 16 Gigabyte Postmoderne!«) und ganz viel neue Bugs (»Was wäre, wenn alle Politiker Reptiloiden sind?«). Und klar: Windows Vista ist gefühlt 3000-mal besser als MS-DOS. Genau wie die Gesellschaft der 90er, wo Frauen, Homosexuelle und Menschen mit Migrationshintergrund gleichberechtigt mitreden können, besser ist als die Gesellschaft des aufgeklärten 18. Jahrhunderts, wo man sich vormittags in Philosophie übt und nachmittags überlegt, welches afrikanische Land man als Nächstes kolonialisieren könnte.

Wahrscheinlich stehen wir jetzt, im Jahr 2018, wieder einmal vor einem großen Betriebssystemupdate. Und wahrscheinlich werden wir erst, wenn das Update abgeschlossen ist, merken, dass sich in unserem Denken etwas verändert hat. Aber: Egal, wie sehr wir uns über die neuen Features freuen werden, die Bugs, die Fehler im System, die werden dazugehören. Sie werden uns neuen Bullshit, neue Verschwörungen bringen. Denn die Bugs sind nämlich gar keine Bugs – sie gehören zum System dazu. Den Widerspruch, dass jede Denkrichtung, die die Welt besser machen will, unweigerlich dazu führt, noch mehr Quatsch in die Welt zu setzen, den werden wir nie ausmerzen können. Denn entweder sind die Gedanken frei – oder eben nicht. Ein Dazwischen gibt es nicht.

Wohl keine Geschichte der 60er zeigt diesen Widerspruch so schön wie die Geschichte von Robert Shea und Robert Anton Wilson. Die beiden haben nicht nur, genau wie wir, denselben Vornamen, sondern schreiben – ebenfalls genau wie wir – ein Buch über Verschwörungstheorien. Aber nicht nur irgendeins, sondern DAS Buch über Verschwörungstheorien. Shea und Wilson arbeiten Ende der 60er beim Magazin Playboy und sind dort für die Leserbriefe zuständig. Jeden Tag erreicht den Playboy eine ganze Palette an absurden Verschwörungstheorien, die das Magazin doch bitte, bitte abdrucken soll. JFK wurde von den Illuminaten umgebracht! Martin Luther King auch. Und Robert Kennedy erst recht. Die Illuminaten sitzen in Atlantis und wollen von dort aus Adolf Hitler mit dem ewigen Leben beschenken …

Shea und Wilson lesen jeden Tag solche Briefe, und irgendwann haben sie eine Idee: Was wäre, wenn wir all diese Verschwörungstheorien zu einer Geschichte zusammenflicken? Robert Anton Wilson sagt später in einem Interview: »Ich ließ die Illuminaten wieder auferstehen, weil es in den 60ern so viele verrückte Verschwörungstheorien gab. Und ich dachte, es sei lustig, die verrückteste von allen zu erfinden. Und viele haben sie tatsächlich geglaubt.«

Das Ergebnis ist der dreiteilige Roman »Illuminatus!« (nur echt mit dem Ausrufezeichen) und beginnt mit den unsterblichen Worten: »Die Geschichte der Welt ist die Geschichte der Kriege zwischen Geheimbünden.« Er handelt von zwei Detektiven, die gemeinsam der allergrößten Verschwörung auf den Grund gehen, die es jemals gab. Denn die Illuminaten planen nach dem Mord an JFK den letzten großen Auftritt: Im Gewand der ultrabösen Rockband American Medical Association wollen vier ultraultraböse Illuminaten ein Menschenopfer bringen, das genug Lebensenergie freisetzt, damit der ultraultraultraböse Geheimbund ewig leben kann. Nur noch die Diskordianer, ein anderer Geheimbund, können jetzt helfen, ganz voran ihr Anführer Hagbard Celine, der in einem goldenen U-Boot lebt. So viel zur groben Handlung. Der mehr als tausend Seiten dicke Roman bietet noch viel mehr absurde Theorien, Ideen und Bullshit, darunter sprechende Delfine, Göttinnen, die so groß sind wie ein Mehrfamilienhaus, und Supercomputer, die FUCKUP heißen.

»Illuminatus!« war cool, böse und ironisch – was genau Shea und Wilson eigentlich sagen wollten, war nicht klar. Waren sie jetzt für oder gegen die Gegenkultur? Machten sie sich über Verschwörungstheorien lustig oder glaubten sie wirklich an dunkle Geheimbünde? Die beiden Autoren wollten, dass der Leser diesen Widerspruch aushalten muss. Ihre Botschaft: Es gibt kein Schwarz und auch kein Weiß, sondern nur jede Menge Grau. Wilson sagt in einem Interview mit dem EST Magazine: »Ich bin so etwas wie ein Antikörper der New-Age-Bewegung. Meine Funktion besteht darin, auf die Möglichkeit aufmerksam zu machen: Hey, weißt du, einiges von all dem Kram könnte auch riesengroßer Quatsch sein!«

Aber auch riesengroßer Quatsch wird irgendwann geglaubt. Es ist ein Treppenwitz der Geschichte, dass ausgerechnet ein Buch, das die »verrückteste Verschwörungsgeschichte von allen« erzählt, immer noch geglaubt wird. Denn Shea und Wilson haben mit ihrem Buch den Illuminaten-Mythos eigenhändig neu belebt. Bis Ende der 60er haben nur irgendwelche Spinner noch an die Geheimloge aus Ingolstadt gedacht. Nach »Illuminatus!« werden die verschlagenen Illuminaten einer der Lieblingsbösewichte der Popkultur, gleich hinter Nazis und Zombies. In den Anfangsjahren werden die Illuminaten noch mit fettem Augenzwinkern für alle Übel dieser Welt verantwortlich gemacht, ab den 90ern dann aber ernsthaft.

Auch in Deutschland hat sich der Glaube an die Illuminaten verselbstständigt. Der Hacker Karl Koch war fast besessen von ihnen. Er nannte sich selbst Hagbard Celine, seinen Computer FUCKUP und vermutete hinter jeder Zahl eine Geheimbotschaft. Seine Jagd auf die Illuminaten bringt ihn – zusammen mit erheblichen Drogenproblemen – Ende der 80er immer wieder in die Klinik. 89 wird Karl Koch dann tot in einem Waldstück gefunden, in der Akte steht: Selbstverbrennung. Aber ganz konnten die Todesumstände nie geklärt werden.

Die Geschichte von Wilson und Shea zeigt, dass selbst großer Quatsch von einigen dann eben doch geglaubt wird. Und so ist die große Verschwörungstheorie, die die beiden Ende der 60er entwickeln, auch heute noch eine der größten und einflussreichsten. Die 60er haben uns JFK, die Mondlandung und die Illuminaten gebracht. Eine Generation, die aufräumen wollte mit den Schnapsideen ihrer Eltern, erfindet ihre eigenen.

DIE TOP 5 DER VERSCHWÖRUNGSTHEORIEN, NO. 1: MONDLANDUNG

Auch wenn wir bei unseren ersten zarten Debunking-Versuchen auf die Nase geflogen sind: Vielleicht haben Sie ja mehr Glück! Deswegen wollen wir Ihnen im Lauf dieses Buchs die Top 5 der Verschwörungstheorien präsentieren, zusammen mit Argumenten, die sie aushebeln. Ob Ihnen dann aber geglaubt wird, können wir leider nicht vorhersagen.

Eigentlich hätte alles ganz genau am 1. April 1973 auffliegen müssen. Neil Armstrong wäre morgens aufgestanden, und nachdem er sich den Schlaf aus den Augen gerieben hätte, wäre er langsam – nur mit Bademantel bekleidet – runter in die Küche geschlurft. Dort hätte er die Milch aus dem Kühlschrank geholt, einmal lange am Karton gerochen, die Milch für gut befunden und sich eine große Portion Müsli gemacht. Gleich würde er zur Arbeit müssen – vor ein paar Jahren war er befördert worden, zum stellvertretenden Leiter des Aeronautik-Büros bei der NASA. Klingt fancy, ist aber eigentlich nur ein Job, bei dem man den ganzen Tag sein Gesicht in die Kameras von irgendwelchen Reportern halten muss. Deswegen würde er sich gleich noch rasieren müssen, aber erst: Müsli runterschlürfen und noch die Zeitung reinholen, nur in Schlappen und Morgenmantel. Die Nachbarn würden schauen, Neil würde freundlich winken. Komisch, würde sich Neil denken, als sie ihm bewusst den Rücken zukehren. Aber dann würde er die Zeitung in die Hand nehmen.

Und seine Kehle würde sich zuschnüren. »Das ist unmöglich! Das gibt's nicht! Die haben doch gesagt, das merkt niemand!« Aber sie hatten es gemerkt. Auf dem Titelblatt der Washington Post würde in fetten Lettern stehen: »Schande für Amerika! Apollo 11 war ein Fake.«

Dieses Szenario haben wir nicht erfunden, es ist auch kein böser Aprilscherz, sondern es ist das Ergebnis knallharter Mathematik. Ein bombensicheres Ergebnis! 1350 Tage sollte es dauern, bis die Mondlandungslüge auffliegt, also genau 3,7 Jahre. Auf diese Zahl kommt der britische Physiker Dr. David Grimes. Er hat drei bekannte große Verschwörungen, die aufgeflogen sind, analysiert und daraus ein Modell für andere Verschwörungstheorien gebastelt. Hefte raus, Klassenarbeit! Nehmen wir zum Beispiel das PRISM-Programm – eins der drei Beispiele, die Grimes untersucht hat. Beim PRISM-Programm hat es sechs Jahre gedauert, bis Edward Snowden alles ausgeplaudert hat. Grimes nimmt jetzt also diese Zahl, sechs Jahre, und setzt sie mit der Anzahl der Verschwörer in Beziehung. Für die NSA, meint Grimes, wären das 30 000. Wenn 30 000 Leute sechs Jahre brauchen, um PRISM zu leaken, wie lang dauert es dann bei der Mondlandung? 411 000 Menschen haben während der Mondlandung bei der NASA gearbeitet. Grimes gibt diese Zahl in seine Formel ein, und zack: 3,7 Jahre, bis irgendwo in einer Bar in Kentucky ein NASA-Mitarbeiter nach dem dritten Bourbon alles ausplaudert.

Die Ergebnisse von David Grimes sind nicht unumstritten. Vor allem deshalb, weil seine Datengrundlage eben nun mal drei wirkliche Verschwörungen umfasst, die auch tatsächlich aufgedeckt wurden. Grimes' Formel ist also nicht viel mehr als ein mathematischer Partytrick, so belastbar wie ein wackeliger Tapeziertisch, aber: Sie erinnert uns daran, wie unrealistisch viele Verschwörungstheorien sind. Was alles passieren muss, damit die ganz großen Theorien wahr sind. Spielen wir das doch einmal für die Mondlandung durch. Die Theorie geht ja so: Die Amerikaner waren gar nicht auf dem Mond. Das Ganze wurde in einem Hollywood-Studio gedreht, und zwar von Stanley Kubrick. Der hatte im Vorjahr schon mit »2001: Odyssee im Weltraum« gezeigt, wie man Astronauten in Szene setzt. Von der Mondkapsel über die Anzüge bis zur Flagge – alles Fake, Fake und noch mal Fake.

Aber die NASA hat nicht mit dem Spürsinn der Menschen da draußen gerechnet. Ganz besondere Schlaumeier stellen nämlich schon in den 70ern fest, dass da irgendwas nicht stimmen kann. Einer der größten Zweifler der Mondlandung heißt Bart Sibrel. Er zeigt in vier Spielfilmen auf, wie die NASA angeblich alle getäuscht hat. Erstes Indiz: die Flagge. Wie soll denn die Flagge wehen, wenn der Mond gar keine Atmosphäre hat? Zweites Indiz: die Sterne. Warum sind da, auf den offiziellen NASA-Bildern, keine Sterne zu sehen? Und jetzt das Hammer-Indiz Nummer drei: der Schattenwurf! Warum gibt es da unterschiedliche Schatten auf den Bildern, wenn doch die Sonne die einzige Lichtquelle sein dürfte. Mehrere Schatten = mehrere Lichtquellen = irgendein Depp hat vergessen, die Studioscheinwerfer abzukleben.

Gehen wir die Hauptindizien doch mal schnell durch. Erstens: Der Grund, warum sich die Flagge – auch ohne Wind – bewegt, ist relativ einfach: Sie ist nur an einer dünnen Aluminiumstange festgemacht. Wenn sie in den Boden gesteckt wird oder Neil Armstrong mit seinem dicken Raumanzug an die Stange stößt, dann bewegt sich auch die Flagge. Zweitens: Der Grund, warum man keine Sterne sieht, hat mit der Belichtungszeit zu tun. Weil die Sonne die stärkere Lichtquelle ist, sieht man die Sterne nicht. Wäre die Belichtungszeit ein bisschen höher gewesen, dann hätte man bis rüber in die Galaxie schauen können, aus der diese dämliche Theorie kommt. Und jetzt das große Finale: Die Schattenwürfe beschäftigen Verschwörungstheoretiker wie Bart Sibrel schon seit Jahren, dabei ist die Erklärung eigentlich ganz einfach – zumindest, wenn man einen Physiker fragt. Der Mond hat ein höheres Rückstrahlverhalten als die Erde. Die Mondoberfläche ist so hell (Fachwort: Albedo, google it), dass sie selbst wirkt wie ein Spiegel. Die Astronauten werden also von zwei Lichtquellen angestrahlt: der Sonne und dem Mond selbst. Und hier noch das Überargument, weshalb die Amerikaner definitiv auf dem Mond waren. Die Funkwellen, die von Apollo 11 während der Mondlandung kamen, die wurden nicht nur von Houston oder Washington, D.C. empfangen, sondern auch von Moskau. Die Sowjets konnten 1969 per Triangulation bestätigen, dass die Amerikaner das Weltraumrennen gewonnen hatten. Wenn die Mondlandung wirklich ein Fake gewesen ist, würde das bedeuten, dass die Sowjets mit den Amerikanern unter einer Decke steckten. Und das ist – gelinde gesagt – etwas unrealistisch. Case closed.

Natürlich reichen diese Erklärungen Hardcore-Verschwörungstheoretikern nicht. Bart Sibrel hat sogar mal versucht, Buzz Aldrin, den zweiten Mann auf dem Mond, mit seinen Theorien zu konfrontieren. »Du bist hier derjenige, der behauptet, auf dem Mond gewesen zu sein, obwohl du es gar nicht warst!«, ruft Sibrel Buzz Aldrin hinterher. Die Interaktion wird von einer Kamera festgehalten und auf Youtube gestellt, wo das Video inzwischen eine Million Aufrufe hat. »Du bist ein Lügner, ein Feigling und ein Dieb«, sagt Sibrel Aldrin ins Gesicht. Obwohl: Das Wort »Dieb« kriegt er nicht mehr raus, denn da hat Buzz Aldrin ihm schon einen rechten Haken verpasst. Ein kleiner Punch für Buzz. Aber ein großer für die Menschheit.

KAPITEL 5

IST DAS INTERNET
SCHULD?

Nachdem wir in der örtlichen Bibliothek alles über die Geschichte der Verschwörungstheorie erfahren haben, was es zu erfahren
gilt (danke, Roswitha, für den Filterkaffee und deine Kopier-
karte), sind wir irgendwann endlich wieder in unserer Comfort
Zone: dem Internet. Hier kennen wir uns aus, hier sind wir zu
Hause, hier wissen wir, wo es Kaltgetränke, Snacks und Ablen-
kung gibt. Unser geliebtes Internet wird heute für viele Übel verantwortlich gemacht: Das Internet mache dumm und abhängig,
es zerstöre unsere Beziehungen und unsere Demokratie. Über
Jahre haben wir unser Internet mit Kräften verteidigt, wie eine
Löwenmutter ihr Kleines. »Schon mal was von Lesesucht gehört?«, haben wir Internet-Skeptikern entgegengeworfen. »Das,
was du über das Internet sagst, haben Leute im 18. Jahrhundert
über Bücher gesagt.« Danach war dann meistens Ruhe, denn
wenn man gegen ein Medium nichts sagen will, dann das Buch.
Wir haben dann überlegen an unserem Gin Tonic genippt und
schnell das Thema gewechselt.

Aber ganz ehrlich: Inzwischen sind auch wir ein bisschen
skeptisch geworden. Kann es sein, dass das Internet schuld ist
an all der Desinformation da draußen? Kann es sein, dass das
Internet uns alle dümmer macht, unsere Diskurse vergiftet und
unsere Demokratie gefährdet?

Immerhin surft Saras Vater doch auf seinem Netbook mit
Windows XP irgendwelche obskuren Seiten an, um sich zu in-

formieren. Reichsbürger organisieren sich im Netz und schicken sich per Mail »Geheimdokumente«, die kein seriöser Verleger jemals abdrucken würde. Und in Foren kann ich nicht nur nachlesen, wo gerade Chemtrails gesprüht werden, sondern auch, warum Angela Merkel Hitlers Tochter ist.

Bis zu dieser Stelle war unsere Reise ins Land der Verschwörungstheorien noch recht harmlos. Aber jetzt wird es Zeit, eine Runde durch die Bullshit-Fabrik zu drehen. Wir müssen verstehen, was das Internet mit Verschwörungstheorien macht, wie es sie hervorbringt, verstärkt und verteilt. Und vielleicht finden wir ja unterwegs einen Weg, unser über alles geliebtes Internet zu retten.

Also: Gummistiefel an, wir gehen rein.

WIR GLAUBEN AN FAKE NEWS, DIE INS WELTBILD PASSEN

Donald Trump hasst Hände. Das hat vor allem mit einer physiognomischen Besonderheit seines Körpers zu tun: Seine Hände sind nämlich sehr klein. Bei Hillary Clinton war es die Frisur, bei Helmut Kohl der Bauch, bei Nicolas Sarkozy die Körpergröße, und bei Donald Trump sind es eben die beiden zierlichen Präsidenten-Pfötchen, über die sich alle immer lustig machen. Aber Donald Trump wäre nicht Donald Trump, wenn er nicht schon längst eine Lösung für das Problem gefunden hätte. Seit seinem Amtsantritt werden die offiziellen Fotos von einem eigens dafür angeheuerten Mitarbeiter im Weißen Haus nachbearbeitet. So werden aus Trumps Patschehändchen im – nun ja – Handumdrehen gewaltige Pranken, Photoshop sei Dank.

Aufgedeckt hat diesen Skandal im Januar 2017 die Journalistin Dana Schwartz, die für den New York Observer schreibt. Danach berichtet der Fernsehsender ABC darüber, die Huffington Post und noch ein Dutzend weiterer Newsportale. Auf Twitter machen die Hashtags #handgate und #handjob die Runde.

Wahr an dieser Geschichte ist allerdings fast gar nichts – bis auf die Tatsache natürlich, dass Donald Trump wirklich sehr kleine Hände hat. Gut möglich, dass Sie die Geschichte gleich von Anfang an angezweifelt haben, vielleicht haben Sie diese Räuberpistole aber auch geglaubt. Zum einen, weil Sie die berechtigte Erwartung haben, in diesem Buch keinen Unsinn zu lesen, zum anderen vielleicht aber auch, weil Sie es Donald Trump durchaus zutrauen, dass er sich die Hände größer photoshoppen lässt.

Ist der Gedanke denn wirklich so abwegig? Ist der US-Präsident nicht für seinen Größenwahn bekannt? Beweisstück A: Auf dem G20-Gipfel 2017 in Hamburg streift sich Donald Trump als Einziger keinen Kopfhörer über, weil er es nicht für nötig hält, der Simultanübersetzung zu lauschen, als der italienische Ministerpräsident Paolo Gentiloni über Afrika spricht. Es heißt ja America first, nicht Africa first. Tja, wir haben sie leider schon wieder angelogen. In Wirklichkeit folgt Trump damals der Rede des Italieners mit einem kleinen Knopf im Ohr. Den kann man aber aus diesem Winkel nicht sehen. Auf anderen Bildern ist er aber deutlich zu erkennen.

Trotzdem schwappt auch diese Nachricht durch das Netz, wird geteilt, vertwittert, gelikt und weitergeleitet, renommierte Nachrichtenseiten berichten über den nicht zuhörenden Trump. Darunter die BBC, Spiegel Online, FAZ.de, Focus Online. Medienhäuser, die zeitgleich vor dem Einfluss von Fake News warnen, tratschen munter die Lüge weiter. Und zwar weil die Lüge in das Bild passt, das man vom damals neuen US-Präsidenten eh schon hatte. Das Internet ist hier nur ein Katalysator – es presst unsere Vorurteile, unsere Voreingenommenheiten, unsere ganzen menschlichen Schwächen durch dünne Glasfaserkabel und beschleunigt sie auf Lichtgeschwindigkeit.

Denn dass die Sache mit der Wahrheit wohl schon immer nicht so ganz einfach war, das weiß jeder Fußballfan. Je nachdem, welchem Verein man anhängt, kann ein und dasselbe Foul mal eine grobe Unsportlichkeit sein und nüchtern betrachtet eigentlich schon nah am Totschlag. Mindestens. Oder das Foul ist nur ein harmloser Rempler, über den man sich mal bitte nicht so aufregen soll – wir sind hier ja wohl nicht bei der rhythmischen Sportgymnastik! Im Stadion sind diese beiden Wahrheiten gleichzeitig wahr. Während in der Südkurve mit dem Anzünden des Schiedsrichterautos gedroht wird, würde die Nordkurve ihn am liebsten auf einen großen Eisbecher einladen. Im echten Leben macht es uns nichts aus, dass »krasses Foul« und »harmloser Rempler« gleichzeitig wahr sind. Denn neben der Nord- und der Südkurve gibt es ja immer noch den großen Mittelblock, die Mehrheit aller Stadionbesucher. Hier sitzen die, die sich schon auch für Fußball interessieren, aber jetzt keine Currywurstbude zertrümmern, wenn Dynamo Dresden gegen den FC Heidenheim verliert. Im mittleren Block, da hocken Dynamo- und Heidenheim-Fan nebeneinander. Sie erkennen, dass das Gegenüber eine andere Meinung hat, und hinterfragen vielleicht – aber auch nur vielleicht – ihre eigene Wahrnehmung.

Im Internet gibt es nur die Südkurve. Beziehungsweise: Im Internet gibt es nur Südkurven. Denn moderne Algorithmen setzen uns nur noch das vor, was wir ohnehin schon denken: Filter-Bubble heißt das Phänomen. Wir liken uns die Welt, bis sie uns gefällt. Die Filterblasen-Theorie ist keineswegs unumstritten, sogar Eli Pariser findet mittlerweile, dass man die Filterblasen-Theorie etwas überstrapaziert. Dabei hat der Politaktivist den Begriff erst populär gemacht, 2011 mit seinem Buch »The Filter Bubble: What The Internet Is Hiding From You«. Schon vorher, nämlich 2001, glaubte der Rechtswissenschaftler Cass Sunstein, im Netz »Informationskokons« und »Kommunikationsuniversen« beobachten zu können, und fürchtete, der »soziale Kitt« könne so verloren gehen, und Mr. Diskursethik himself, der Philosoph Jürgen Habermas, warnte bereits 2008 vor einer riesigen »Anzahl von zersplitterten, durch Spezialinteressen zusammengehaltenen Zufallsgruppen«, der Netzerklärer Sascha Lobo spricht im Jahr 2017 von einer »Krise des Wir«. Je mehr Informationen wir zur Verfügung haben, umso mehr sind wir geneigt, uns auf das zurückzuziehen, was wir kennen und was wir gut finden.

Vor allem Facebook steht wegen der Filter-Bubble immer wieder in der Kritik. Offiziell bestreitet das Unternehmen den Einfluss der Blase immer. Das Lieblingsargument des Konzerns: Die Filterblase, das sind nicht wir, das bist nur du. Immerhin suchst du dir deine Freunde aus, suchst dir aus, was dir gefällt. Und hey sorry, aber wenn du nur Berlin-Mitte-Hipster in deinem Designer-Freundeskreis hast, darfst du dich nicht wundern, wenn du keine AfD-Positionen in deiner Timeline findest.

An der Argumentation ist natürlich was dran. Aber gerade bei Verschwörungstheorien greift sie ein bisschen zu kurz. Denn Verschwörungstheorien sind entkoppelt von allen anderen Aktivitäten auf Facebook. Ich kann mich liebevoll um die Facebook-Seite des heimischen Kaninchenzüchtervereins kümmern und gleichzeitig in einer Anti-Chemtrail-Gruppe aktiv sein. Oder für die SPD im Kreisrat sitzen und an die New World Order glauben. Oder FDP-wählender Zahnarzt sein, der an die flache Erde glaubt.

VOM FERNSEHEN ZUR
FILTER-BUBBLE

Es gab einmal eine Zeit, in der man keine Angst vor Filterblasen hatte, sondern vor dem Gegenteil. Adorno hatte Angst vor den Massenmedien; diese würden nur dazu führen, dass »an zahllosen Stellen gleiche Bedürfnisse mit Standardgütern beliefert werden«. Und ach, mit welch gewaltiger Fülle an massenmedialen Standardgütern wir im Vorinternetzeitalter unsere Bedürfnisse befriedigt haben! Mit acht Stunden US-Open auf SAT.1 zum Beispiel, mit einem halben Dutzend Nachmittagstalkshows und RTL Aktuell. Am nächsten Tag wusste jeder Bescheid über die neueste Folge Akte X oder über den Abschluss-Gag von Peter Klöppel. Heute hingegen schaut jeder eine andere Netflix-Serie, und man kann in der Kantine eigentlich nur noch über Fußball sprechen. Im Zeitalter der sozialen Medien wird die genau umgekehrte Gefahr beschworen als zu Adornos Zeiten: Facebook & Co. sorgen dafür, dass jeder nur noch seiner eigenen Wahrheit folgt und sich in seine Echokammern, Nischen und Filterblasen einmümmelt. Wir teilen Motivationssprüche, wir verlinken Katzenvideos, wir schicken schlaue Zeit-Artikel durch die Welt und tratschen und ratschen, fotografieren Essen und verbreiten Wahrheit, oft genug: unsere Wahrheit.

Das Internet hat das Verbreiten von Verschwörungstheorien auch so verdammt bequem gemacht. Heute können wir zu Hause, mit dem Laptop auf dem Schoß in stundenlangen Youtube-Videos erfahren, warum die Erde eine Scheibe sein *muss*. Vor zwanzig Jahren hätten wir vermutlich erst einmal Geld per komplizierter Auslandsüberweisung nach Amerika schicken müssen, Wochen später hätte dann ein überteuertes Buch mit ästhetisch fragwürdigem Cover bei uns im Briefkasten gelegen von Autoren wie etwa James W. Lee oder Edward Hendrie, über die wir kaum mehr gewusst hätten als das, was im Klappentext steht, nämlich dass James W. Lee mal an der Wall Street gearbeitet hat und jetzt auf Biobauer macht. Wir hätten die Bücher dann nachts im fahlen Licht unserer Schreibtischlampe verschlungen, hätten etwas über die Freimaurer-Matrix-Manipulation gelernt, in der wir uns seit nunmehr 500 Jahren befinden, darüber, dass es keinen Südpol gibt und dass das heliozentrische Weltbild nichts weiter ist als eine Religion, »die auf einer rein theoretischen, nihilistischen und von bestimmten internationalen Interessen ideologisch geleiteten Wissenschaft einer betrügerischen Raumfahrt beruht, die uns zudem fortwährend mit zahllosen computergenerierten Bildern aus einem fiktiven Universum versorgt«. Wir hätten gestaunt und irgendwann verstanden, dass die Sonne ja gar nicht aufgeht und auch gar nicht unter und dass die Erde die Mitte von allem ist, was wir sehen und messen können, und Bilder aus dem Weltraum – ganz wie die Hände von Donald Trump – per Photoshop zusammengeleimt sind und dass es wichtig ist, sich all dessen bewusst zu werden und sich von der Indoktrinierung der Globalisten zu befreien. Danach hätten wir uns leer gefühlt und müde und matt und wir hätten erst mal zwei Kippen geraucht, um das alles in Ruhe überhaupt verarbeiten zu können. Ein Päckchen hat ja damals nur fünf Mark gekostet und die Globalisten haben noch keine Gruselbildchen draufgepappt.

Und dann hätten wir uns tagelang darum bemüht, die »Eine-Welt-Diktatur« zu stürzen, so wie man uns das in den Büchern nahegelegt hat. Aber schnell hätten wir feststellen müssen, dass der Welt da draußen unsere Erdkrümmungsberechnungen scheißegal sind, dass es sie nicht interessiert, dass die Sonne in Wirklichkeit ungefähr so klein ist wie der Mond oder dass die Internationale Raumstation nicht existiert. Nachts würden wir in den Himmel schauen und würden uns einsam fühlen, alleingelassen mit all unseren Fragen. Was liegt hinter dem Eis der Antarktis? Und stößt man, wenn man immer in eine Richtung geht und geht und geht und nur weit genug geht, irgendwann an die Wand der metallisch-gesteinsartigen Domkuppel, die uns alle umgibt?

Heute ist das anders. Heute könnten wir die Gruppe der Flat-Earth-Community bei Facebook aufsuchen, fast 100 000 Menschen würden dort auf uns warten, Menschen, die richtig Bock darauf haben, sich mit uns über Refraktions-Parameter auszutauschen, Menschen, die glauben, dass die Ozeane flach in einem riesigen flächigen Waschbecken liegen, ruhig und still, und dass der Mond sein eigenes Licht strahlt und sich nur gelegentlich selbst mal ausknipst, wenn Mondfinsternis ist. In dieser wohligen Wärmestube dort im World Wide Web würden wir irgendwann hören, dass auch die Dinosaurier nie existiert haben, und still in uns hineinlächeln, wenn uns unsere neuen Freunde erzählen, dass nun auch Prominente, wie etwa der ehemalige Basketballer Shaquille O'Neal oder der Rapper B.o.B bekennende Flat Earthler sind. Wir würden uns pudelwohl fühlen, würden auf Flat-Earth-Blogs abhängen und uns gleich nach dem Aufstehen die neuesten Flat-Earth-Videos auf Youtube reinziehen, schon deswegen, um uns argumentativ zu munitionieren gegen die ganzen Kugelerdler da draußen und ihre Unterstützer aus der Hochfinanz. Wir wüssten: Wir sind nicht alleine. Und vor allem wüssten wir: Wir sind viele.

Im Internet finden wir Menschen, die den gleichen exotischen Sexualfetisch haben wie wir. Im Internet finden wir Menschen, die genauso gerne Shoegaze aus Tokio hören wie wir. Und im Internet finden wir Menschen, die die gleiche politische Ansicht haben wie wir. Zusammen ist man weniger alleine, das galt schon 2011 in der arabischen Revolution. Über das Netz fanden Individuen zueinander, um eine Masse zu bilden, die dann Diktatoren davonjagte. Doch dieser soziale Mechanismus funktioniert nicht nur dann, wenn es darum geht, arabische Diktatoren zu stürzen. Dieser soziale Mechanismus funktioniert immer dann, wenn eine vermeintliche oder tatsächliche Mehrheit gegen tatsächliche oder vermeintliche Eliten aufbegehrt, ob zu Recht oder zu Unrecht. Keine Partei hat mehr Anhänger auf Facebook als die AfD, Pegida reifte im Facebook-Brutkasten zu beachtlicher Größe heran. Soziale Medien bringen eben auch diejenigen zusammen, die sich unter #Dankemerkel versammeln, und diejenigen, die glauben, dass per Chemtrails das Wetter manipuliert wird oder sinistre Gestalten in sogenannten »Superlogen« an der neuen Weltordnung schrauben.

Und nicht nur wir haben etwas davon, Teil einer Community zu sein. Google und Facebook freuen sich über die Klicks, die Likes und Shares und entwickeln Software, die uns immer tiefer in den Kaninchenbau lockt. Teils sogar unbeabsichtigt. Die Soziologin Zeynep Tüfekçi hat während der US-Präsidentschaftswahl 2016 die Kampagne von Donald Trump beobachtet und ist zu Wahlveranstaltungen gefahren. Um sich als ausländische Beobachterin auf diese ganzen Events vorzubereiten, tat sie das, was wohl jeder machen würde: Sie googelte ein bisschen rum, hing in Unterstützerforen ab und schaute sich Trumps Wahlkampfauftritte auf Youtube an. In den darauffolgenden Tagen passierte etwas Merkwürdiges: Ihr wurden auf Youtube Videos von Rechtsextremen vorgeschlagen. Von KKK-Mitgliedern und Menschen, die glauben, die weiße Rasse würde durch zu viel Einwanderung untergehen. Was ist da passiert? Auch wenn niemand außerhalb der Konzernzentrale Googles weiß, wie der Youtube-Empfehlungsalgorithmus funktioniert, so ist seine Aufgabe klar: Er soll uns Nutzer möglichst lange auf der Seite halten, uns mit so viel Schmackes in den Kaninchenbau locken, bis wir nicht mehr geradeaus sehen können. Und anscheinend hat der selbstlernende

Algorithmus irgendwann gemerkt: Je extremer die Ansichten, desto eher wird das Video angeklickt. So sah Zeynep Tüfekçi nach Trump-Videos nur noch rechtsextremes Material. Sie hat das Experiment übrigens auch mit unpolitischen Inhalten wiederholt: Nach dem Anschauen von Vegetarier-Videos wurde ihr vom Algorithmus der Veganismus nahegelegt.

Tüfekçis Beobachtungen decken sich mit dem, was Verschwörungstheoretiker uns immer und immer wieder erzählen: Erst fängt es ganz langsam an, mit einem Video hier und einem Video da. Durch den Sog der Filterblase und der Empfehlungsalgorithmen bleibt es aber nicht bei der Wald-und-Wiesen-Verschwörung. Nach Chemtrails kommt die flache Erde, gefolgt von der jüdischen Weltverschwörung. Und alle meine neuen Internetfreunde glauben an dasselbe wie ich.

DIE GESCHICHTE EINER RADIKALISIERUNG

Auch der Reichsbürger Wolfgang P. könnte auf Facebook zu der Einsicht gelangt sein, Teil einer erstaunlich großen Community zu sein. Einer Community, die sich wehren muss – gegen den Staat, gegen die anderen, gegen die Polizei. Eine Polizei, die am Morgen des 19. Oktober 2016 Wolfgang P.s Wohnungstür aufbricht, woraufhin P. schießt. Nicht einmal. Nicht zweimal. Mehrere Salven feuert der Verschwörungstheoretiker auf die Beamten ab. Einer von ihnen wird im Krankenhaus seinen Verletzungen erliegen. Wolfgang P., der sich über das Netz mit anderen Reichsbürgern vernetzt hat, spürt am 19. Oktober 2016, wie die echte Welt mit aller Gewalt über ihm zusammenbricht.

Sieht man sich sein Facebook-Profil an, bekommt man einen kleinen Einblick in sein Denken. Vor dem Mord. Die Facebook-

Wall des ehemaligen Antiaggressionstrainers und Konstantin-Wecker-Fans wirkt wie eine sorgsam kuratierte Sammlung des Who's who der verschwörungstheoretischen Szene. Andreas Popp, die (mittlerweile eingestellten) Netzfrauen, aber natürlich auch der deutsche Ableger von Russia Today. Er teilt Videos von Seiten, die Namen tragen wie »gemeinsam gegen die neue Weltordnung«, er ist Mitglied bei Gruppen, die sich mit freier Energie und Chemtrails beschäftigen, auf seiner Facebook-Seite geht es um den dritten Weltkrieg, der unmittelbar bevorsteht, um den Zusammenbruch der Zivilisation, immer wieder um Flüchtlinge und darum, dass der Staat einen gängelt, kontrolliert und eigentlich immer kurz davor ist, einem sogar Haus und Hof wegzunehmen. Die Facebook-Welt des Wolfgang P., sie ist eine düstere, eine bedrohliche, eine apokalyptische Welt. Eine Welt, in der es nicht mehr weit ist bis zum Zusammenbruch, eine Welt, in der übermorgen schon die Aktienmärkte zusammenkrachen, über-übermorgen die EZB das Bargeld einzieht und in der Andreas Popp, eine schillernde Persönlichkeit der verschwörungstheoretischen Szene, verkündet, dass die Lebensmittel in Deutschland vor allem deswegen so billig seien, weil satte Menschen nicht auf die Straße gehen würden. In der Facebook-Welt von Wolfgang P. sind Polizisten »gemäß dem Eintrag im Marken- und Patentamt zu München nur ein besserer (bewaffneter) Schreibwarenhändler« und die Bundeswehr eine »Söldnertruppe«. Am 5. April 2016 postet Wolfgang P. ein handgeschriebenes Pamphlet, in dem er sich auf eine päpstliche Bulle von 1540 beruft und sich von zwölf anderen Menschen per Fingerabdruck bezeugen lässt, »tatsächlich auf diesem Planeten, genannt Erde, körperlich, seelisch und geistig voll anwesend zu sein«. Auf seiner Facebook-Seite bringt ihm das 18 Likes ein und zustimmende Kommentare: »Geil! Mögen noch viele Schlafschafe erwachen«, schreibt eine junge Frau darunter. Wolfgang P. selbst markiert seinen Beitrag mit einem strahlenden »Glücklich«-Emoticon. Wer sich durch die Facebook-Aktivitäten von Wolfgang P. scrollt, der muss zu dem Schluss kommen, dass auch für ihn galt: Zusammen ist man weniger alleine.

Wolfgang P. hat heute noch 221 Freunde auf Facebook. Das ist eher wenig, denn im Schnitt hat jeder Kunde des Konzerns auf dieser Plattform etwa 338 Freunde. Allerdings sind 221 Freunde immer noch recht beachtlich, wenn man berücksichtigt, dass Wolfgang P. ein verurteilter Polizistenmörder ist. Denn Wolfgang P. gilt als sogenannter Reichsbürger, eine lange unterschätzte Szene, die wir in Kapitel 8 genauer beleuchten. Wolfgang P. fand im Internet eine Plattform, auf der er sich präsentieren, auf der er sich Bestätigung holen konnte. Auf seinem Youtube-Kanal »Franken frei« veröffentlichte er Videos, in denen er Polizisten anschrie, ganz ähnlich wie Adrian Ursache, der das Kunststück fertigbrachte, als ehemaliger Mr. Germany eine ehemalige Mrs. Germany zu heiraten. Dann jedoch scheiterte er beruflich, rief auf seinem Grundstück den Staat »Ur« aus und lieferte sich im August 2016 eine Schießerei mit der Polizei, bei der ein Polizist in den Hals geschossen und ein anderer gebissen wurde. Auch Adrian Ursache sitzt mittlerweile im Gefängnis.

UNTER ALUHÜTEN – WIR MACHEN UNS DIE HÄNDE SCHMUTZIG

Aus dem Elfenbeinturm lässt sich leicht über Menschen wie Adrian Ursache oder Wolfgang P. urteilen. Wenn wir unseren Freunden von unseren Verschwörungs-Recherchen erzählen, dann kommt meistens dieselbe Reaktion: »WAS? Das glauben die? Total bescheuert.« Aber ist es das wirklich? Ist es wirklich so schwer, sich vorzustellen, dass Menschen daran glauben, dass die Erde flach ist? Oder hohl? Oder beides, wie so ein schön fluffiger Pfannkuchen? Der Reiz von Verschwörungstheorien, der liegt doch auf der Hand. Während in unserer Welt alles immer total dröge, lahmarschig und rational ist, gibt's da noch eine andere Welt. Ein Wunderland, wo nicht der bekittelte Wissenschaftler mit der besten Theorie recht hat, sondern der mit der besten Geschichte. Ein Land der grenzenlosen Fantasie, in dem Politiker Echsenmenschen sind, Kondensstreifen gefährliche Chemtrails und Merkel Hitlers Tochter. Wir wollen runter vom Elfenbeinturm, wollen tief einsteigen die Verschwörungsszene, kein Pauschalurlaub mit ausgerollter Pool-Liege und Begrüßungs-Mai-Tai, sondern ein Jahr Work-and-Travel. Wir wollen tief rein in die Verschwörungsgruppen, die Menschen wie Wolfgang P. so stark beeinflusst haben, dass er irgendwann auf einen Polizisten schoss. In Lewis Carrolls »Alice im Wunderland« sagt die Grinsekatze an einer Stelle: »Fantasie ist die einzige Waffe im Kampf gegen die Realität.« Wir atmen einmal tief durch, nehmen uns an der Hand und rutschen rein in den Kaninchenbau.

Der erste Schritt ist ganz simpel: Man muss einfach so vielen verschwörungstheoretischen Facebook-Gruppen wie möglich beitreten. Unsere armen Online-Alter-Egos, bis dato ganz normale Profile mit ganz unschuldigen Interessen wie der Fernsehserie »How I Met Your Mother« oder »Nachtflohmarkt München«, mutieren plötzlich zu Hardcore-Verschwörungstheoretikern. Zu sabbernden Aluhüten, die unkontrolliert Wörter wie »UFO!!!!« oder »REPTILOID!!!!!!« rausblöken. Bald sind wir Mitglied in Cliquen wie »Bewegung gegen Volksverdummung«, »UFO, Aliens, HAARP, New World Order« und vor allem bei »Reale Verschwörungen!«. Wenn Fantasie die letzte Waffe im Kampf gegen die Realität ist, dann fällt diese Gruppe unter den Atomwaffensperrvertrag.

Es dauert nicht lange, da lassen unsere Facebook-Accounts

auf Verschwörungs-Steroiden kein anderes Thema mehr zu. Die Bilder unserer Freunde aus dem Urlaub, die Konzerte, die sie besuchen, die Artikel, die sie teilen – all das spielt keine Rolle mehr. Wenn wir Facebook öffnen, sehen wir nur noch Verschwörungstheorie über Verschwörungstheorie über Verschwörungstheorie. Langsam, aber sicher werden auf den blauen Seiten Katzenbilder, FAZ-Artikel und das Blinki-blinki-Geburtstags-Gif von Mama von schnell zusammengephotoshopten Infotafeln verdrängt, etwa zur New World Order, zur »Migrationswaffe« oder zu der beunruhigenden Behauptung, dass Deutschland in den nächsten Jahren einfach mal so »weggezüchtet« wird.

Wir stehen bis zu den Knöcheln im Morast der Fantasie und packen die ganz hohen Gummistiefel aus; waten durch eine Welt, in der die Leibwächter Obamas in Wirklichkeit Reptilienmenschen sind, in der Staaten von satanischen Pädophilen kontrolliert werden, der Holocaust nur Fiktion ist und Michael Jackson sterben musste, weil er sich von »denen« abwandte. Wir tanken uns durch Posts, in denen erklärt wird, wie Israel und George Soros den Krieg in Syrien minutiös geplant und umgesetzt haben, und in denen verkündet wird, dass die Rothschilds bereits Gold nach China verlagert haben, weil, Sie ahnen es womöglich schon, das US-Imperium bald wie ein Kartenhaus in sich zusammenfallen wird.

Das ist natürlich von Facebook nicht so gedacht. Ein einzelnes Interesse sollte nicht – wie ein bösartiger Pilz – unser komplettes Facebook-Leben übernehmen. Sagen wir mal, wir interessieren uns ab morgen fürs Brotbacken. Wir kaufen uns Brotbackbücher, setzen unseren Sauerteig an und treten, weil wir uns online mit anderen Brot-Fans austauschen wollen, Dutzenden Brot-Gruppen auf Facebook bei. Zum Beispiel »Brot backen leicht gemacht«. Oder »Wir backen Brot, Brötchen, Kuchen und Kekse«. Und weil wir ganz kesse Typen sind, nehmen wir sogar die abenteuerliche Back-Experience-Gruppe »BrotBacken-MachtGlücklich« mit. Es ist nicht so, dass wir ab diesem Moment nur noch Brot-Bilder, Brot-Rezepte und Brot-Sprüche auf Facebook haben. Brot ist zwar Teil unserer Identität, aber übernimmt nicht die komplette Seite.

Ganz ehrlich: Wir sind ein bisschen erschrocken darüber. Mit dieser Welle an Verschwörungscontent haben wir nicht gerechnet. Auf lange Sicht kann das so nicht funktionieren. Zum einen sind wir ständig nur noch Bullshit ausgesetzt, zum anderen haben wir große Angst. Angst, geoutet zu werden. Was, wenn ein Gruppenmoderator sich mal unsere Profile ansieht und merkt, dass wir bei der Systempresse arbeiten? Und wirklich mitmischen können wir mit unseren echten Profilen auch nicht, denn dann fliegen wir noch schneller auf. Wir brauchen eine Sockenpuppe, also einen Fake-Account. Wir brauchen jemanden, der für uns das sagt, was wir nicht können. Der für uns dahin geht, wo es brodelt, riecht und stinkt. Der für uns die unschönen Wahrheiten ausspricht. Und jemanden, der schlussendlich auch unser eigenes Verschwörungsvideo posten wird.

Wir brauchen: Hans Fuchs.

Und natürlich haben wir uns für unseren Fake-Account auch eine elaborierte Backstory ausgedacht.

DER MANN, DER HANS FUCHS WAR

Früher, da war Hans Fuchs eine ganz große Nummer. Na ja gut, vielleicht doch eher eine mittelgroße Nummer, aber auf keinen Fall eine kleine Nummer. Nein, nein, eine kleine Nummer war Hans Fuchs bestimmt nie gewesen: Türsteher am Hamburger Dammtor, drei Jahre Kombüsenhilfe auf einem Kartoffelfrachter unter philippinischer Flagge, noch mit 61 ist er auf seiner

Yamaha XV 1600 Wildstar jedes Wochenende die A7 rauf- und runtergebrettert. Einmal, da hat Hans Fuchs mit Schraubenzieher-Kalle eine ganze Nacht durchgezecht, und mit dem Langen Tünn hat er regelmäßig am einarmigen Banditen Mariacron-Cola getrunken. Hans Fuchs hat also eigentlich alles gesehen, alles erlebt, war überall, kennt jeden, doch jetzt ist Hans Fuchs 68 Jahre alt, Rentner, langweilt sich und sitzt den ganzen Tag in seiner Doppelhaushälfte in Herne-Eickel, schaut aus dem Fenster und raucht Ernte 23.

Letztens, da hat Hans Fuchs seinem Nachbarn einen nigelnagelneuen Schlepptop abgekauft, einen echten Boliden, mit 1-GHz-Prozessor, Windows XP und 4 GB Ram, und mit dem kann er jetzt ins Internet und mit dem kann er auch Youtube gucken und mit dem kann er auch auf Facebook. Er hat sich schon ein geiles Profilbild gemacht und alles und seine drei Exfrauen geaddet (die Helga und die Heike und auch die Hannah). Das Problem ist nur: Seit Hans Fuchs das klobige Teil sein Eigen nennt, glaubt er einfach jeden Scheiß, das sagen zumindest seine Freunde. Genauer: Er glaubt einerseits gar nichts, er ist supermisstrauisch, aber andererseits glaubt er eben dann doch wieder, nun ja, jeden Scheiß! Der Medienwissenschaftler Bernhard Pörksen hat einmal darauf hingewiesen, dass die Verschwörungstheorie zwei eigentlich gegensätzliche Philosophien miteinander vereint: den absoluten Glauben an die Wahrheit – Verschwörungstheoretiker glauben die Welt so zu sehen, wie sie tatsächlich ist – und eine radikal skeptische Haltung, sprich den Zweifel an Institutionen, Wissenschaftlern, sogenannten »Mainstreammedien«. So ist das auch bei Hans Fuchs. Einerseits ist er sich tausendprozentig – ach was: einemillionprozentig! – sicher, dass die Amerikaner nie auf dem Mond waren, aber dass es Chemtrails gibt, da ist er sich wiederum ganz sicher, trillionenprozentig! Er hat sogar ein Chemtrails anprangerndes

Bild als Facebook-Titelbild hochgeladen. Es ist schwarz und rot und weiß und zeigt ein Flugzeug, das hinter sich weiße Linien herzieht und über dem ein dicker, fetter Verbotsbalken liegt, wie man ihn auch von den »Hunde Verboten«-Schildern kennt. »Ich will nicht vergiftet werden«, murmelt Hans Fuchs mehrmals am Tag, seine vernarbte Visage wird dann noch grimmiger, so grimmig, dass er sich vor Ärger umgehend eine Ernte 23 ansteckt.

Hans Fuchs ist kein typischer Verschwörungstheoretiker, den gibt es nämlich sowieso nicht. Der Psychologe Sebastian Bartoschek hat zwar herausgefunden, dass Frauen häufiger an Verschwörungstheorien glauben als Männer, dass religiöse Menschen Verschwörungstheorien eher glauben als Nicht-Gläubige und dass mit zunehmendem Jahresgehalt auch die Wahrscheinlichkeit sinkt, sich einen Aluhut aufzusetzen. Jüngere Menschen kennen zudem mehr Verschwörungstheorien als ältere Menschen, Männer mehr als Frauen, und dennoch: Jeder kann prinzipiell zum Verschwörungstheoretiker werden, so wie eben auch Hans Fuchs.

Auf seinem Facebook-Profil steht, dass Hans Fuchs die Schule des Lebens besucht hat, später irgendwann ändert er den Eintrag auf »Die hohe Schule des Lebens«, weil: härter. Und später dann auf »Die harte Schule des Lebens«, weil: noch härter. Doch kaum etwas wäre verkehrter, als zu glauben, Verschwörungstheorien seien etwas, an das vor allem bildungsferne Menschen glauben. Je niedriger der formale Bildungsgrad, umso höher ist die Chance, dass eine Person an Verschwörungstheorien glaubt, aber: Dieser Effekt ist ziemlich schwach ausgeprägt. Wir haben Hans Fuchs also nicht erschaffen, um zu zeigen, wie doof Menschen ohne Schulabschluss sind, sondern weil wir ihn mögen. Hans Fuchs ist einfach eine coole Wurst, jemand, der das Herz am rechten Fleck trägt, ein Typ, mit dem wir auch gerne mal Mariacron-Cola am Spielautomaten trinken würden. Wir haben Hans Fuchs erfunden, weil eben auch die Coolsten der Coolen an wirres Zeug glauben können.

Am Anfang war Hans Fuchs nicht viel mehr als ein Profil, doch bald stecken nicht nur wir in Hans Fuchs, sondern Hans Fuchs auch ein bisschen in uns.

Wir stellen uns die Verschwörungskarriere von Hans Fuchs so vor: Angefangen hat es vor ein paar Jahren mit irgendwelchen Ufo-Dokus auf N24. Heute schaut Hans Fuchs vor allem Youtube. »Loose Change«, »Vaxxed«, »Overcast«, der Clip, wo Michael Jackson erzählt, wie uns die Medien manipulieren, und wegen dem er dann ja auch irgendwann umgebracht wurde: alles gesehen, alles geil.

Auf Facebook hat Hans Fuchs schon nach ein paar Tagen eine Menge Freunde, es geht zu wie damals auf der Kirmes beim Hau den Lukas, als sich jeder mit ihm anfreunden wollte. Nach einer Woche hat Hans Fuchs schon 123 Freunde, mit den allermeisten hat er aber noch nie im Real Life auch nur ein Astra getrunken, er kennt sie alle nur aus den Facebook-Gruppen, in denen er Mitglied ist. »Killuminati Unzensiert«, »Gemeinsam gegen die Elite auf der ganzen Welt«, »Dr. Daniele Ganser Support« (Ganser ist ein Historiker, der sich selbst als Energie- und Friedensforscher beschreibt. Andere bezeichnen ihn schlichtweg als Verschwörungstheoretiker), »Glaub nicht alles!«, »Linke Solidarität mit Ken Jebsen«, »Freie Medien«, »Wissensmanufaktur für eine freie und gerechte Welt«: Das ist Hans Fuchs' neues Revier, hier lechzen sie geradezu nach Hans Fuchs' Premiumcontent. Hans Fuchs teilt natürlich vor allem kritischen Content, etwa Bildtafeln, auf denen dann ein tiefschürfendes Dalai Blabla/ Einstein/Sartre-Zitat steht (»Wenn ihr eure Augen nicht gebraucht, um zu sehen, werdet ihr sie brauchen, um zu weinen«) und dazu dann ein Bild, das einen mit Chemtrails zugespachtelten Himmel zeigt.

INTERAKTION STICHT ALLES

Hans Fuchs kann in die Räume gehen, zu denen wir als Journalisten normalerweise keinen Zugang hätten. Als Hans Fuchs haben wir gelikt, geteilt und gepostet, als Hans Fuchs haben wir mit Aluhüten diskutiert und als Hans Fuchs wollten wir auch unsere Rauchmelderverschwörung ins Netz stellen. Hans Fuchs zu sein war manchmal Schwerstarbeit, jeden Tag um 8:30 Uhr loggten wir uns bei Facebook ein und erledigten unser Hans-Fuchs-Pensum: Posts liken, Freundschaftsanfragen annehmen, Posts teilen, Posts kommentieren, Kommentaren antworten, Umfragen erstellen und so weiter, Facebook-Kram eben. Als Hans Fuchs auf Facebook zu sein fühlte sich an wie eine Fahrt in einen tiefen, dunklen, muffigen Stollen, und mein Gott waren wir immer froh, wenn wir da wieder raus waren, uns ausloggen und wieder in unsere echten Profile schlüpfen konnten.

Das Profil unserer kleinen Handpuppe ist nach nur wenigen Tagen komplett toxisch geworden. Eine Sondermülldeponie aus absurdem Schwachsinn. Das liegt vor allem an all seinen neuen »Freunden«. Hans Fuchs hat sich mit dem harten Kern der deutschen Facebook-Verschwörer angefreundet. Die posten mehrmals am Tag, manchmal sogar mehrmals in der Stunde neuen Unsinn. Und wenn sie selbst nichts posten, dann teilen sie. Und wenn sie nicht teilen, dann kommentieren sie irgendeinen Bullshit. Der ewige Kreislauf der Hirnrissigkeit. Diese kleine Gruppe an Heavy Usern ist auch der Grund, dass unsere echten Profile so schnell zugemüllt sind. Denn Facebook liebt es, wenn mit den Inhalten auf der Seite interagiert wird.

Und keiner interagiert so brav mit Inhalten wie Verschwörungstheoretiker. Als der französische Präsident im September 2017 eine Europa-Rede hält, welche die Tageszeitung Die Welt fahrlässigerweise in einer Artikel-Überschrift als »Weltregie-

rungserklärung« bezeichnet, ist man sich hier sicher: Die Freimaurer zeigen ihr Ziel »immer offener«. Und als irgendwann
die spanische Zentralregierung versucht, mithilfe der Polizei
ein Unabhängigkeits-Referendum in Katalonien zu verhindern,
und mehr oder weniger gleichzeitig in Las Vegas ein Attentäter
aus einem Hotelzimmer heraus auf die Besucher eines Country-
Festivals schießt und dabei 58 Menschen tötet, da stellt man sich
hier die Frage, ob das eigentlich alles Zufall sein kann. Denn:
Die katalanische Flagge und die US-Flagge weisen doch frappierende Ähnlichkeiten auf, nämlich Streifen und Sterne, bzw. im
Falle der katalanischen Flagge nur einen Stern, aber egal.

In dieser Welt darf nicht einmal der Verschwörungstheoretiker Adrian Ursache als tapferer Kämpfer gegen das BRD-
System gelten, sondern wird zum Teil einer weltumspannenden
Verschwörung. Warum sonst kommen in dem Wappen, das er
für seinen Staat Ur gestaltet hat, ein Krone vor und außerdem
Lilien? Unverkennbar Insignien der Freimaurer!!!! Und es geht
ja noch weiter: Auf Fotos sieht man Ursaches Hauseingang, und
es ist deutlich zu erkennen, dass das Vordach zu seinem Ein-
familienhaus von zwei gewaltigen Säulen getragen wird. Säulen wie Jachin und Boas, so hießen doch, wer weiß es nicht, die
Säulen am Eingang des Tempels in Jerusalem – bekannte Symbole der Freimaurerei! Die Conclusio: Adrian Ursache hat eine
»False Flag«-Operation durchgeführt, und das alles nur, um alle
Wahrheitssucher anzuschwärzen, man muss ja nur mal fragen:
»Cui bono?« »Cui bono?« ist die Standardfloskel, die man von
Verschwörungstheoretikern immer wieder hört: »Wer profitiert
davon?« heißt es übersetzt, in den Foren liest man immer nur
die lateinische Variante. Vermutlich weil der Quatsch schon
eine ganze Stufe wissenschaftlicher klingt, wenn man Latein benutzt. »Cui bono?« ist wie das Petersilienblatt auf dem Katzen-
futter.

In den Foren hämmert man uns ein, dass eine Sperre bei Facebook wie ein Ritterschlag ist, der bedeutet, »dass du einfach mal wieder die Wahrheit gesagt hast«. Und die Wahrheit sagen, das wollen auch wir. Auch wenn es eine ausgedachte Wahrheit ist. Die Gruppe »Reale Verschwörungen« dient uns später als Inspiration für unsere Rauchmelderverschwörung. Denn auch wir wollen so eine Gruppe haben, ein kleine virtuelle Petrischale, in die wir unser Video posten können. Wir schauen uns dort um, wo es eigentlich alles gibt: eBay. Und tatsächlich gibt es hier auch Facebook-Gruppen zu kaufen! Für absolute Kampfpreise. In nur wenigen Minuten werden wir die Administratoren einer Gruppe mit mehr als 6000 Mitgliedern. 6000 Mitgliedern, die ab sofort nur noch das in der Gruppe sehen, was wir wollen. Zehn Euro hat der Spaß gekostet, ein richtiges Schnäppchen. Aber dazu später mehr.

Denn bei unseren Tauchgängen ins Klärbecken der Verschwörungstheorien treffen wir nicht nur Verschwörungstheoretiker. Uns fällt ein junger Mann auf, der genau wie wir gegen den Bullshit da draußen ankämpft: Marco. In langen Kommentaren setzt er sich zum Beispiel mit Flat Earthlern auseinander. Marco streitet, zählt Fakten auf und ist viel geduldiger, als wir es jemals sein könnten. Und nach kurzem Chatten stellt sich raus: Marco hat selbst mal an Verschwörungstheorien geglaubt und steht jetzt auf der anderen Seite. Es ist Zeit, dass wir uns kennenlernen. Aber zuerst müssen wir noch kurz erklären, gegen was Marco da eigentlich vorzugehen versucht.

DIE TOP 5 DER VERSCHWÖRUNGSTHEORIEN, NO. 2: FLACHE ERDE

Der Kampf gegen Verschwörungstheorien ist oft sehr frustrierend. Wir fühlen uns wie der arme Grundschullehrer, der nach den Sommerferien vor einer Klasse steht, die alles vergessen hat, was man im letzten Jahr besprochen hat. »Müssen wir denn wirklich noch mal ganz von vorn anfangen!?! Echt jetzt??!«, wollen wir schreien. Am häufigsten müssen wir diesen Schreikrampf unterdrücken, wenn es um die flache Erde geht. Eine Verschwörungstheorie, die fest davon ausgeht, dass die Erde flach ist und nicht rund.

Die flache Erde befindet sich ganz unten im Kaninchenbau des Bullshits, an diese Theorie glaubt man erst dann, wenn man fest davon überzeugt ist, dass Merkel/die Regierung/die Rothschilds/die NWO uns schon so viele Lügen erzählt haben, dass jetzt eh schon alles wurscht ist. Wenn nichts von dem stimmt, was in den Schulbüchern steht, warum dann nicht auch die Kugelform der Erde anzweifeln.

Den Ursprung hat die Theorie der flachen Erde übrigens nicht im Mittelalter – das Mittelalter war nämlich schon von der Kugelform überzeugt –, sondern im viktorianischen Zeitalter. Der englische Autor Samuel Rowbotham veröffentlicht 1849 sein 16-seitiges Pamphlet: »Zetetic Astronomy«. Hier legt er die Grundlage für den heutigen Glauben an die flache Erde. Rowbotham ist davon überzeugt, dass die Kugelform der Erde nicht mit der Bibel kompatibel sei. Er stellt sich die Erde als Scheibe vor, die an den Rändern von riesigen Eisbergen eingeschlossen ist. Rowbotham will seine Theorie groß rausbringen. Jahre später erweitert er sein Pamphlet auf ein 430 Seiten starkes Buch, das noch tiefer in die Materie eindringt. Und er gründet die erste Flat Earth Society, eine Gesellschaft, in der sich die Flat Earthler austauschen können.

Damit war die Marschrichtung für seine kleine Theorie vorgegeben. Die unterscheidet sich in zwei entscheidenden Punkten von allen anderen Verschwörungstheorien.

Da wäre zum einen die Religiosität. Die Theorie der flachen Erde hält sich auch heute noch vor allen Dingen in kreationistischen Milieus. Es steht in der Bibel, deshalb muss es auch so sein! Und zum anderen sind die Flat Earthler bis heute noch sehr gut organisiert. Die Society von Rowbotham wurde inzwischen zweimal neu aufgelegt. Die aktuelle Inkarnation setzt auf Social Media und das Internet. Es gibt ein eigenes Wiki, jede Menge Facebook-Gruppen und Treffen. Im offiziellen Wiki kann man sich auch die Argumente der Gesellschaft ansehen: »Die Welt sieht flach aus, der Boden der Wolken ist flach, die Bewegung der Sonne auch. All das sind Beispiele dafür, dass dir deine Sinne sagen, dass wir nicht in einer sphärischen heliozentrischen Welt leben. Wir nennen das den empirischen Ansatz.«

Ja gut, mal ganz abgesehen davon, dass sie dringend empirisch im Duden nachschlagen sollten: Wirkliche Argumente sind das alles nicht. In den Flach-Erd-Foren wird gern mit Bildern und Memen operiert. Es sind Bilder, auf denen die Sonne ganz flach durch eine dicke Wolkendecke bricht. Oder Bilder aus dem Flugzeug, unter denen dann steht: »Wenn die Erde rund wär, wo ist dann die Erdkrümmung?!«

Dabei kann man die Erdkrümmung tatsächlich aus dem Flugzeug sehen. Nur eben nicht bei einem Flug von Berlin-Tegel zum Hans-Koschnik-Flughafen in Bremen. Auf einem Transatlantikflug kann man die Krümmung der Erde sehen. Im Überschallflugzeug Concorde ist dieser Effekt wegen der größeren Flughöhe noch deutlicher. Wir werden an dieser Stelle nicht weiter versuchen, zu erklären, warum die Erde nicht flach ist. Wir werden keine geometrischen Formeln rausholen, keine perspektivischen Argumente auffahren. Das überlassen wir Marco, dem Ex-Verschwörungstheoretiker. Er ist der geduldige Grundschullehrer, der mit der faulen Klasse noch einmal das Einmaleins paukt.

KAPITEL 6

VOM VERSCHWÖRUNGS-THEORETIKER ZUM ANTI-FLAT-EARTHLER

Es passt wie die Faust aufs Auge, dass wir den Ex-Verschwörungstheoretiker Marco ausgerechnet in Büdingen treffen. Das kleine Städtchen nördlich von Offenbach war nämlich vor ein paar Hundert Jahren einer der Hotspots der Hexenverfolgung. Zwischen 1530 und 1700 wurden hier an die 700 Menschen hingerichtet – in jedem zweiten Haus wurde eine Hexe gefunden. Es mussten sogar Menschen von außerhalb wieder angesiedelt werden, sonst wäre die Stadt ausgestorben. Der Verschwörungswahn der Hexenverfolgung – er dauerte in Büdingen mehr als 150 Jahre. Die Mechthild aus der Erbsengasse erwidert meine Avancen nicht? Hexe! Die Denunziation ist die letzte Trumpfkarte, die man gegen sein Umfeld ausspielen kann. Aber bitte nicht zu oft, sonst ist man irgendwann selbst dran.

Spuren des Hexenwahns kann man in Büdingen heute noch sehen. Als wir vom Parkplatz in die Altstadt laufen, kommen wir am »Büdinger Hexenturm« vorbei – ein Name, der genau das hält, was er verspricht. Hier wurden Frauen, einmal als Hexe denunziert, unter grausamsten Bedingungen über Monate gefoltert, bis sie dann unter großem Spektakel auf dem Scheiterhaufen verbrannt wurden. Und die Männer, die sich mit den »Hexen« eingelassen hatten, sogenannte Teufelsbuhlen, die wurden gleich mit verbrannt und ihre Asche unter dem Galgen verstreut. Der

Hexenturm von Büdingen ist eine dauernde Erinnerung daran, was Verschwörungstheorien anrichten können. Von den zahlreichen Stolpersteinen in Büdingen ganz zu schweigen.

Wenn man mal den ganzen Horror vergisst, der hier hinter jeder Ecke lauert, dann ist Büdingen ein malerisches Städtchen. Fachwerkhäuschen, Kopfsteinpflaster, alte Stadtmauern. In Büdingen könnte man die Spielfilmversion von »Die Schöne und das Biest« drehen. Oder »Cinderella«. Oder »Die Eiskönigin«. Egal, Hauptsache Disney, Hauptsache schön kitschig. Überall sind hier kleine Läden, bei denen man sich im Vorbeigehen denkt: »Ach krass, wie sich wohl *so was* hier halten kann.« Nur in der Kneipe, in der wir Marco treffen, ist viel los.

»Ist 'ne Raucherkneipe, ich hoffe das stört nicht.«

Marco ist ein bisschen nervös, hastig dreht er sich eine Zigarette. Aber vielleicht ist er auch immer so. In den nächsten Stunden wird er in einem irren Tempo sehr viel erzählen. Von 9/11 über die flache Erde bis zur Younger-Dryas-Impact-Hypothese. Marco hat eine beeindruckende Karriere innerhalb der Verschwörungsszene hingelegt. Vom Jünger zum Ketzer. Und vom Ketzer wieder zum Jünger. Aber der Reihe nach.

»Es hat alles so 2004 angefangen. Da hat mir ein Kumpel das erste Mal Infos über 9/11 gegeben. Der meinte dann so: ›Pass auf, das Kerosin, das war so heiß, dass Eisen geschmolzen ist, aber dann finden die den Personalausweis von dem Typ? Wie geht das?‹ Und ich so: ›Krass, davon hab ich ja noch nie gehört. Erzähl mir mehr!‹«

Sein Kumpel erzählt und erzählt. Es ist so, als wäre man einer dieser total coolen Fernsehdetektive, die plötzlich den Fall lösen. So ein Columbo oder ein Magnum oder – wenn's sein muss – Derrick. Genau wie für einen Mord braucht man auch für einen Terroranschlag drei Dinge: Zeit, Gelegenheit und Motiv. Wer hat wann was wieso getan? Bisher hatte Marco nur die offizielle

Version gehört. Die geht ungefähr so: Al-Qaida hat am 11. September 2001 Flugzeuge entführt und sie in die Zwillingstürme gelenkt, um den heiligen Krieg in die USA zu tragen. Aber jetzt gibt es plötzlich eine neue Version, für die in Marcos Augen jede Menge Indizien sprechen: Dick Cheney, NWO-Endboss und US-Vizepräsident, hat am 11. September unbemannte Drohnen in die Zwillingstürme gelenkt, um es so aussehen zu lassen, als sei es ein Terroranschlag, während er gleichzeitig mehrere Tonnen Sprengstoff gezündet hat, die die Türme gezielt zum Einsturz gebracht haben, damit er einen Grund hat, Krieg im Nahen Osten anzuzetteln, um die dortigen Öl-Vorkommen zu sichern, die die führende Rolle der USA im 21. Jahrhundert garantieren. So. Ockhams Rasiermesser hätte an diesem Satzmonster zwar seine Freude, aber Marco glaubt damals diese Version. Er war schon immer interessiert an Computern, hat sogar eine Ausbildung als 3-D-Grafiker absolviert. Marcos Kumpel war schon weg, da sucht er im Internet nach Antworten – und findet sie natürlich auch. Es ist der Abend, an dem der noch nicht mal zwanzigjährige Marco die Welt der alternativen Medien für sich entdeckt.

Es beginnt eine Odyssee, die die nächsten vier Jahre andauern wird. Er ist nicht stolz darauf. »Ich hab mich nur noch mit alternativen Nachrichten beschäftigt. Hab Alex Jones zugehört – na ja, hab mich eher anbrüllen lassen. Das ging stundenlang. Nächtelang.« Alex Jones ist natürlich der Oberverschwörer in den USA. Seine Show »Infowars« hat maßgeblich dazu beigetragen, dass der Ton in der Verschwörungsszene rauer wurde.

Wenn Marco sich in dieser Zeit mit Freunden trifft, dann gibt es nur ein Thema für ihn: Verschwörungstheorien. Wusstest du, dass Dick Cheney schon im Jahr 2000 geplant hat, die USA in den Krieg zu schicken? Google mal »Project for the New American Century«! Hast du dir schon mal darüber Gedanken gemacht, ob Kerosin Stahlträger zum Schmelzen bringt? Guck halt mal im Chemiebuch nach! Osama bin Laden könnte auch von der CIA gesteuert sein, denk da mal drüber nach. Seine Freunde fanden seine Storys weniger überzeugend – nach und nach wandten sie sich von ihm ab, bis nur noch sein Verschwörungsbuddy blieb. Klar, im Internet waren da Hunderte andere, mit denen er auch quatschen konnte, aber so ein echter Freund aus Fleisch und Blut hat noch mal eine ganz eigene Qualität. Mit ihm konnte er bei einem Bier über Alex Jones und 9/11 und den ganzen anderen Quatsch reden. Dass ihm seine Freunde nicht zuhören wollten, das hat ihn damals sehr mitgenommen: »Ich war depressiv damals. Ich bin ein sehr harmoniebedürftiger Typ. Und wenn ich dann jemandem von meinen Theorien erzähl und der glaubt mir nicht, dann macht mich das echt traurig.«

Dass Marco gerade in der Mitte der Nullerjahre anfängt, an Verschwörungstheorien zu glauben, ist kein Zufall. Denn zu dieser Zeit baut sich langsam eben jenes Tiefdruckgebiet des Bullshits auf, das heute auf uns herabregnet. Und wenn wir verstehen wollen, warum Marco diesen ganzen Quatsch geglaubt hat, warum er heute vor uns sitzt und sich fragt, wie das passieren konnte, dann müssen wir in das Zentrum dieses Tiefdruckgebiets. Und das liegt auf den Servern von Youtube.

IM AUGE DES BULLSHIT-ORKANS: YOUTUBE

Auch wir haben erst zu spät verstanden, wo sich das wahre Machtzentrum der Internet-Verschwörungstheorien befindet. Jahrelang dachten wir: Aluhüte tummeln sich auf Blogs und in Foren. Auf Facebook, Reddit, in geschlossenen WhatsApp-Gruppen und manchmal sogar auf Twitter. Aber der Ort, wo

Verschwörungstheorien am ehesten sprießen, ist Youtube. Jede Minute werden 400 Stunden Videomaterial auf Youtube hochgeladen: Schminkvideos, Gamingvideos, der neue Song der einen Band, die man im Jahr 2005 einmal gut fand, gerippte Fernsehdokus und -shows. Darunter auch jede Menge Verschwörungskram.

Zeit für einen kleinen Test, den man zu Hause machen kann. Legen Sie das Buch oder den Kindle oder den Tolino also mal kurz weg, nehmen Sie Ihr Smartphone und besuchen Sie youtube.com. Jetzt denken Sie an irgendetwas, ganz egal was, hängen daran das Wort »Verschwörung« und suchen danach. Wir probieren das jetzt mal mit »Gummiente Verschwörung«. O.k., der erste Link führt zu einer Folge eines Pumuckl-Hörspiels. Geil, da klicken wir mal auf »später ansehen«, das hören wir heute Abend zum Einschlafen.

Aber gleich der zweite Link ist ein absoluter Volltreffer. »Induziertes Irre sein in Deutschland – Unterschied zwischen Fiktion & Realität!« heißt das Video und ist gleich so tief im Verschwörungskaninchenbau, dass man drei Abschlüsse von der Ken-Jebsen-School of Freakonomics braucht, um hier irgendwas zu kapieren. Zu sehen ist nämlich der ehemalige NPD-Kader Rüdiger Hoffmann, der heute glaubt, die Bundesrepublik wäre eine direkte Fortsetzung des Dritten Reichs, gegen das man sich zur Wehr setzen müsse. Reichsbürger ist Hoffmann auch, obwohl das beim Besuch seiner Seite nur schwer zu entschlüsseln ist. Überall steht »Achtung Satire!« oder »Rüdiger Hoffmann, Comedian« oder »Dies ist eine Webpräsenz der freien Kunst & Satire auf all eure menschlichen Fantasien und will auch so verstanden werden. Danke schön und gute Reise«. In Wittenburg organisiert Hoffmann eine Dauerdemo, ach Quatsch, es muss ja »regelmäßige öffentliche gesellschaftlich politische Comedian-Protest-Veranstaltungen unter freiem Himmel« heißen. Aber all der Satireanstrich ändert nichts daran, dass Rüdiger Hoffmann und seine Demos vom Verfassungsschutz beobachtet und als rechtsextrem eingestuft werden. Aber wieso denn jetzt Gummiente? Na, weil die Gummiente ihn Dinge sagen lässt, die er als Rüdiger Hoffmann nicht sagen kann. Während seiner Demos hat er immer eine Gummiente in der Hand, die ihm schon das ein oder andere Geheimnis geflüstert hat. Wie gesagt: Man muss schon echt tief im Kaninchenbau sein, um hier irgendwas zu verstehen.

Probieren wir es mit noch einem Suchbegriff: »Verschwörung Käsebrot«. Auch hier gibt es natürlich wieder einen Treffer. Der User »Kapitän Käsebrot« hat eine erstklassige Playlist mit semiprofessionellen Verschwörungsdokus zusammengestellt. Von den Freimaurern über die angebliche Wettermanipulation HAARP bis zur Chip-Pflicht für alle Bundesbürger. Beim Begriff »Verschwörung Bagger« finden wir sofort Videos über die Kennedy-Ermordung. »Verschwörung Kugelschreiber« beweist, dass die Tagebücher der Anne Frank gefälscht sind. »Verschwörung Kamillentee« zeigt uns, was Martin Luther falsch gemacht hat. Und »Verschwörung großer Zeh« liefert uns die »Plünderland-Verschwörung« – was auch immer das mit dem großen Zeh zu tun hat. Wir können Sie übrigens beruhigen: »Verschwörung Senseo Kaffeemaschine«, »Verschwörung Vomex« und »Verschwörung Buchrücken« liefern keine Ergebnisse.

Klar, wir wissen auch, dass das jetzt nicht das wissenschaftlichste Experiment aller Zeiten ist. Der Youtube-Algorithmus ist wesentlich komplizierter als eine reine Stichwortsuche und liefert unseren verschwörungsgestählten Accounts wahrscheinlich andere Ergebnisse als Ihnen. Aber es zeigt, wie verdammt stark das Suchwort »Verschwörung« auf Youtube nun mal ist. Fast für jeden Begriff, den wir eintippen, gibt es ein Video, das irgendwie mit Verschwörungen zusammenhängt.

Im Jahr 2006 hat ein anonymer Nutzer des Forums 4Chan 50 Regeln für das Internet aufgeschrieben. Darunter so Anarcho-Regeln wie »Regel 20: Man darf nichts ernst nehmen« oder »Regel 42: Nichts ist heilig«. Aber eine Regel hat im Internet besondere Berühmtheit erlangt. »Regel 34: Wenn etwas existiert, dann gibt es auch Pornos davon.« Jedes Fetisch-Töpfchen findet im Internet sein Fetisch-Deckelchen. Wir schlagen vor: Lasst uns Regel 34 ergänzen! »Wenn etwas existiert, dann gibt es auch eine Verschwörungstheorie auf Youtube dazu.«

Und wenn man mal ein Video angeklickt hat, dann tritt eben der Effekt ein, den wir schon in Kapitel 5 beschrieben haben. Das System verstärkt sich selbst, der Algorithmus checkt, dass wir uns für Verschwörungen interessieren, und schlägt uns ab sofort nur noch Verschwörungen vor. Wenn man einmal anfängt, kann man, genau wie Marco damals, Stunden und Nächte auf Youtube verbringen. Auch Saras Vater unterrichtet sich selbst auf Youtube, genau wie es all unsere neuen Internet-Verschwörungsfreunde heute tun. Während große Medien erst vor ein paar Jahren gecheckt haben, dass heute niemand mehr Dinge lesen will (außer Sie, Sie sind natürlich die goldene Ausnahme) und alle stattdessen nur noch Videos gucken, weiß das alternative Informationsuniversum das schon seit Jahren. Denn die Youtube-Universität für angewandten Bullshit und Verschwörungsdenken war schon geöffnet, da war Youtube erst ein paar Wochen alt. Am 13. April 2005 beginnt eine neue Zeitrechnung in der Welt der Verschwörungstheorien. Denn hier wird die Mutter aller Verschwörungsvideos veröffentlicht: Loose Change.

LOOSE CHANGE

Wir müssen zugeben: Als wir das erste Mal Loose Change gesehen haben, da waren selbst wir überzeugt. Es war das Jahr 2005, und plötzlich wurde in den Internetforen, in denen wir so unterwegs waren, immer wieder ein Link rumgereicht. Der Link führte zu einer Plattform, die wir noch nie vorher gesehen hatten: Google Video. Videos im Internet waren bis dahin immer sehr kurz gewesen. Die Bandbreite hat nie für mehr gereicht als für ein paar Sekunden. Und wenn man sie sehen wollte, musste man immer irgendein Plug-in installieren, von dem man ausgehen konnte, dass man es gerade eben nicht hatte. Aber dank der Pornoindustrie gab es Mitte der 2000er plötzlich eine neue Technik: Streaming. Wie geil war das denn!? Statt irgendein Video kompliziert runterzuladen, dann irgendwelche Codecs oder anderes Gedöns zu installieren, hat man es einfach im Internet angeschaut. Musikvideos, alte Fernsehclips, Filmtrailer – alles wurde jetzt gestreamt. Unsere Windows-XP-Rechner liefen heiß, es war, als hätte jemand ein neues Unterhaltungsuniversum entdeckt. Nur eine Sache kam uns damals komisch vor: das »You« in Youtube. Warum sollte ich denn irgendwas selbst filmen? Wer will mich denn sehen? Tja, hätten wir damals gewusst, wie sich das alles entwickeln wird, wären wir heute wahrscheinlich reiche Beauty-Youtuber, die Teenies überteuerte Hautcreme von dm andrehen, anstatt ein Buch zu schreiben. Wir haben die Medien-Revolution damals nicht kommen sehen, Dylan Avery hingegen schon.

Am 13. April 2005 veröffentlicht Dylan Avery einen Film, an dem der 21-Jährige schon seit ein paar Jahren gearbeitet hat. Mit 18, Dylan war gerade mit der Highschool fertig, will er einen Spielfilm drehen. Für das Drehbuch sucht er Inspiration im Internet und stolpert dort in Foren schnell über die sogenannte

»9/11 Truther«-Bewegung – Menschen, die Beweise dafür suchen, dass der 11. September eben kein Anschlag war, sondern eine geplante False-Flag-Attacke von Dick Cheney. Dylan Avery bewegt sich zur selben Zeit in den gleichen Kreisen, in denen auch Marco aus Büdingen unterwegs ist. Er liest dieselben Quellen, sieht dieselben Beweise. Und genau wie Marco findet auch Dylan: Dieses Wissen, das muss doch weitergetragen werden! Während Marco seine Freunde auf Partys zu überzeugen versucht, hat Dylan eine andere Idee: Die Sache mit dem Drehbuch und dem Spielfilm, die lässt er bleiben. Stattdessen muss eine Dokumentation her! Wenn die Leute doch nur das sehen würden, was er sieht, dann wachen vielleicht noch mehr Menschen auf! Und wenn noch mehr Menschen aufwachen, dann gehen die vielleicht irgendwann auf die Straße!! Und wenn sie auf die Straße gehen, dann ist der Druck auf Präsident Bush irgendwann so groß, dass vielleicht die Wahrheit rauskommt.

Also setzt sich Dylan hin und fängt an, einen Dokumentarfilm zusammenzuschneiden. Wirklich wissenschaftlich ist das, was er macht, nicht. Aber Dylan hat ein Gespür für Style und für Dramaturgie. Seine Dokumentation sieht nicht aus wie eine Fernsehdokumentation, wo von Guido Knopp ausgesuchte Experten irgendwas in die Kamera sabbeln. Sein Film ist viel roher: Er mischt Zitate von Augenzeugen, die er als Text einblendet, mit den Aufnahmen, die wir alle schon tausendmal gesehen haben: wie das erste Flugzeug, von Mohammed Atta gesteuert, um 8:46 Uhr Ortszeit in den Nordturm einschlägt. Wie 17 Minuten später das zweite Flugzeug in den Südturm knallt. Und wie anderthalb Stunden später beide Türme einstürzen und zu Ground Zero werden. Diese Aufnahmen unterlegt Avery mit Hip-Hop-Musik. Wenn er zeigen will, dass die Explosion *vor* dem Einschlag des Flugzeugs passiert, spult er das Video zurück, was mit einem coolen Scratch-Sound unterlegt wird. Avery zoomt dann ran. Scratch. Noch näher ran. Scratch. Noch näher ran, bis man die Pixel auf dem Video einzeln zählen kann. Man erkennt nichts mehr, aber egal: Die Machart und der Off-Kommentar sind so überzeugend, dass man mit offenem Mund zu Hause sitzt und ganz perplex den Google-Video-Link seinen Freunden per ICQ schickt und dann ungläubig mit leerem Blick an die Wand schaut, wo sich Anna Kournikowa auf dem Poster immer noch nicht rührt, obwohl hier doch gerade monumentale Weisheiten kundgetan wurden! Zumindest war das bei uns im Jahr 2005 so.

Avery macht aus dem Stand mehrere Dinge richtig, die erfolgreiche Youtuber oder Twitterer erst Jahre später rausfinden werden. Er ist radikal parteiisch: Avery geht es nicht darum, einen ausgewogenen Film über den 11. September zu machen. Er will *seine* Ansichten weiterverbreiten und hofft, dass man seinen Analysen folgt. Die Spaltung in »wir vs. die anderen«, die zwei Informationsuniversen – hier nehmen sie ihren Anfang. Avery ist authentisch, er nimmt seine Person nicht zurück. Und gleichzeitig ist er dabei noch verdammt cool. Der amateurhafte Charme gepaart mit dem drängenden Soundtrack ist frisch, anders und passt perfekt ins neue Jahrtausend. »So muss ein Dokumentarfilm aussehen«, denken sich Millionen von Menschen, »nicht wie dieser gekünstelte Quark, der im Fernsehen läuft.«

Avery belässt es übrigens nicht nur bei diesem einen Film: Über die Jahre gibt es vier verschiedene Versionen von Loose Change, immer um neue Beweise ergänzt. Der »Final Cut« sollte den Film auf eine breitere, wissenschaftlichere Basis stellen und all die Spekulationen und Falschannahmen, die Avery noch in seinen ersten Film gepackt hatte, über Bord werfen. Es gab nur zwei Probleme: Da wäre zuerst mal der Zeitpunkt. Bis 2007 hatten schon Millionen Menschen seinen Film gesehen, eine Berichtigung oder Korrektur ist da schwer. Ist der Bullshit erst einmal in der Welt, kann man ihn nicht mehr zurückholen. Etwas, das wir auch aus eigener Erfahrung wissen. Und das Zweite: Hochspekulativ war der Film immer noch, was vielleicht auch damit zusammenhängt, dass die Edel-Feder der Verschwörungstheorien, Alex Jones, plötzlich als Produzent fungierte.

Avery schätzt, dass hundert Millionen Menschen seinen Film gesehen haben. Genaue Zahlen gibt es leider nicht mehr. Google Video wird eingestellt, nachdem der Suchmaschinengigant im Jahr 2006 Youtube gekauft hat. Und wie oft der Film über Bittorrent runtergeladen wurde, weiß auch niemand. Es ist nur klar, dass Loose Change über Jahre die Top-Liste der PirateBay dominiert, der größten Bittorrent-Seite der Welt.

Die 9/11-Truther-Bewegung nimmt erst durch Loose Change so richtig an Fahrt auf. Was man sich zuvor auf Blogs mit bunten Pop-up-Fenstern durchlesen musste, hat man jetzt süffig auf 59 Minuten. Aber eine neue Technologie kann das neue Zeitalter der Verschwörungstheorien nicht komplett erklären. Was fehlt, ist ein Fünkchen Wahrheit. Warum sollte ich an der offiziellen Version zweifeln, wenn ich der Regierung der USA vertraue? Dieses Vertrauen wird Mitte der Nullerjahre erschüttert. »Haaalllooo?? Was ist mit den Massenvernichtungswaffen im Irak?«, wurde einem im Internet entgegengebrüllt, wenn man kurz mal angemerkt hat, dass 9/11 vielleicht doch kein Inside Job war. Der Irakkrieg, der Auftritt von Colin Powell vor dem UN-Sicherheitsrat, die Waffen, die nie gefunden wurden, all das war uns damals noch im Gedächtnis. Die USA haben uns einmal belogen, wer sagt uns also, dass sie nicht auch noch zu viel mehr fähig sind? Das Tiefdruckgebiet des Bullshits, hier nimmt es seinen Anfang: Die Lügen der US-Regierung, gepaart mit der Macht neuer Technologie, sie formen die Welt, in der wir gerade leben. Eine Welt, von der Marco von Anfang an Teil war.

RAUS AUS DEM
KANINCHENBAU

»Am Anfang wurde da noch wirklich diskutiert.«

Zurück aus dem Internet in die Kohlenstoffwelt, in die kleine Raucherkneipe in Büdingen, wo der Aschenbecher sich inzwischen ordentlich gefüllt hat. »Man hat sich Beweise hin- und hergeschickt. Sich gegenseitig auf den neusten Stand gebracht. Irgendwann haben sich die Fronten dann verhärtet. Da hieß es dann: Bist du für oder gegen uns? Glaubst du an 9/11 oder nicht?«

Marco weiß heute nicht mehr, wann es ihm zu viel wurde. Wann genau er genug hatte von all dem Bullshit, den Falschmeldungen und Anschuldigungen und der Rumbrüllerei von Alex Jones. »Das war eher ein schleichender Prozess. Ich hab das vier Jahre mitgemacht und mir immer gedacht: Da muss doch jetzt mal was passieren!« Klar, Marco und seine Internet-Freunde dachten, sie säßen auf krassem Geheimwissen. Sie wussten Bescheid und die anderen nicht. Wann würden die anderen denn endlich mal aufwachen und checken, was hier los ist, verdammt? »Da ist nie was passiert. Die Medien haben das immer ignoriert. 9/11 ist da bis heute noch ein Terroranschlag. Das hat mir sehr zu denken gegeben.«

Jetzt würde man meinen: Wenn Marco frustriert ist, dass die Medien ihre Sicht der Dinge nicht übernehmen, dann könnte er sich ja erst recht reinsteigern. Noch mehr lesen. Noch mehr Freunde auf Partys überzeugen. Tut er aber nicht. Marco hält für einen Moment inne: »Vielleicht wissen die etwas, was ich nicht weiß.« Ockhams Rasiermesser kommt endlich zum Einsatz: Wenn all die Leute da draußen glauben, dass es ein Anschlag war, hat ja vielleicht einfach die Mehrheit recht.

Dazu kommt, dass der Ton in den Foren und Blogs gegen

2008 immer schärfer wird. Hier wird nicht nur gegen Schlafschafe gewettert, die immer noch nichts gecheckt haben, sondern plötzlich auch gegen Ausländer. »Irgendwie gab es auf den
Seiten, die ich besucht habe, dann neben Verschwörungsnews
immer mehr Nachrichten über Ausländer. Gegen Muslime wurde ganz häufig geschrieben.« Auch das überrascht uns – die wir
im Jahr 2018 wie selbstverständlich in einer Welt leben, in der
Nazis mit Camping-Fackeln aufmarschieren – nur wenig. Aber
vor zehn Jahren wird Marco von dieser Fremdenfeindlichkeit
kalt erwischt. Immerhin ist er selbst schwarz.

Marco beschreibt sich heute noch als Wahrheitssucher. Er ist
nicht an den Wir-gegen-die-Spielen interessiert, die man in den
Verschwörungsgruppen oft beobachten kann: Wenn du nicht zu
uns gehörst, dann gehörst du zu denen. Wer nicht an Chemtrails
glaubt, der hat hier nichts zu suchen! Seine Erfahrungen in der
Szene nutzt Marco heute, um aufzuklären. Gerade arbeitet er an
einem Film über die flache Erde – und das nach Jahren Pause aus
der Verschwörungsszene. Wieso also jetzt? »Ich hab damit 2015
angefangen. Und da kamen gerade diese Fake News hoch, von
Seiten wie Anonymous Kollektiv. Ich kenn mich ein bisschen
in der Geschichte aus und weiß, wo Fake News enden können.
In der Judenvernichtung zum Beispiel. Deshalb dachte ich mir:
Komm, dagegen kämpfste jetzt mal an.«

Marco sucht sich einen Bereich, in dem er Experte ist: Er nutzt
seine Kenntnisse als 3-D-Grafiker, um den Flach-Erdlern klar-
zumachen: Ihr glaubt ziemlich großen Bullshit. Ich bin Grafiker
und kann euch sagen: Allein wegen der Perspektive kann das
so nicht funktionieren. »Die Leute sagen immer: Du hast so 'ne
krasse Engelsgeduld. Weil ich mich Stunden mit Flach-Erdlern
streiten kann und ihnen ganz genau erklär, warum sie unrecht
haben. Aber viele wollen einfach auch nicht zuhören. Deswegen
frag ich als Erstes: Glaubst du, dass die Erde flach ist, oder willst

du, dass es so ist? Wenn sie es wollen, hat es keinen Sinn, mit denen zu reden.«

Momentan ist sein Film nur elf Minuten lang. Wenn er fertig ist, soll er eine Stunde dauern. Und natürlich hat auch Marco von Loose Change gelernt. Auch sein Film ist ein »Hey, ich erklär dir die Welt«-Film, unterlegt mit dramatischer Musik – nur dieses Mal von der Gegenseite. Propaganda für die Wahrheit. »Ich bin damals als junger Kerl ziemlich reingefallen. Hätte mir damals jemand in so einem Video erklärt: Das mit 9/11, das ist totaler Bullshit, dann hätte ich daran auch nicht geglaubt. Dann hätte ich mir vier Jahre meines Lebens gespart. Ich glaube nicht, dass ich Hardcore-Flat-Earthler mit meinem Film überzeugen kann. Aber die, die zweifeln, die bekomm ich vielleicht.«

In einem Jahr ist sein Film hoffentlich fertig. Dann will er in jede Facebook-Gruppe, jedes Forum, unter jedes Youtube-Video seinen Film posten. »Wenn ich damit fertig bin, dann will ich mich nie wieder damit beschäftigen.«

Marco weiß schon, wie es nach seinem Film weitergehen wird. Er will einen Film über die Younger-Dryas-Impact-Hypothese drehen. Eine Hypothese, die besagt, dass die letzte Eiszeit von einem noch nicht erfassten Meteoriteneinschlag ausgelöst wurde. Ein Einschlag, der gleichzeitig auch eine Hochkultur ausgelöscht hat. »Ich bin ein Pyramidiot«, sagt uns Marco. Er glaubt, dass die Pyramiden von Gizeh Wissen für uns bereithalten, das wir uns heute gar nicht vorstellen können. Für die Mainstream-Wissenschaft ist diese Hypothese großer Quatsch, aber das stört Marco nicht. Er liest wissenschaftliche Fachartikel, schaut sich Youtube-Videos an und hängt in Facebook-Gruppen zu dem Thema ab.

Aber einen entscheidenden Unterschied zu früher gibt es schon. Als wir ihn fragen, ob er immer noch daran glauben würde, wenn es unumstößliche Beweise gäbe, dass seine Hypothese nicht stimmt, sagt er: »Nein, dann wär Schluss.« Hier liegt einer der Unterschiede zwischen Internet-Bullshit und ernsthafter Wissenschaft: Wissenschaft braucht Menschen wie Marco, mag er auch als Pyramidiot dastehen. Menschen, die bestehendes Wissen hinterfragen und auf den Prüfstand stellen. So haben wir das heliozentrische Weltbild, die Relativitätstheorie und die Quantenmechanik bekommen. Und vielleicht stellt sich irgendwann heraus, dass die letzte Eiszeit durch einen Meteoriteneinschlag ausgelöst wurde. »Kann ja sein«, sagt Marco, der Skeptiker, und ist bereit, seine Theorie zu überprüfen.

Vor zehn Jahren hätte das bei Marco noch anders geklungen.

VERSCHWÖRUNGSGLAUBE VS. VERSCHWÖRUNGSTHEORIE

Marco ist in seiner Geschichte zufällig über einen wichtigen Unterschied gestolpert, den auch die Wissenschaft macht. Ist zum Beispiel die Theorie, dass 9/11 ein Inside Job war, wirklich eine Theorie? Müsste man nicht viel eher Verschwörungsmythos dazu sagen? Oder Verschwörungsglaube? Oder pure Verschwörungsideologie? Viele Experten finden, dass die meisten Verschwörungstheorien gar keine Theorien sind, denn eine Theorie muss widerlegbar (falsifizierbar) sein, und eigentlich wäre es sogar unser Job, genau zu erklären, unter welchen Bedingungen unsere Verschwörungstheorie widerlegt wäre; das zumindest würde wohl der Philosoph Karl Popper sagen, der selbst übrigens nicht allzu viel übrighatte für Verschwörungstheorien. Doch Verschwörungstheorien lassen sich kaum widerlegen, das ist ja genau der Trick.

Nehmen wir mal unsere Rauchmelderverschwörung: Angenommen, zwanzig unabhängige Rauchmelderexperten würden bestätigen, dass es keine massenhafte Überwachung mithilfe von Rauchmeldern gibt, dann würden wir natürlich kontern und sagen, dass diese zwanzig unabhängigen Rauchmelderexperten von der Regierung bezahlt oder gebrainwasht worden sind, oder vermutlich sogar beides, und dass das eigentlich sogar ja der unumstößliche Beweis dafür ist, wie mächtig die Verschwörer sind, die hinter der Rauchmelderverschwörung stecken. Gegenargumente und widerlegende Beweise würden wir also als Belege dafür ins Feld führen, wie raffiniert die BRD GmbH versucht, das Offensichtliche zu vertuschen. Vielleicht würden wir hier und da sogar ein wenig zurückrudern, um der Welt da draußen zu zeigen, wie wahnsinnig objektiv und rational wir an diese Sache rangehen. Verständig und mit weicher Katharina-Saalfrank-Stimme würden wir einräumen, dass womöglich nicht gleich alle Rauchmelder zur Überwachung eingesetzt werden, aber doch ein sehr großer Teil, und dann würden wir umso empörter darauf hinweisen, wie unglaublich schamlos und abgebrüht die Rauchmelderverschwörer ihr Ding durchziehen.

Verschwörungstheorien immunisieren diejenigen, die sie verbreiten, gegen Kritik – und das ist unglaublich praktisch: Wer Zweifel anmeldet, steckt »mit denen« unter einer Decke oder wurde »von denen« um den Finger gewickelt, ist vielleicht gar »ein Profiteur« des Rauchmelder-Systems. Verschwörungstheorien verzichten zwar nicht per se auf Vernunft, aber so ziemlich auf alles, was an ihnen kratzt: Hypothesen, Fakten oder Indizien werden für irrelevant oder wirklichkeitsfern erklärt. Experten sprechen statt von Verschwörungstheorien deswegen lieber von Verschwörungsmythen, die amalgamiert zu einem regelrechten Verschwörungsglauben verschmelzen.

Dazu passt, dass das Magazin Cicero Verschwörungstheorien schon als die »Religion des 3. Jahrtausends« bezeichnet hat, und in der Tat: Wie bei den Religionen gibt es im Verschwörungsglauben Hohepriester, die zwar nicht in Kirchen, aber immerhin in schmucklosen Mehrzweckhallen und auf Youtube ihre Messen abhalten, es gibt »Believers«, die dabei regelrechte Erweckungserlebnisse haben und im Internet dann auf Missionierungstour gehen, und es gibt den Kopp-Verlag, der die Gläubigen mit einem stetigen Nachschub an neuer Erbauungsliteratur versorgt.

Der Religionswissenschaftler Michael Blume plädiert dafür, den Verschwörungsglauben als eine Form von Religion ernst zu nehmen, es gäbe kaum übersehbare Gemeinsamkeiten, sowohl Gläubige als auch Verschwörungstheoretiker würden etwa an eine alles dominierende und kontrollierende Macht glauben. Mit einem Unterschied allerdings: Verschwörungstheoretiker beten die allmächtige Instanz, an die sie glauben – NWO, die Illuminaten usw. –, nicht an, sondern verabscheuen sie. Verschwörungstheorien sind eben nicht genau dasselbe wie Religion, sondern eher so etwas wie »verkappte« Religion.

»Verkappte Religionen«, so heißt dann auch ein Buch des Schriftstellers Carl Christian Bry aus dem Jahr 1924, das heute weitgehend in Vergessenheit geraten ist, bei Amazon fanden wir damals gerade einmal noch zwei abgewetzte Ausgaben für den stolzen Preis von jeweils 33,88 Euro. Der Untertitel des Buches lautet »Kritik des kollektiven Wahns«, und die darin enthaltenen Analysen passen auch auf die heutige Welt immer noch wie Faust auf Eimer. Bry nennt Anhänger von Verschwörungstheorien und anderen Ideologien »Hinterweltler«, denn diese Menschen sind sich sicher: Hinter der realen Welt gibt es noch eine zweite; die reale Welt kommt ihnen dann manchmal vor wie schlechtes Puppentheater. Religionen propagieren ebenfalls den Glauben an eine andere Welt, nur dass diese zweite Welt im Jenseits liegt: »Der Fromme glaubt an ein unvorstellbares Reich hinter den Wolken, der Hinterweltler an eine neue Wirklichkeit hinter der Tapete«, heißt es in »Verkappte Religion«. Die Verkappte Religion der Verschwörungstheorien beansprucht für sich also, eine objektive Erklärung der Welt zu sein, genauer: unserer Welt im Hier und Jetzt, und deswegen bringt sie enthusiastische Anhänger und erbitterte Gegner hervor. Verkappte Religion führt fast immer zu einem manichäischen Weltbild, zu einem Weltbild also, das von einem radikalen Dualismus geprägt ist und in dem es kein Dazwischen, kein Grau mehr gibt, dafür umso mehr »wir« und »die«. Wir, die wir die Wahrheit über die Wirklichkeit kennen, und die, die Volldeppen, die immer noch tumb vor der Tapete sitzen, sich von den Mainstream-Medien berieseln lassen und die Wahrheit einfach nicht wahrhaben wollen.

Es gäbe also gute Gründe, nicht mehr von Verschwörungstheorien zu sprechen, sondern von Verschwörungsmythen oder Verschwörungsglauben, sehr gute Gründe sogar. Der richtigste Begriff wäre wohl Verschwörungsideologie, und trotzdem beschließen wir irgendwann, den lieben Gott einen alten Mann sein zu lassen und weiter von »Verschwörungstheorien« zu sprechen. Wir haben uns einfach schon zu sehr an diesen Begriff gewöhnt. Ganz ehrlich: Wir sind keine Wissenschaftler, wir sind zwei Vollpfosten, die glauben, dass es eine gute Idee ist, Rauchmelder zu malträtieren und das auch noch zu filmen.

Apropos Rauchmelder und apropos Vollpfosten: Wir beiden Vollpfosten haben dann tatsächlich irgendwann das Drehbuch für unseren kleinen Verschwörungsfilm fertig gehabt. Wir hatten zwar schon kleinere Zweifel, nachdem wir mit Marco und Saras Vater geredet haben. Und erst recht, nachdem wir in der Geschichte der Verschwörungstheorien gelesen haben, welche Folgen sie haben können. Aber wir wollten immer noch den ganz großen Scoop landen.

DIE RAUCHMELDER-
VERSCHWÖRUNG

Natürlich haben wir uns die Rauchmelderverschwörung nicht einfach so ausgedacht, natürlich gibt es ästhetische sowie inhaltliche Vorbilder, an denen wir uns orientieren, zeitlose Klassiker des deutschsprachigen Konspiritavismus, ein Wort, das wir selbst erfunden haben und zu dem es deswegen bislang keinen einzigen Google-Treffer gibt.

Unter Konspiritavismus verstehen wir eine ganz bestimmte Form der unfreiwilligen Komik, die nur Verschwörungstheorien hervorzubringen vermögen und bei der man nicht genau weiß, ob man jetzt lachen soll oder weinen.

Die Beispiele für Konspiritavismus sind zahlreich: das Video zum Beispiel mit dem einen Typen, der aussieht wie eine jüngere Version von Miraculix und der dann, nur mit einem Druidenstab bewaffnet, versucht, alleine den Reichstag zu stürmen (»Das ist etwas, das wir alle machen können, verdammte Scheiße!«). Oder der Feuerzeugschwenk-Smashhit »Chemtrails« der Braunschweiger Ökopop-Kombo »Vitavision« (»Wir sind Schafe, verloren, dem Tode geweiht! Chemtrails, was habt ihr uns angetan??!«). Und natürlich »dieses eine Video mit dem Samsung-Handy«, das für uns Inspiration und hilfreiches How-to zugleich ist.

Darum geht es: 2015 rufen Verschwörungstheoretiker dazu auf, »Abhör-Chips« aus Smartphones herauszureißen. Die Abhörchips sind zwar in Wirklichkeit harmlose NFC-Chips, die unter anderem für bargeldloses Bezahlen eingesetzt werden, aber in Alu-Land interessiert das natürlich niemanden. In Indien, Pakistan und auch Deutschland nehmen besorgte Menschen Videos auf, die zeigen, wie sie ihre Handys auseinandernehmen und dann die Folie des Akkus abknibbeln, an dem der Spionage-Chip befestigt sein soll.

Ein solcher Clip entwickelt sich hier sogar zu einem kleinen Viral-Hit und wird über einhunderttausendmal angeklickt. Ein Paar fuhrwerkt darin an einem Smartphone herum, die Frauenstimme raunt: »Ich bin total schockiert! Ich weiß gar nicht, was ich dazu sagen soll. Ob ich hier in Deutschland lebe oder was für ein kranker Staat das ist.« Und ganz am Ende: »Viel Spaß beim Ausprobieren.« Würde man nach dem »Cui bono?« dieser Aktion fragen, wäre die Antwort vermutlich: den Smartphone-Reparaturgeschäften. Damals fanden wir das wahnsinnig witzig. Der Dialekt! Das Geraune! Dass die da jeden Schmarrn glauben! Dass da welche mitmachen! Der Dialekt! Heute finden wir das nicht mehr witzig, dazu haben wir uns zu lange Zeit in verschwörungstheoretischen Facebook-Gruppen herumgetrieben, der Konspiritavismus sorgt für Klöße im Hals, wenn man zu viel davon gesehen hat.

Das Samsung-Beispiel zeigt, dass Verschwörungstheorien reale Ängste bedienen, in diesem Fall die Sorge vor Überwachung. Denn seit den Snowden-Enthüllungen begegnen wir unseren Smartphones vielleicht etwas misstrauischer, und tatsächlich können Smartphones zu einer Wanze umfunktioniert werden und übrigens auch Webcams, weshalb wir unsere Webcams mit kleinen, bunten Stickern abkleben und Sie das bitte schön ebenfalls tun sollten. Manchmal enthalten Verschwörungstheorien zumindest winzige Spurenelemente gerechtfertigter Kritik: Vermutlich gibt es keine Chemtrails, aber Luftverschmutzung, die gibt es eben doch. Vermutlich verursachen Masernimpfungen keinen Autismus, trotzdem liefert die Pharmaindustrie immer wieder Gründe, ihr zu misstrauen. Und die Bilderberger bestimmen vermutlich nicht alleine, was politisch auf unserer Welt passiert, aber ihre Treffen sind jetzt auch nicht gerade eine Offenbarung an Transparenz.

Auch unsere Rauchmelderverschwörung enthält ein Fünkchen Wahrheit, denn die Massenüberwachung, die ist real, zudem eignen sich Rauchmelder wirklich zur Überwachung, Mikrofon und Kamera passen problemlos hinein, manche Hightech-Geräte verfügen über Ultraschallsensoren und Infrarottechnologie, mit denen man theoretisch sogar aufzeichnen könnte, ob sich jemand in einem Zimmer befindet oder nicht. Zudem werden Rauchmelder tatsächlich zur Überwachung eingesetzt, in Ahlen hatte ein Apothekeninhaber Kameras in Rauchmeldern versteckt, um die Mitarbeiter zu kontrollieren. Wenn Sie mit dem Abkleben der Laptopkamera fertig sind, schadet es also wirklich nicht, sich den Rauchmelder über Ihrem Kopf vielleicht einmal genauer anzusehen, zumindest dann, wenn Sie Ihrem Arbeitgeber oder Ehepartner misstrauen.

Und auch sonst können wir bei unserer Rauchmelderverschwörung ein paar Haken machen hinter wichtigen Musthaves einer soliden Verschwörungstheorie. Wir geben den Menschen zum Beispiel das Gefühl, die Kontrolle zu haben. Denn Verschwörungstheorien dampfen komplexe gesellschaftliche Zusammenhänge ein, manchmal sogar auf eine handliche Größe, so handlich wie zum Beispiel ein Handy, das man zerlegen, einen Rauchmelder, den man aufschrauben, oder, Sie ahnen es, einen vermeintlichen Überwachungschip, den man herausreißen kann.

Was uns auf unserer Reise dabei immer wieder auffällt, ist Folgendes: Offenbar liegen die Verschwörungstheorien besonders im Trend, die einen ganz konkret betreffen. Also weniger Mondlandung oder Kennedy-Attentat, dafür mehr Impf-Lüge oder Reichsbürger. Und: Diese Verschwörungstheorien betreffen einen nicht nur direkt, man kann auch etwas gegen sie unternehmen. Wer glaubt, eine Masernimpfung führe zu Autismus, lässt seine Kinder nicht mehr impfen und schickt sie auf Masernpartys; wer glaubt, die BRD sei eine GmbH, funktioniert seine Doppelhaushälfte zu einem eigenen Staat um und macht ab jetzt in Staatsoberhaupt. Und wer glaubt, dass die Kondensstreifen am Himmel in Wirklichkeit Chemtrails sind, die unsere Gedanken manipulieren, der kann sich sieben auf einen zwanzig Kilo schweren Steinsockel drapierte Kupferstangen ins Wohnzimmer stellen. Dieses Premiumprodukt nennt sich dann Akasha-Säule und ist ein sogenannter »Chembuster«. Mithilfe der Akasha-Säule können Chemtrails durch die, Zitat, »einströmende Lebensenergie harmonisiert« werden. Bei Amazon gibt es das wuchtige Wohn-Accessoire schon für schlappe 4500 Euro. Und last, but not least: Wer glaubt, Rauchmelder hören uns ab, der kann auf eine Leiter steigen, den Rauchmelder von der Decke reißen, ihn aufstemmen und mit einem Lötkolben so lange darin herumpulen, bis die Abhörgefahr gebannt ist.

Ist die Rauchmelder-Story überhaupt gut genug? Denn Storytelling ist heute ja ganz wichtig, sagen die ganzen Werbeleute; ohne eine gute Geschichte kriegt man nichts mehr verkauft! Keine warmen Semmeln, kein geschnitten Brot, leider auch keine Bücher über Verschwörungstheorien und auch keine Verschwörungstheorie. Eine Verschwörungstheorie sollte im besten Fall eine spektakuläre Geschichte erzählen, die der Tragweite des Ereignisses angemessen ist. Vor allem, wenn traumatische Schockereignisse über die Menschheit hereinbrechen, braucht es viel Rums, weil die naheliegenden Erklärungen oft zu banal erscheinen. Kann es denn wirklich sein, dass die meistfotografierte Frau der Welt bei einem Autounfall ums Leben kommt, weil ihr Fahrer sich einen Anis-Schnaps zu viel gegönnt hat? Kann es wirklich sein, dass 19 Irre mithilfe von ein paar Teppichmessern für 11,95 Euro aus dem Baumarkt zwei Passagiermaschinen in die Symbole des kapitalistischen Westens lenken, einfach so? Oder dass ein abgehalfterter Kommunist aus dem fünften Stock eines Schulbuchlagers den mächtigsten Mann der Welt erschießt, einfach so? Nein, das kann nicht sein! Da muss mehr dahinterstecken. Das muss spektakulärer abgelaufen sein mit mehr Action, mit mehr Drama, nach einem Drehbuch, das die Regierung, die Mafia, der Mossad oder sonst wer geschrieben hat.

Oft allerdings ist die Geschichte, die nun erzählt wird, nicht nur spektakulärer, sondern auch sehr viel komplizierter als die gängige Erklärung: Da werden plötzlich Bilder gefälscht, Zeugen bestochen und Präsidentenköpfe gestohlen und manipuliert, so wie beim Mord an John F. Kennedy. Oder es werden Flugzeuge umgebaut und mit Bomben bestückt, unbemerkt Sprengstoff an Tragesäulen befestigt und diverse falsche Verschwörungstheorien in die Welt gesetzt, um von wirklichen Verschwörungen abzulenken, so wie beim 11. September.

Und bei uns? Rauchmelder hören uns ab. Das war's, vom Storytelling her natürlich wirklich sehr, sehr mager, eher Bausparkassen-Magazin als »Krieg und Frieden«. Doch immerhin handelt es sich um eine halbwegs stringente Erzählung. Zudem verleiht unsere Verschwörungstheorie dem Thema »Massenüberwachung« wenigstens ein klein wenig Würze, ein Thema, das die Menschen irgendwie bewegt, mit dem Nachteil allerdings, dass man die Massenüberwachung nicht sieht und nicht spürt. Massenüberwachung als Thema ist abstrakt und kompliziert, es geht um irgendwelche Selektoren-Listen, um Metadaten, um das transatlantische Telefonkabel TAT-14 und um allerlei Computerprogramme, die wir Word-Vorlagenbenutzer noch nie zu Gesicht bekommen haben und die alle seltsam heißen: PRISM, Boundless Informant, Tempora, XKeyscore, Mail Isolation Control and Tracking, FAIRVIEW, Genie, Bullrun oder CO-Traveler Analytics.

Unsere Geschichte regt immerhin die Fantasie an, vor unserem inneren Auge stellen wir uns mächtige, feiste Männer vor, die in tiefen Ledersitzen an einem massiven Rundtisch sitzen, der Raum ist abgedunkelt, Schatten liegen über ihren teigigen Gesichtern, seit Stunden denken sie jetzt schon angestrengt darüber nach, wie sie die ganze Bevölkerung abhören können. Sie kommen nicht weiter, schwierig, schwierig, das Ganze, doch dann hat am Ende irgendein Genie die grenzgeniale Idee mit der Rauchmelderpflicht und alle können endlich wieder zurück auf den Golfplatz. Ein Film im Kopfkino, der bei Internet Movie Database wohl nur 3,2/10 bekommen würde, aber immerhin: Es ist ein Film!

»Sorry Leute, dass ich mich jetzt erst melde. Musst' ein bisschen aufpassen, was ich im Internet mache. Wurde doch von Facebook gesperrt. Wollt ihr gar nicht wissen. Aber … Passt mal auf, es sind zwei Sachen passiert. Mir hat ein Kamerad vor einer Woche erzählt – und ihr werdet es nicht glauben, dass wir von Rauchmeldern abgehört werden … Diese fucking Rauchmelder hören uns ab. So, und deswegen werde ich dieses runde Ding jetzt einfach weglöten …«

Ja, wir sagen »fucking«, und nein, wir wissen nicht, ob Verschwörungstheoretiker englische Kraftausdrücke verwenden, und ja, das ist uns mittlerweile egal, und nein, Schnitte gehen nicht, das muss ein Onetake-Video sein, und ja, wir haben eh schon vier Anläufe gebraucht und zwei Rauchmelder verschlissen, und nein, wir werden nicht noch mehr Rauchmelder ruinieren, weil ja: Irgendwann ist auch mal gut. Wir haben dem Video nun den letzten Schliff gegeben und die Stimme verzerrt. Das Video ist jetzt also fertig, es ist etwa drei Minuten lang, der

Bildausschnitt wackelt wie ein vermöbelter Boxer, der Clip ist von überaus bescheidener Bildqualität, er ist also perfekt.

Doch schon damals wissen wir, dass eine Verschwörungstheorie in die Welt zu setzen in etwa so dumm ist, wie ein krank machendes Virus in die Welt zu setzen, also schon sehr, sehr dumm. Und wenn man so etwas Dummes tut, dann muss man wenigstens alles Menschenmögliche tun, damit diese Dummheit möglichst wenig Schaden anrichtet. Wenn man schon ein Virus im Labor züchtet, dann baut man am besten eine Quarantänezone drum herum und sollte außerdem in der Lage sein, da schnell in Seuchenanzügen und mit Hochdruckreiniger reinzugehen, wild rumzusprühen und alles zu dekontaminieren. Was wir brauchen, ist also eine eine Petrischale, in die wir unsere Verschwörungstheorie hineintröpfeln können, sodass sie darin fröhlich vor sich hin blubbern kann, ohne gleich eine weltweite Bullshit-Pandemie auszulösen.

Wir finden eine solche Petrischale dort, wo man alles findet: im Internet, und genauer, in dem Teil des Internets, der 2005 total angesagt war, nämlich auf eBay. Dort kaufen wir für zehn Euro eine Facebook-Gruppe. Kaum haben wir das Geld überwiesen, schickt man uns ein Profil und ein Passwort, und schon sind wir Administratoren von »Die größte Gruppe« so heißt sie nämlich, die Facebook-Gruppe. »Die größte Gruppe« wirkt auf uns wie der siebte Kreis der Facebook-Hölle, hier tummelt sich alles, wovor uns unsere Eltern gewarnt hätten, hätte es damals schon Facebook gegeben: Bots, die einem Schufa-freie Kredite andrehen wollen, Bots, die Telefonnummern für nigerianische Scammer abgreifen wollen, Bots, die mit uns ein amouröses Abenteuer beginnen wollen, und Menschen, die manchmal nicht checken, dass sie mit Bots kommunizieren, Menschen, die auf der Suche sind nach amourösen Abenteuern, und Menschen, die dringend einen Schufa-freien Kredit benötigen. In diesem klebrig-kriminellen Digital-Soziotop sind wir nun also die Administratoren, die Hausherren, die absolutistischen Herrscher über immerhin 6000 Mitglieder.

Unser Video ist online, und zwar in seiner ganzen, schlecht ausgeleuchteten, grau-braunen, verwackelten Bewegtbildpracht. Es dauert ein paar Minuten, da kommentiert eine Elke: »Die Stasi ist ein Witz dagegen.« Kurz darauf schreibt eine Sandra: »Das hier wird ein Genozid. Jede Stasi dagegen verblasst in seinen Machenschaften und Abhöraktionen. Grüß dich Elke, sei achtsam.« Und dann wieder Elke: »Ja du auch, sei gegrüßt und bleib heil …« Danke für die Aufmerksamkeit, aber das reicht. Wir fischen das Ding ganz, ganz schnell aus der trüben Suppe, bevor irgendein Depp noch auf die Idee kommt, diesen konspirativ-verstrahlten Social-Media-Brennstab weiterzuverbreiten. Die Welt, die soll nämlich bitte schön heil bleiben.

ABSURDE
VERSCHWÖRUNGSTHEORIEN:
EINE AUSWAHL

»Zwei Dinge sind unendlich, das Universum und die menschliche
Dummheit. Aber beim Universum bin ich mir noch nicht ganz sicher.«
Albert Einstein

Das hat Albert Einstein zwar nie gesagt, aber egal. Im Internet
steht es trotzdem, und was im Internet steht, wird geglaubt. Wir
haben auf unserer Reise ins Land der Verschwörungstheorien
nicht nur die Dauerbrenner der Verschwörungsszene gefunden. So was wie die Rothschilds, die NWO, Chemtrails, flache
Erde, die Illuminaten. Nein, uns sind auch jede Menge komplett absurde Verschwörungen über den Weg gelaufen. Theorien, so bescheuert, dass es eine Schande wäre, sie hier nicht auf-
zuschreiben.

PLATZ 5:
DIE BEATLES-LÜGE
Die Theorie: Dass Elvis lebt und Paul McCartney tot ist und
1966 durch einen Doppelgänger ersetzt wurde, das ist natürlich
blanker Unsinn. In Wirklichkeit war es nämlich genau umgekehrt: Die Beatles wurden 1966 auf den Bahamas entführt und
getötet. Paul McCartney allerdings hielt sich überraschenderweise in England auf und entkam so dem Anschlag.
   Die Indizien: Bildanalysen zeigen, dass Kieferknochen und

Nase beim echten Lennon breiter sind als beim Doppelgänger, auch die Größe der Nase und die Form des Kinns stimmen nicht überein. Ähnlich verhält es sich bei George Harrison und Ringo Starr.

Cui bono? Eine geheimnisvolle Bruderschaft, die gegen die Weltregierung (NWO) kämpft.

PLATZ 4:
DER MOND EXISTIERT NICHT

Die Theorie: Dass die Amerikaner nie auf dem Mond waren, ist nur logisch. Wie sollte das auch gehen, wenn es den Mond doch gar nicht gibt? Denn der Mond ist vermutlich ein Alien-Raumschiff oder ein Hologramm.

Die Indizien: Der Mond leuchtet in der Nacht, obwohl er doch eigentlich aus totem Stein besteht. Zudem kann man sogenannte »Lunare Wellen« beobachten, der Mond flackert also wie ein Hologramm. Und im Übrigen wird doch umgekehrt ein Schuh daraus und man soll doch bitte erst einmal Beweise dafür liefern, dass es den Mond gibt.

Cui bono? Die Illuminaten, die von Investitionen in die Raumfahrt profitieren.

PLATZ 3:
DIE UN MÖCHTE DIE MENSCHHEIT REDUZIEREN
UND VERSKLAVEN

Die Theorie: Mit ihrem Programm »Agenda 21« möchte die UN die Erdbevölkerung radikal dezimieren, sodass am Ende nur noch ein paar wenige Reiche übrig sind und ein paar Millionen versklavte Arbeiter. Wichtige Werkzeuge hierbei: »Klimaschutz« und »Medizin«.

Die Indizien: Der Film »Hunger Games« soll die Bevölkerung schon mal auf die Zukunft einstimmen. Außerdem hat Bill Gates einmal gesagt, dass man die Weltbevölkerung mithilfe von Impfungen, Gesundheitsvorsorge und Geburtenhilfe langfristig reduzieren könnte.

Cui bono? Der globalistische, totalitäre NWO-Staat.

PLATZ 2:
TINTENFISCHRINGE BESTEHEN EIGENTLICH
AUS SCHWEINE-ANUS

Die Theorie: Tintenfischringe werden eigentlich aus Schweinedarm gefertigt. Der Darm wird in Scheiben geschnitten, dann kommt noch ein wenig Panade drauf und schon denkt der Verbraucher, er würde Meeresgetier verspeisen.

Die Indizien: Es hätte ja auch niemand gedacht, dass Käse in Wirklichkeit Analogkäse ist und die Aldi-Lasagne aus Pferdefleisch. Außerdem ist Schweineanus sehr viel billiger als Tintenfisch.

Cui bono? Die Lebensmittelmafia.

PLATZ 1:
ANGELA MERKEL IST HITLERS TOCHTER

Die Theorie: Angela Merkel ist das Ergebnis einer künstlichen Befruchtung mithilfe von Hitlers Sperma.

Die Indizien: Es gibt Bilder, auf denen Hitler seine Hände zu einer Merkel-Raute formt.

Cui bono? Nazis und die katholische Kirche. Leute, die Bücher über Verschwörungstheorien schreiben.

Aber hier müssen wir noch ein bisschen ins Detail gehen. Denn die Herleitung zu dieser Theorie ist SO absurd, SO konfus und SO bekloppt, dass selbst wir hartgesottene Verschwörungstouristen unsere liebe Mühe hatten, das alles auseinanderzuklabustern. Sie erzählt uns nicht nur etwas über die Genese von Verschwörungstheorien, sondern auch über unsere moderne Mediengesellschaft.

KAPITEL 7

ANGELA MERKEL IST HITLERS TOCHTER – VON RIESENBULLSHIT UND FAKE NEWS

Als das Privatflugzeug von Adolf Hitler irgendwann in den 50er-Jahren in den Anden abstürzt, trauern Anhänger auf der ganzen Welt. Auch Carl Clauberg, ein berüchtigter Nazi-Doktor, der im Zweiten Weltkrieg »Engel des Todes« genannt wurde und nun in einem sowjetischen Gefängnis als verurteilter Kriegsverbrecher einsitzt, kann es nicht fassen und hält nur mühsam seine Tränen zurück. »Der Führer? Tot?!«, stammelt er verzweifelt, »das kann nicht sein!«. Doch dann beginnt es in dem kleinen, untersetzten Kriegsverbrecher zu arbeiten: Könnte es nicht einen Weg geben, den Führer irgendwie … weiterleben zu lassen? Oder zumindest seine Gene? Und wäre das nicht genau sein Wunsch gewesen? Immerhin hat ihm Hitler doch höchstpersönlich kurz vor seinem Tod eine Phiole mit Sperma überreicht, mit seinem Sperma!, die nun tiefgefroren an einem streng geheimen Ort lagert. Voller Tatendrang wendet sich Clauberg an die sowjetischen Behörden und bietet ihnen einen Deal an: sein Wissen auf dem Gebiet der künstlichen Befruchtung gegen die Entlassung aus dem Gefängnis. Die Sowjets schlagen ein, und Clauberg kann endlich loslegen. Schon wenig später findet er eine geeignete Leihmutter für den Hitler-Nachwuchs: Gretl Braun, die Schwester von Eva Braun, der Geliebten des Führers. Die Befruchtung verläuft erfolgreich, und da die Sowjets den Nazi-Doktor nun nicht mehr brauchen, wird Carl Clauberg wenig später kurzerhand umgebracht. Hitlers Sperma hat sich da schon längst bis in Gretl Brauns Eizelle vorgearbeitet, in ihrem Körper wächst nun ein Embryo heran, offenbar ein Mädchen, das am 20. April 1954 das Licht der Welt erblickt, am Geburtstag des Führers! Der Säugling soll nun Angela heißen, genau wie Hitlers geliebte Nichte Angela Maria »Geli« Raubal. Man findet eine Pflegefamilie für die kleine Angela, die schnell erwachsen wird, Karriere macht, heiratet und einen neuen Nachnamen annimmt: Merkel.

Am 20. April 2005 – wieder Hitlers Geburtstag! – ist es dann endlich so weit: Nach fünfhundert Jahren wird endlich wieder ein Deutscher Papst. Und siehe da: Joseph Ratzinger ist auch noch ein glühender Anhänger Hitlers, und so ist der Einfluss des Hitler-Netzwerks endlich so groß, dass Hitlers Tochter Angela als deutsche Bundeskanzlerin installiert werden kann. Auch dafür wird ein symbolträchtiges Datum gewählt: Der 22. November 2005 nämlich, denn – wer weiß es nicht – am 22. November 1859 veröffentlichte Charles Darwin »Die Entstehung der Arten durch die natürliche Zuchtwahl« und damit die Bibel der Weltglobalisten, mit der diese den Angriff auf das Christentum eingeläutet haben! Dass nun Hitlers Tochter den Weltenlauf lenkt, bekommt kaum jemand mit, die entsprechenden KGB-Akten sperrt man weg, und vereinzelte Forderungen, Angela Merkel einem Gentest zu unterziehen, verhallen ungehört. Nur hier und da taucht im Internet ein Foto auf, das Hitler zeigt, wie er seine Hände zu einer Merkel-Raute formt, doch die wenigsten können oder wollen die offensichtlichen Parallelen sehen.

Im Netz wird in einschlägigen Foren auf die zahlreichen Ungereimtheiten in dieser Geschichte hingewiesen, allen voran natürlich auf die Tatsache, dass Hitler keinesfalls in den 50er-Jahren starb, sondern erst 1974 nach einem ruhigen Lebensabend in Paraguay. Anderen Quellen zufolge schlief er friedlich ein, in einem Seniorenstift in Argentinien, nachdem er an Alzheimer erkrankt war – geschützt durch Flottenverbände aus Neuschwabenland. Zudem erscheint es vielen Skeptikern recht unplausibel, dass ausgerechnet Hitlers Tochter das deutsche Volk durch den massenhaften Zustrom von Flüchtlingen auslöschen wollen würde. Und dann müsse man natürlich auch berücksichtigen, dass Hitler selbst Jude war und von der Familie Rothschild abstammte, was aber natürlich auch wieder Sinn ergeben würde, da dann Angela Merkel ja auch eine Rothschild wäre, was wiederum ihren engagierten Einsatz für Bilderberger, die NWO und das zionistische Besatzer-Regime erklären würde.

MEHR BULLSHIT GEHT IMMER

»Angela Merkel ist Hitlers Tochter«: Nach dieser Geschichte haben wir unser Buch benannt, und wir haben sie zugegebenermaßen ein wenig ausgeschmückt, behutsam allerdings und selbstredend nur, um notdürftig die allergrößten Plot-Holes zu stopfen. Seit 2007 kursiert diese Verschwörungstheorie nun schon im Netz, und sie ist aus mindestens zwei Gründen bemerkenswert: Zum einen ist sie eine der wenigen Verschwörungstheorien, bei denen nicht am Ende Juden im Hintergrund die Fäden ziehen, sondern ein komplexes Gewirr aus Amerikanern, Russen, der katholischen Kirche, der Stasi und Nazis. Und zum anderen setzt diese Theorie durchaus Maßstäbe, was Unlogik angeht, sie ist zum Beispiel weit unlogischer als die ebenfalls real existente Verschwörungstheorie, nach der Che Guevara der Cousin von Ariel Scharon gewesen ist.

Kein Zweifel: Die »Angela Merkel ist Hitlers Tochter«-Theorie ist ein formvollendeter Mindfuck, der unsere Hirnwindungen zu einem gallertartigen Knäuel verknotet und dabei auf der nach oben offenen Bullshit-Skala in nie gekannte, post-postfaktische Bizarro-Dimensionen vorstößt. Skurriler geht es nicht.

Dachten wir. Bis uns dann im Netz diese andere Theorie begegnete, genauer: die Theorie, wonach Saddam Hussein ein Stargate besessen haben soll, also ein Sternentor. Ja genau, wie aus dieser Serie mit dem McGywer-Schauspieler! Wegen des Saddam-Gates ist dann angeblich auch der zweite Golfkrieg ausgebrochen. Das ist so skurril, mehr geht nicht!

Dachten wir schon wieder. Kurz darauf ploppte in unseren Timelines die Theorie auf, wonach der Teilchenbeschleuniger am CERN dazu gebaut worden ist, um einen alten ägyptischen Gott aufzuwecken. So, jetzt ist aber wirklich mal gut hier, dachten wir. Ja, und dann wurde ein vermeintliches Interview mit Mel Gibson durchs Netz gereicht, aus dem hervorging, dass Hollywood-Eliten ganz gerne mal zur Entspannung unschuldige Kinder töten und anschließend ihr Blut trinken.

Irgendwann kapitulierten wir, denn es wurde uns klar, dass wir in einer Zeit leben, in der offenbar eine der unumstößlichen Gesetzmäßigkeiten lautet: Mehr Bullshit geht immer. Natürlich: Bullshit war nicht gerade ein neues Phänomen, und natürlich hatte sich Bullshit schon immer seinen Weg gebahnt in die Hirne und Herzen der Menschen. Um 1690 hatte ein marokkanischer Gesandter in Spanien vor den europäischen »Schreibmühlen« gewarnt, die »Artikel veröffentlichen, die angeblich Nachrichten enthalten, aber voller Lügen sind«. Mithilfe der Druckerpresse wurden schnell Notenblätter, Erbauungsschriften, Arzneibücher und ein Haufen neuer Sprachversionen der Bibel verbreitet, aber eben auch eine ganze Menge Bullshit, gefährlicher Bullshit sogar, wie etwa im Mittelalter der »Hexenhammer« oder später »Die Protokolle der Weisen von Zion«.

ALLES WIRD ZUM FAKE

Heute, ein paar Technologiestufen später, war Bertolt Brechts Radiotheorie wahr geworden, endlich waren wir nicht mehr dazu verdammt, Informationen nur passiv zu empfangen, endlich waren wir alle kleine Sender! Bereits 1994 hatte das US-Wirtschaftsmagazin Fortune verblüfft festgestellt: »Plötzlich hat jeder mit einem Computer, einem Modem und ungefähr 20 Dollar im Monat für einen Internet-Anschluss eine politische Stimme und eine Plattform.« Endlich konnte jeder FAZ-Artikel und kluge Kommentare von Heribert Prantl oder Alan Posener um die Welt schicken, und von dieser Möglichkeit machten alle auch ausgiebig Gebrauch, also zumindest hin und wieder, vor allem dann, wenn gerade kein zusammengephotoshopptes Bild mit einer deepen Dalai-Lama-Weisheit griffbereit war und auch keine instagramfähige Paleofood-Kreation.

Die Überschrift des Fortune-Artikels damals lautete: »Die überraschende Wende des Netzes nach rechts«, und in gewisser Weise war diese Wende am 8. November 2016 allerspätestens und endgültig auch bei uns vollzogen, als Donald Trump überraschend zum 45. Präsidenten der Vereinigten Staaten von Amerika gewählt wurde. Neben dem FBI, den Russen, Hillary Clinton, dem Daten-Mumbojumbo von Cambridge Analytica, sogenannten »Gutmenschen«, Twitter, dem Wahlsystem, Wahlcomputern, der Krise der Moderne, der Krise der Sozialdemokratie, Facebook, dem Neuzuschnitt der Wahlkreise, der Krise des alten weißen Mannes, Youtube, der Krise des Liberalismus, einem Bug in der Wahlkampfsoftware der Demokraten, der grünen Partei, Frauenfeindlichkeit, der Krise des Konservatismus, Big Data, generell dem Internet, der Identitätspolitik, dem Vize-Präsidentschaftskandidaten und der Krise der Globalisierung wurden auch Fake News für den Wahlausgang verantwortlich gemacht. Buzzfeed veröffentlichte einen Artikel, in dem stand, dass Fake News auf Facebook öfter geteilt worden waren als seriöse Nachrichten. Alleine 960 000 Mal sei die Falschmeldung geshart, kommentiert und gelikt worden, wonach Papst Franziskus eine Wahlempfehlung für Donald Trump abgegeben habe, 789 000 Mal die Fake News, Hillary Clinton hätte Waffen an den IS verkauft, 567 000 Mal die Nachricht, dass unter mysteriösen Umständen ein FBI-Agent umgebracht worden sei, der angeblich in Clintons E-Mail-Skandal verwickelt war. Die Publikationen trugen alle Namen, von denen wir noch nie gehört hatten: Denver Guardian, Ending the Fed oder The political Insider. Mark Zuckerberg wies in einem ersten Facebook-Post alle Schuld für das Schlamassel von sich, Fake News hätten natürlich nicht im Geringsten zur Wahl Donald Trumps beigetragen, gab der Chef der blauen Seiten auf Facebook zu Protokoll, was wiederum die etablierten Medien für Fake News hielten und wir natürlich auch.

Kurz darauf wurde das Wort »postfaktisch« nicht nur zum deutschen, sondern auch gleich noch zum internationalen Wort des Jahres gewählt. Das postfaktische Zeitalter, es hielt uns nun fest umklammert, plötzlich war nicht nur von Fake News die Rede, sondern das Wörtchen Fake wurde an alles Mögliche drangeklatscht. Der Musikstreaming-Plattform Spotify wurde nun vorgeworfen, mithilfe von Fake-Künstlern Verträge mit den Musiklabels umgehen zu wollen, auf der Computerspielplattform Steam kursierten unterdessen Fake Games, um über Umwege vom dortigen Sammelkartensystem zu profitieren, und der Iran war dazu übergegangen, Israel nicht mehr nur als »kindermordendes«, »rassistisches« und »kolonialistisches« Regime zu bezeichnen, sondern dem Zeitgeist entsprechend nun auch als »Fake Regime«. Es hieß nun, dass die Hälfte von Trumps 30 Millionen Twitter-Followern aus Fake-Accounts bestand, im November 2017 kam dann heraus, dass der Twitter-Promi Jenna Adams gar keine Frau war, also eine echte Frau aus Fleisch und Blut, sondern ein Fake-Profil – betrieben von einer Petersburger Trollfabrik, trotzdem folgten ihr 70 000 Menschen, und trotzdem wurden ihre Tweets, die im Großen und Ganzen eine konservative Weltsicht verbreiteten, von namhaften Medien zitiert. Und kurz darauf deckte der deutsche Verfassungsschutz dann auch noch 10 000 Fake-Profile aus China auf, die sich auf der Karriereplattform Linkedin als Headhunter, Berater, Think-Tank-Mitglieder und Akademiker ausgegeben hatten. Wir hatten das Gefühl, dass der Fake im Internet die Normalität geworden war und der Nicht-Fake eine exotische Abweichung davon.

MIT BIMS UND BUMS
GEGEN FAKE NEWS

Doch zumindest ging es den Fake News jetzt an den Kragen: Journalisten, Politiker, Aktivisten, Werner vom Empfang und Margarete aus der Personalabteilung, sie alle fragten sich, was man wohl tun könne gegen diese Flut an demokratiezersetzenden Falschmeldungen. Die Antwort: eine ganze Menge. Redaktionen begannen Anti-Fake-News-Abteilungen auszuheben, in Anti-Fake-News-Bootcamps wurde Journalisten die sachgemäße Bedienung der Google-Rückwärtssuche eingehämmert, Start-ups schufen Services wie Checkmedia oder Trulymedia, mit denen man noch schneller und noch effizienter Fake News erkennen und mit chirurgischer Präzision bekämpfen können sollte, bald schon kam kaum eine Journalisten-Konferenz ohne Fake-News-Panel aus, auf dem dann immer betont wurde, dass man das Wort »Fake News« ja eigentlich nicht leiden könne, weil es Donald Trump erfunden hätte und man doch bitte schön »Desinformation« dazu sagen solle. Zwischendrin forderten Politiker in Sachen Facebook auch noch Bims und dann auch Bums und ein Abwehrzentrum gegen Fake News, sprich: eine staatliche Behörde, die über Wahrheit und Lüge entscheiden sollte, ganz so, als sei George Orwells Klassiker »1984« keine Dystopie, sondern mehr so eine Art praxisnahe Blaupause zur Umgestaltung der digitalen Gesellschaft.

Und irgendwann da verkündete dann auch endlich Facebook einen Vier-Punkte-Plan zur Bekämpfung von Fake News. Nur wusste zu diesem Zeitpunkt kaum noch jemand, was mit Fake News eigentlich genau gemeint ist. Journalistische Fehlleistungen? Fake News! Zeitungsenten? Fake News! Ungenauigkeiten? Fake News! Flüchtigkeitsfehler? Fake News! Brillant recherchierte, superluzide, fluffig geschriebene Premium-Artikel, die nicht der eigenen Weltsicht entsprachen? Fake News! Satire, die mal wieder irgendein Torfkopf für voll genommen hatte? Fake News! CNN? Fake News! (Quelle: @realDonaldTrump)

Die Fake-News-Debatte wies bald schon selbst Spurenelemente einer Verschwörungstheorie auf. Trump saß tatsächlich im Weißen Haus und war kurz davor, die Welt mit seinem Smartphone in die Post-Apokalypse zu twittern, da kam uns allen ein knackiger Begriff gerade recht, der das ganze Schlamassel erklärte und zudem irgendwas mit Internet zu tun hatte, mit etwas also, das sowieso viele nicht verstanden und misstrauisch beäugten. Und wie bei den meisten Verschwörungstheorien gab es hier zumindest einen wahren Kern, denn das Aufkommen von Fake News hatte eine Menge zu tun mit der Art, wie das Internet und, genauer, die sozialen Medien funktionieren.

ANGRY PEOPLE CLICK MORE –
FAKE NEWS AUS MAZEDONIEN

Es gibt im Großen und Ganzen zwei Theorien, um zu erklären, warum wir alle den Eindruck haben, soziale Netzwerke würden vor Hass und Bullshit geradezu überquellen. Die eine Theorie könne man als Mikroskop-Theorie bezeichnen. Konkret heißt das: Facebook & Co. zeigen uns das, was es sowieso schon immer gab, so wie es Bakterien auch schon vor der Erfindung des Mikroskops gab, durch die neue Erfindung aber erst sichtbar wurden. Schon immer ahnten wir, dass es da draußen Leute gibt, die glauben, dass die Erde flach ist und Flugzeugkondensstreifen uns im Auftrag von irgendwem vergiften. Heute können wir uns per Facebook an einem regnerischen Sonntagnachmittag nicht nur die Urlaubsbilder von Lutz Bachmann reinziehen, sondern finden plötzlich die verkitschten Tierbilder von Typen in unserer Timeline vor, die glauben, Angela Merkel sei vielleicht nicht unbedingt gleich Hitlers Tochter, aber doch immerhin die Anführerin der Illuminaten.

Wäre die Mikroskop-Theorie wahr, könnten wir uns entspannt zurücklehnen, uns ein Gläschen Roséwein gönnen und uns ansonsten weiter an Lutz Bachmanns Urlaubsbildern ergötzen. Nur leider ist die Mikroskop-Theorie nicht wahr, und wenn doch, dann nur zum Teil. Denn so, wie soziale Medien gerade funktionieren, fördern sie die Empörungskultur. »Angry people click more!« heißt es zu Recht, soziale Netzwerke machen Hass und Bullshit nicht nur sichtbarer, sie bringen ihn auch selbst hervor. Was uns aufregt, das teilen wir besonders gerne, weil jeder wissen soll, was schiefläuft in dieser Welt, verdammte Axt! Und kaum jemand hatte diesen Mechanismus besser verstanden als mazedonische Teenager vor der Trump-Wahl.

Veles, ein 50 000-Einwohner-Städtchen in Mazedonien, war

vor der US-Wahl für Fake News das, was früher Detroit für die Autoproduktion gewesen war: Hier wurde Bullshit industriell hergestellt, verarbeitet und weiterverteilt, über 140 Fake-News-Seiten sollen von Veles aus betrieben worden sein, einer Stadt, die ansonsten vor allem deswegen von Bedeutung ist, weil sich in ihr die größte Butterfabrik Mazedoniens befindet.

Nun also gab es eher Bullshit statt Butter aus Veles. Dabei interessierten sich die mazedonischen Teenager, die im Akkord Bullshit-Meldungen raushauten, nicht einmal besonders für Trump, aber sie merkten, dass Aufreger sich schnell verbreiteten, dass Bullshit gut klickt und dass man so ganz gutes Geld verdienen konnte. In Veles entstanden Nachrichten, wonach Hillary unheilbar krank sei oder Julian Assange ermorden wollte, Michelle Obama den US-Präsidenten mit dem US-Justizminister betrogen oder Bill Clinton in einem Interview zugegeben habe, ein Mörder zu sein.

Die Fake-News-Massenfabrikation kam also nicht aus politischen, sondern aus kommerziellen Interessen in Schwung, Fake News à la Veles wurden nicht produziert, um Donald Trump ins Amt zu hieven, sondern damit sich mazedonische Teenager endlich einen Dacia Sandero leisten konnten. Es ging um Geld, nicht um Ideologie. Dazu passt auch, dass sie Fake News sowohl für linke als auch für rechte Wähler im Angebot hatten. Fake News waren das, was in den 90ern »enlarge your penis« und Viagra-Spammails gewesen waren: ein Geschäftsmodell. Natürlich mit dem Unterschied, dass Viagra-Spammails der Demokratie nicht ganz so gefährlich werden können.

Was aufregt und empört, klickt gut, das ist das $e = mc^2$ der sozialen Medien. Falschmeldungen sind häufig so geschrieben, dass sie Abscheu, Angst und Wut hervorrufen, laut einer Studie des Massachusetts Institute of Technology werden sie deswegen um 70 Prozent häufiger geteilt als wahre Meldungen. Klassische Fake News verbreiten sich also schnell und sammeln viele Klicks, doch wenn Fake News und Verschwörungstheorien zusammenkommen, dann wird es richtig interessant. Und genau das ist 2016 im US-Präsidentschaftswahlkampf geschehen.

LÜGEN, SEX UND PIZZA

Die Pizzeria Comet Ping Pong eröffnet 2006 in Washington und hat kleinere Startschwierigkeiten. Die Pizzapreise gelten als zu hoch, die Kundenbewertungen im Internet sind nur Durchschnitt. Außerdem verwickelt sich die Pizzeria immer wieder in Streitigkeiten mit den Nachbarn, weil die Livemusik zu laut ist, und wegen einer Tischtennisplatte, die der Besitzer vor das Restaurant gestellt hat.

Am 4. Dezember 2016 betritt der ehemalige Regieassistent Edgar Maddison Comet Ping Pong – und zwar mit einem Maschinengewehr. Der 28-Jährige feuert drei Schüsse ab, der erste trifft die Wand, der zweite eine Tür, der dritte die Decke. Den Mitarbeitern gelingt es zu fliehen. Edgar Maddison steht nun ganz alleine in dem Restaurant und muss feststellen, dass hier offenbar doch keine Kinder festgehalten werden, dass es niemanden gibt, den er befreien kann, und dass er sich völlig umsonst auf den langen Weg aus dem beschaulichen Salisbury in North Carolina nach Washington gemacht hat. An die sechs Stunden hatte Edgar Maddison in seinem Auto gesessen, fest entschlossen, heute Kinder zu retten, fest entschlossen, endlich ein Held zu sein, doch bald werden ihm Handschellen angelegt. Er leistet keinen Widerstand, einige Monate später wird er zu vier Jahren Gefängnis verurteilt. Bei einer Vernehmung sagt er, warum er die Pizzeria mit einem Maschinengewehr gestürmt hat: Die Pizzagate-Theorie hatte er überprüfen wollen – und zwar vor Ort.

Die Pizzagate-Theorie ist eine Verschwörungstheorie, die zum Ende des amerikanischen Präsidentschaftswahlkampfs durch das Netz mäandert und in deren Zentrum sich am Ende nicht nur Hillary Clinton und ihr Wahlkampfchef John Podesta befinden, sondern auch der Investor George Soros und die Künstlerin Marina Abramović. Alles beginnt damit, dass die Enthüllungsplattform Wikileaks E-Mails von John Podesta veröffentlicht. Diese E-Mails werden in rechten Unterforen des berüchtigten Imageboards 4Chan durchleuchtet. Und da fällt irgendwem auf, dass Podesta mit seinem Bruder über »Cheese Pizza« spricht. »Cheese Pizza« wiederum kann man mit »c. p.« abkürzen und »c. p.« wiederum ist die Abkürzung für »child pornography«, eine Abkürzung, die in Pädophilen-Kreisen offenbar gebräuchlich ist. Von da an geht es Schlag auf Schlag: In den Podesta-Mails steht, dass Podesta Kontakt gehabt hat mit dem Besitzer der Pizzeria Comet Ping Pong, ein klares Indiz, dass das Restaurant mit drinsteckt. Der Hashtag #pizzagate ist geboren und verbreitet sich nun rasend schnell über Twitter und Facebook. Rechte Blogs greifen das Thema auf, Aggregatsseiten wie »Your News Wire« und »True Pundit« machen die Geschichte noch populärer, einschlägige Seiten schreiben voneinander ab, Russia Today spricht von »Indizien« und »Spekulationen«, der berüchtigte Verschwörungstheoretiker Alex Jones davon, dass #pizzagate »real« sei. Haben die beiden Podestas nicht frappierende Ähnlichkeiten mit den Gesuchten auf den polizeilichen Fahndungsfotos im Fall des 2007 verschwundenen Mädchens Madeleine McCann? Und erinnern die modernen »Kunstwerke« in der Pizzeria nicht frappierend an Vergewaltigungen und Schlimmeres? Und dann die Tischtennisplatte vor der Pizzeria… Wofür soll die gut sein, wenn nicht zum Anlocken von Kindern? Überhaupt: Pizza! Wenn Kinder doch irgendwas mögen, dann ist es doch wohl Pizza.

In einer E-Mail lädt die Performance-Künstlerin Marina Ab-ramović in John Podestas Wohnsitz zu einer »Spirit cooking Dinner«-Party ein. Die Künstlerin verwendet in ihren Perfor-mances gerne mal Menschenblut, und das wiederum macht sich nicht allzu gut in einem Lebenslauf, wenn man gerade im Zen-trum einer Verschwörungstheorie steht. Jetzt ist klar: Pädophilie ist nur die Spitze des Eisbergs, in Wirklichkeit geht es um viel mehr, um Todeskammern, um Tunnels, um Satanismus und Kannibalismus. Ist eigentlich schon jemandem das Logo der Pizzeria aufgefallen? Eine Mondsichel und ein Stern! Satanische Symbole!

Einzelne Worte werden nun aus den E-Mails gefischt und in-terpretiert, in einem Wiki wird jede Verbindung der Beteiligten penibel erfasst, während Internet-Detektive auf Reddit nach einigem Suchen endlich eine Verbindung zum jüdischen Mil-liardär George Soros finden: Eine Lobby-Gruppe, an die auch George Soros mal Geld gespendet hatte, hatte an die Pizzeria insgesamt über 20 000 Dollar überwiesen. Auch wenn auf den einzelnen Abrechnungen nur steht, dass sie die Pizzeria für Catering bezahlt haben, das kann doch kein Zufall sein, das ist geradezu eine »Smoking gun«!

Nach und nach gelingt es der Crowd in mühevoller Klein-arbeit, die Codewörter in den Mails zu entschlüsseln: hotdog = Junge, pizza = Mädchen, cheese = kleines Mädchen, pasta = kleiner Junge, ice cream = männlicher Prostituierter, walnut = Schwarzer, map = Samenflüssigkeit, sauce = Orgie. Aus einer E-Mail, in der Podesta schreibt, dass Barack Obama für 65 000 Dol-lar Hotdogs und Pizzen für einen Empfang im Weißen Haus geordert hat, wird in der dechiffrierten Variante also: »Obama hat 65 000 Dollar für das Einfliegen von Mädchen und Jungen aus Chicago für eine Orgie im Weißen Haus ausgegeben.« Am Ende erhält der Eigentümer der Pizzeria Morddrohungen, das

FBI schaltet sich ein, das Portal Reddit blockiert den Suchbegriff »pizzagate«, für die Verschwörungstheoretiker ist das das letzte Mosaik-Steinchen, das ihnen sagt, wie richtig sie liegen. Hatten wir eigentlich schon erwähnt, dass wir in einer Zeit leben, in der die unumstößliche Regel gilt: Mehr Bullshit geht immer?

#Pizzagate verband auf geradezu formvollendete Art und Weise das Prinzip Fake News mit dem Prinzip Verschwörungstheorie, zwei Phänomene, die ohnehin viel gemeinsam haben. #Pizzagate emotionalisierte (Kinder! Satan!), #pizzagate empörte (Die in Washington machen, was sie wollen!), #pizzagate setzte auf bewährte Feindbilder (Hillary Clinton! George Soros! Eliten!), #pizzagate lieferte eine spektakuläre Geschichte (Pädophile Politiker! Satanische Rituale! Kannibalismus! Kleine Kinder!!!). Und dann steckte sogar in #pizzagate ein atomgroßes Körnchen Wahrheit, denn nach intensiver Lektüre der Podesta-Mails müssen wir einräumen, dass der Mann gelegentlich schon eine etwas eigentümliche Art hatte, sich auszudrücken. Bis heute wüssten wir zum Beispiel gerne, was Podesta genau meinte, als er am 24.12.2015 an den befreundeten Geschäftsmann Herbert Sandler schrieb: »p.s.: Do you think I'll do better playing Dominos on cheese than on pasta?«

OPIUM FÜRS EMPÖRUNGSVOLK

Ob #pizzagate wahlentscheidend war? Vermutlich nicht. Ob all die anderen Fake News wahlentscheidend waren? Auch dafür gibt es keinen Beleg. Das, was unmittelbar nach der Trump-Wahl als Fake News bezeichnet wurde, die kreativen Schöpfungen der mazedonischen Fake-News-Virtuosen aus Veles, wurde zwar in den sozialen Medien häufig gelikt und geteilt, nur: Was heißt das schon? Solche Zahlen können künstlich aufgepumpt werden durch Bots, die automatisiert mit Artikeln interagieren. Und dann sprechen einige Untersuchungen für eine Beobachtung, die viele von uns wohl aus ihrer Privatempirie belegen können: Viele Leute lesen die Artikel nicht, die sie teilen oder liken. Die Folge: Nur weil ein Text durch die Timelines gereicht wird, heißt das noch lange nicht, dass er wirklich einen handfesten Einfluss hat, erst recht einen wahlentscheidenden.

Und was ist mit den Gegenmaßnahmen? Was ist mit der Armada an Faktencheckern, Richtigstellern und Wahrheitsfindern? Hat sie den Kampf gegen die Lawine an Fake News für sich entscheiden können? Einerseits nein, denn sie können nichts ausrichten gegen den sogenannten Backfire-Effekt, so nennen die Psychologen das Phänomen, dass Fakten und Argumente in einer Debatte oft das Gegenteil dessen bewirken, was man erreichen möchte. Auch wenn neueste Studien jetzt nahelegen, dass dieser Effekt gar nicht so groß sein könnte wie zuerst gedacht. Er ist eher ein Backfire-Effektchen.

Im Internet hat man es selten mit einem herrschaftsfreien Diskurs aus dem Habermasschen Lehrbuch zu tun, selten geht es darum, Argumente gegeneinanderzustellen, rational Fakten abzuwägen. Das Netz ist kein sonnendurchtränkter Toskana-Garten aus Bits und Bytes, in dem wir in weißen Togen herumhängen, süße Weintrauben in uns hineinfuttern und feinsinnige Streitgespräche führen und am Ende alle immer klügere, reifere und vollkommenere menschliche Geschöpfe sind. Im Netz hat man es bei Diskussionen vielmehr allermeistens mit einem aufreibenden Abnutzungskrieg zu tun, bei dem es letztlich darum geht zu beweisen, dass man selbst recht hat – und der andere unrecht. Fakten und Argumente führen auf diesem Schlachtfeld nur dazu, dass die Menschen sich angegriffen fühlen und dann noch sehr viel stärker an dem eigenen Standpunkt festhalten. Fake News lassen sich nicht widerlegen, sie sind Opium fürs Empörungsvolk, sie schaffen weniger Meinungen, sie sind vielmehr dazu da, schon vorhandene Meinungen zu bestätigen. Der Psychologe Dan M. Kahan nennt das Ganze »Identity Protective Cognition«: Wahr ist demnach vor allem das, was gut ist für uns und für unsere Gruppe, alles andere ist unwahr, bei Fake News geht es nicht um Information, sondern um Identität. Wer »Killary« ohnehin für die gefährlichste Politikerin des beginnenden 21. Jahrhunderts hält, der wird sich auch eher davon überzeugen lassen, dass sie abends in Washingtoner Pizzerien zusammen mit serbischen Performance-Künstlerinnen und ihrem Wahlkampfleiter ein Gelage mit dem Blut kleiner Kinder veranstaltet. Sag mir, welchen Bullshit du verbreitest, und ich sage dir, wer du bist.

Man kann gegen den Bullshit redaktionell vorgehen, man kann es aber auch mit künstlicher Intelligenz versuchen, wie etwa Facebook. Um die Bullshit-Verbreitung nachhaltig einzudämmen, wäre aber wohl etwas anderes wichtiger. Das Problem allerdings ist, dass dieses andere in etwa so cool ist wie ein Trainingsanzug aus Frottee und sich sehr nach CSU-Kreisversammlungsantrag und Medienführerschein anhört. Die Rede ist von Medienkompetenz.

Uns brachte man damals in der Schule bei zu verstehen, was Boulevard ist und wie er funktioniert. Wir lernten, dass wenn die Bildzeitung in großen Lettern »Giesing: Küken ertrinken in reißendem Bach« (2.7.2007) titelte, es vor allem darum ging, uns zu emotionalisieren, und dass es schon einen Grund hatte, wieso das Boulevardblatt vor der Sensationsnachricht »Diana war schwanger!« (20.9.1997) in ungleich kleineren Lettern ein verschämt-relativierendes »Notarzt behauptet« stellte. Große Lettern, emotionalisierende Überschriften, klebrig-schlüpfrige Sensationsgeilheit, so wurden früher Nachrichten verpackt, als man an Zeitungsständen und Kiosken um die Aufmerksamkeit der Leser buhlte.

Heute buhlt man um die Aufmerksamkeit der Algorithmen, und es sollte jungen Leuten beigebracht werden, diese neuen Regeln zu verstehen, sodass sie nicht nur wissen, was Bullshit ist, sondern auch, wie er entsteht, veredelt und verbreitet wird, heute sollten Kinder den ganzen Bullshit-Produktionsprozess in- und auswendig kennen, Heimat- und Bullshitkunde sollte Pflichtfach sein, unser Nachwuchs muss nach und nach zu brutalstmöglichen Bullshit-Bekämpfern herangezüchtet werden. Dann könnte die Fake-Flut vielleicht irgendwann wieder eingedämmt werden.

Vielleicht würden dann auch eines Tages die Leute damit aufhören, ihr Autokennzeichen umzudrehen oder sich selbst zu Königen, Präsidenten oder Kaisern auszurufen. Denn als wir unsere Reise durch das Land der Verschwörungstheorien antreten, da wissen wir noch nicht, dass uns diese Reise auch in ein kleines, verschlafenes Dorf in Mittelfranken führen wird, nach Georgensgmünd, den Ort, in dem der Reichsbürger Wolfgang P. einen Polizisten erschossen hat.

DIE TOP 5 DER
VERSCHWÖRUNGSTHEORIEN,
NO. 3: DIE JÜDISCHE
WELTVERSCHWÖRUNG

Ja, und zum Schluss werden die Juden auch noch die U-Bahnen für ihre perfiden Pläne zweckentfremden. Genauer: Die Juden werden am Ende U-Bahn-Tunnel sprengen und damit die »Hauptstädte mit all ihren Organisationen und Archiven«, so zumindest steht es in den »Protokollen der Weisen von Zion«.

Denn wir befinden uns nun in der Moderne. Die Fabrikschlote rauchen, die Maschinen rattern, die Lokomotiven ächzen, die Pumpen stampfen, die Gesellschaft wird umgewälzt wie noch nie zuvor. In Frankreich wird der König aufs Schafott gelegt, in Russland der Zar vor ein Erschießungskommando gestellt, es entstehen Kapitalismus und Kommunismus. Die Menschen sollen jetzt alle die gleichen Rechte haben, die Armen und Arbeiter wollen überall mitreden und die Frauen auch. Nationen entstehen und auch der Nationalismus, statt alles von Hand zu machen, wird jetzt in Masse produziert, statt Fachwerkhäusern werden nun Giganten aus Stahl, Glas und Beton errichtet. Es gibt nun Gründerzeit und Gewerkschaften, Wirtschaftsliberalismus und Weltmarkt, Impfungen und Impressionismus, Strom und Sozialdemokratie, USA und USPD, Fräsmaschinen und Fordismus. Doch dieser Wandel vollzieht sich mit rasender Geschwindigkeit, es gibt auch Elend, es gibt Gewalt – und es gibt Krieg. Klar, in der Vergangenheit war auch nicht alles immer so lustig wie auf der Rennbahn, da gab es Pest, Scheiterhaufen,

Kindersterblichkeit, und mit fünfzig lag man nicht selten schon in der Kiste, aber damals war immerhin alles übersichtlich, ursprünglich und natürlich, jeder ging Sonntag in die Kirche, jeder kannte jeden, jeder Topf fand seinen Deckel, es gab noch so etwas wie Gemeinschaft, nicht so wie jetzt, wo alle desorientiert und entwurzelt durch die Gegend taumeln.

Irgendjemand muss an dem ganzen Schlamassel doch schuld sein!, denken viele Leute damals. Am besten jemand, der immer schuld ist! Und so mutiert der Antijudaismus des Mittelalters irgendwann zum modernen Antisemitismus. Waren die Juden früher die, die Jesus ans Kreuz genagelt, Kinder ermordet, Hostien geschändet und Brunnen vergiftet haben, sind sie jetzt die, die Plagen wie Liberalismus, Feminismus, Kapitalismus und Kommunismus über die Welt bringen. Auf die Juden wird alles projiziert, was man an der Moderne nicht leiden kann, alles, was einem zu abstrakt, künstlich und verwirrend vorkommt. Man folgert messerscharf: Ohne die Juden gäbe es keinen Streit, keinen Krieg, alles wäre eiapopeia. Die Juden stehen für das Finanzkapital, statt für die »echte Wirtschaft«, für Eliten statt für das Volk, für geistige Hirn-Arbeit statt für ehrliche, körperliche, es heißt, sie seien materialistisch, betrügerisch, pervers, manipulativ und natürlich stinkreich.

Die »Protokolle der Weisen von Zion« erscheinen 1903 im russischen Zarenreich, und sie schütten gleich mehrere Hektoliter Brandbeschleuniger ins Feuer. Die Protokolle geben vor, Dokumente eines Treffens von jüdischen Weltverschwörern zu sein, 1921 werden sie allerdings von der New York Times als Fälschung entlarvt. Wer der oder die Verfasser sind, ist bis heute ungeklärt; was man aber weiß, ist, dass große Passagen aus einem Buch abgeschrieben worden sind, das der französische Schriftsteller Maurice Joly im Jahr 1864 verfasst hatte – und zwar als Satire. Aber mit solchen Feinheiten will sich damals niemand aufhalten. Die »Protokolle der Weisen von Zion« werden schnell zu einem Must-read für Judenhasser. Die NSDAP verbreitet schon in den Zwanzigerjahren die Protokolle auf Flugblättern, und kaum ist Hitler an der Macht, werden sie auch schon im Unterricht behandelt.

Dabei sind es noch nicht einmal richtige Protokolle. Keine Tagesordnungspunkte, keine Anwesenheitsliste, keine Angaben zu Aufgabenverteilungen, Entscheidungen oder noch offenen Fragen. Bei den »Protokollen der Weisen von Zion« handelt es sich vielmehr um einen langen Monolog, in dem ein nicht genannter jüdischer Anführer langatmig erklärt, wie man das hinbekommen will mit der Weltherrschaft. Eigentlich ist es ganz einfach: Man gründet ein paar Freimaurerlogen, bricht ein paar Wirtschaftskrisen vom Zaun, kauft sich ein paar Zeitungen oder sprengt, wie eingangs erwähnt, ein paar U-Bahn-Tunnel. Es ist eine langwierige und langweilige Lektüre, aber die Botschaft wirkt, denn die Protokolle bestätigen, was man ja schon immer glaubte gewusst zu haben: dass Juden unglaublich mächtig sind, dass Juden immer nur unter sich sein wollen, dass Juden Politik, Wirtschaft, Medien und natürlich auch die Wall Street kontrollieren, dass alle an ihren Fäden hängen und sich von ihnen einlullen lassen.

Diese Ressentiments sind es dann auch, die den Antisemitismus bis heute so gefährlich machen, gefährlicher als andere Formen der sogenannten »gruppenbezogenen Menschenfeindlichkeit«. Ein klassischer Rassist fühlt sich anderen Menschengruppen überlegen, er will sie abschieben, versklaven, er will ihre Länder kolonisieren, sie ausbeuten und unterwerfen, für ihn sind diese Menschen minderwertig, anders, dumm, faul, schmutzig – und damit ist der klassische Rassist schon mal eine veritable Arschgeige.

Aber auch ein glühender Rassist käme wohl kaum auf die

Idee zu behaupten, dass es eine weltweite Verschwörung aller schwarzen Menschen gibt, dass schwarze Menschen die eigentliche Macht in Händen halten, alles und jeden kontrollieren, von der Papstwahl bis zur Oscarverleihung. Ganz anders bei den Juden: Der Antisemit fühlt sich ihnen unterlegen, er fühlt sich geknechtet und unfrei, weil sie ja eben alles und jeden kontrollieren, die Medien! Die Banken! Die Welt! Und so wird jede Gemeinheit gegen Juden zu einem legitimen Akt des Widerstands, Drohungen, Pogrome, Diskriminierung oder im Extremfall der industrielle Massenmord – alles ist irgendwie ja nur Notwehr. Oder wie T. W. Adorno und Max Horkheimer in ihrer berühmten Schrift »Die Dialektik der Aufklärung« meinten, dass man die Schwarzen nicht bei sich haben möchte, »von den Juden aber soll die Erde gereinigt werden«.

Und so laufen auch die meisten Verschwörungstheorien am Ende auf eine Verschwörung von Juden hinaus: Die Juden managen die BRD GmbH, die Juden stecken hinter Illuminaten und Bilderbergern, die Juden haben die Migrationswaffe entwickelt, die Juden sind für den Anschlag auf die französische Satirezeitschrift »Charlie Hebdo« verantwortlich und für den 11. September sowieso, die Juden haben den Islamischen Staat ins Leben gerufen und auch den Antisemitismus erfunden. Es ist vermutlich kein Zufall, dass der wohl meistgehasste Mensch bei Verschwörungstheoretikern ein Jude ist: Über George Soros heißt es beispielsweise, er wolle Europa mit Flüchtlingen »überfluten« und diktiere die Flüchtlingspolitik.

Wobei die Juden heute natürlich Zionisten genannt werden. So wie früher die Juden schuld waren, dass es überhaupt Streit gibt und Krieg, ist es eben heute der jüdische Staat Israel, der Schuld daran haben soll, dass die Weltpolitik sich immer noch nicht anfühlen mag wie ein herrlicher Tag im IKEA-Bällebad. Und genau wie die Juden früher für alles Künstliche und Abstrakte standen, gilt heute Israel als künstlicher Staat, der nicht wie alle anderen Staaten natürlich gewachsen ist, was auch immer das nun genau heißen soll.

Das Misstrauen gegenüber der Moderne ist auch heute noch spürbar, bzw. das Misstrauen gegenüber der Postmoderne oder der Post-Postmoderne oder in welcher Moderne wir uns gerade eben befinden. Es ist auch deswegen kein Zufall, dass Russland der Sehnsuchtsort so vieler Verschwörungstheoretiker ist. Denn dort herrschen noch Zucht und Ordnung, das Fernsehen ist noch nicht verschwult und der Präsident lässt sich vom Ami nichts sagen und erwürgt im Urlaub mal schnell eigenhändig einen Braunbären. Es ist also alles quasi irgendwie noch wie damals, als es sie noch gab, die guten Dinge.

Die »Protokolle der Weisen von Zion« werden auch heute noch gelesen und geglaubt. David Icke beispielsweise meint, dass hinter den Weisen von Zion reptiloide Außerirdische stecken, die sich von Menschenfleisch ernähren. Auch in der arabischen Welt erfreuen sich die Protokolle ungebrochener Beliebtheit. Und die, die zugeben, dass die Protokolle eine Fälschung sind, zucken oft nur mit den Schultern und sagen: Ist doch egal! Es ist doch auch so genauso gekommen! Massenelend, Aufruhr, Kriege, Staatsbankrotte, Finanzchaos, das haben wir doch heute alles! Und ja, das stimmt schon. Doch zum einen sind dafür nicht die Juden verantwortlich. Und zum anderen ist die Welt genau besehen in den letzten Jahren und Jahrzehnten insgesamt eine bessere geworden. Auch wenn uns das nur selten auffällt: Das Glas ist halb voll. Ach was: Das Glas ist sogar so voll, dass man schon aufpassen muss, sich nichts über die Hose zu schütten. Es sterben heute sehr viel weniger Menschen durch Kriege als jemals zuvor, heute ist es wahrscheinlicher, an Diabetes zu sterben als durch einen Krieg, und ja: Das ist ein Fortschritt! 1981 lebten mehr als zwei Milliarden Menschen in extremer Armut, heute sind es nur noch 700 Millionen. Die Kindersterblichkeit ist gesunken, ebenso die Analphabetenrate, die Menschen leben heute länger und gesünder als jemals zuvor. Wenn das der Plan der jüdischen Weltverschwörung war, dann bleibt uns nur zu sagen: Hervorragende Leistungsbilanz, danke schön und bitte weiter so!

KAPITEL 8

DIE NEUE DEUTSCHE
WENDE

Hätten die Väter und Mütter des Grundgesetzes da nicht ein bisschen besser aufpassen können? Hätten sie ihre Worte nicht etwas vorsichtiger wählen können? Denn fahrlässigerweise findet sich im Grundgesetz ganze 13-mal das Wort »Geschäft«. Immer wieder ist von einer »Geschäftsordnung« die Rede oder von »Geschäftsbereich«, und über den Bundesrat heißt es in § 53, er sei von der Bundesregierung über die Führung der »Geschäfte« auf dem Laufenden zu halten. No offense, wir lieben das Grundgesetz, es gilt zu Recht als eine der besten Verfassungen der Welt, aber dennoch: Hätte man nicht ein etwas anderes Wort verwenden können? »Staat« zum Beispiel? »Staatsbereich«? »Staatsgeschäfte«? »Staatsordnung«?

Wenn der Parlamentarische Rat sich damals mehr Mühe beim Wording gegeben hätte, wäre uns vermutlich viel Ärger erspart worden. Denn die häufige Verwendung des Wortes »Geschäft« ist für sogenannte Reichsbürger ein schwerwiegendes Indiz dafür, dass Deutschland in Wirklichkeit eine GmbH ist. Ein anderes Indiz: der Adler auf dem Umschlag des Reisepasses. Denn der hat insgesamt 12 Federn, 6 auf jeder Seite. Der Adler auf einer Seite innerhalb des Reisepasses dagegen hat insgesamt 14 Federn, 7 auf jeder Seite. Da ein Staat in der Regel nur ein einziges Staatswappen hat, folgt daraus zwingenderweise, dass Deutschland kein Staat ist. Willkommen in der Welt der Reichsbürger, wo zwei Federn darüber entscheiden können, ob man es mit einer Bundesrepublik zu tun hat oder mit einer Gesellschaft mit beschränkter Haftung.

Das ist sehr typisch, denn die Reichsbürgerideologie basiert vor allem auf Haarspalterei. Wir kennen ja alle solche Leute: Leute, die sich darüber aufregen, dass im Passierschein A38 beim Beiblatt E3 in Zeile 5 ein Komma fehlt, weshalb wir jetzt den ganzen Schmarren neu ausfüllen müssen. Reichsbürger sind allerdings schlimmer. Viel schlimmer. Reichsbürger sind mindestens so pedantisch wie Verkehrspolizisten, die einem für 1 km/h Übertretung schon eine Knolle geben, und so besserwisserisch wie ein Zwei-Sterne-Koch zu Gast in einem Ein-Stern-Restaurant.

Schon ihre Grundannahme basiert auf einer Haarspalterei, wobei: Eigentlich nein, da sind wir jetzt mal haarspalterisch, denn eigentlich basiert ihre Grundannahme sogar auf einer regelrechten Haar-Abschabung! Sie behaupten nämlich, 1945 habe nicht das Deutsche Reich kapituliert, sondern nur die Wehrmacht. Toller Trick, den man auch mal auf den Alltag übertragen könnte: Nein, wir sind nicht zu spät zur Sitzung gekommen, sondern nur unsere Körper. Nein, wir sind nicht schwarzgefahren, wir haben nur kein Ticket gekauft. Nein, wir sind nicht pleite, wir habe nur kein Geld.

Aus der Behauptung, nur die Wehrmacht habe kapituliert, nicht aber das Deutsche Reich, ergibt sich eine ganze Kaskade an Konsequenzen. Zunächst einmal bedeutet das natürlich, dass das Deutsche Reich den Zweiten Weltkrieg gar nicht verloren hat, das Deutsche Reich ist also quasi so etwas wie der Sieger der Herzen und existiert weiter. Wenn das Deutsche Reich aber weiterexistiert, dann ist die Bundesrepublik nicht der Rechtsnachfolger des Deutschen Reiches, denn etwas, das noch existiert, benötigt ja logischerweise keinen Rechtsnachfolger. Wenn die Bundesrepublik nicht der Rechtsnachfolger des Deutschen

Reiches ist, dann ist die Bundesrepublik ein Konstrukt, und wenn die Bundesrepublik ein Konstrukt ist, dann ist sie nicht souverän, und wenn sie nicht souverän ist, dann kann sie auch keinen Friedensvertrag abschließen, und wenn sie keinen Friedensvertrag abschließen kann, dann ist auch die Wiedervereinigung hinfällig. Dass die Reichsbürger das Grundgesetz nicht als legitime Verfassung ansehen, ist dann auch schon wurst.

Ja, es stimmt schon: Rein formal hat die Reichsregierung im Mai 1945 nicht kapituliert, es gab aber auch schlichtweg nichts mehr zu kapitulieren. Die Reichsregierung und Hitlers Nachfolger Karl Dönitz saßen in einer Sportschule in Flensburg fest, taten so, als würden sie noch ein Land regieren, verfügten aber bis zu ihrer Verhaftung nicht einmal über homöopathische Mengen an Staatsgewalt. Die fehlende Kapitulation hat deswegen keinerlei staatsrechtliche Konsequenzen, und da sind sich auch eigentlich alle einig, bis eben auf einige Leute, die sich ihre Zeit mit Rechts-Rabulistik vertreiben.

Und jetzt zum Wappen der BRD: Jedes Land darf das mit seinen Wappen handhaben, wie es das möchte, 14 Federn, 12 Federn, gar keine Feder, Pfauenfedern, Schreibfedern, völlig egal, schon die Weimarer Republik verwendete keinen einheitlichen Reichsadler. Fehlende Kapitulationen oder fehlende Federn sind allerdings nur einige Aspekte der Reichsbürgerideologie, jede Kleinigkeit quetschen sie in ihr Weltbild, so lange, bis es passt, darunter natürlich auch, dass der Personalausweis PERSONAL-Ausweis heißt. Zwei Dinge kommen den Reichsbürgern dabei entgegen. Erstens: dass Jura kompliziert ist und oft kaum zu verstehen. Und zweitens: dass sich die Sprache der Behörden mittlerweile wirklich etwas nach Firmensprech anhört, etwa dann, wenn bei der Arbeitsagentur von »Kunden« die Rede ist, weil das angeblich irgendwie moderner klingt. Womit wir wieder beim Wording wären und der Frage, ob die Mütter und Väter des Grundgesetzes sich nicht um eine etwas Reichsbürger-immunere Sprache hätten bemühen und »Geschäft« durch »Staat« ersetzen können. Allerdings gibt es dann doch eine Tatsache, die dagegen spricht: Das Wort »Staat« kommt im Grundgesetz ohnehin schon viel zu häufig vor, nämlich 82 Mal.

WAS WÄRE, WENN DEUTSCHLAND EINE GMBH WÄRE?

Unsere kleine digitale Handpuppe Hans Fuchs ist kein Rassist, er hat auch nichts gegen Flüchtlinge, eigentlich auch nichts gegen Juden, und er glaubt auch nicht, dass Deutschland in Wirklichkeit eine GmbH ist. Der Politikwissenschaftler und Experte für Verschwörungstheorien Jan Rathje beschreibt das Umfeld von Hardcore-Verschwörungstheoretikern am Beispiel von Reichsbürgern in Ringen, so ähnlich wie die, mit denen man in München vergeblich versucht, den Tarifdschungel des öffentlichen Nahverkehrs übersichtlicher zu gestalten. Ganz außen, in Ring 1, sind all die Leute, die glauben, dass Michael Jackson in Wirklichkeit ermordet wurde und Lady Di auch, Leute, die an die Mondverschwörung glauben und die Schulmedizin ablehnen. In Ring 2 herrscht dann schon ein geschlossenes verschwörungstheoretisches Weltbild vor: Hier glaubt man an die Klimalüge, an die flache Erde, an die hohle Erde, an die durch Chemtrails absichtlich vergiftete Erde, an Freimaurer und Illuminaten, an die Neue Weltordnung (NWO), hier ist man sich schon sehr sicher, dass es eine geheime Macht im Hintergrund geben muss. Der dritte Kreis ist dann den Hardcore-Verschwörungstheoretikern vorbehalten, wer hier reinwill, der muss schon mindestens an die jüdische Weltverschwörung glauben. Und ganz in der Mitte, da sitzen dann die Reichsbürger, die glauben manchmal an alles.

Hans Fuchs steht irgendwo zwischen Ring 1 und Ring 2, aber natürlich muss das nicht so bleiben. Wer weiß: Vielleicht stellt Hans Fuchs irgendwann alles infrage und rutscht ein paar Ringe ins Zentrum. Hat ihn der Staat denn nicht schon oft genug ungerecht behandelt? Wie war das denn damals, als er nach der kleinen Rauferei mit Schlagring-Rolf zu einer Bewährungsstrafe verknackt wurde? Das war doch wohl die Lachtablette des Jahrhunderts! Ach was: Jahrtausends! Ein abgekartetes Spiel! Und da kann man dann schon mal die Frage stellen: Cui bono?

Aber so weit ist es bei Hans Fuchs nicht, vor allem nicht heute, denn es ist Dienstagmorgen, 9:30 Uhr, und Hans Fuchs ist so müde wie ein Faultier, das am New-York-Marathon teilgenommen hat. Die ganze Nacht er hat kein Auge zugetan, und das, obwohl er sich extra noch zwei Vivinox *eingebaut* hat. Er hat sich hin und her gewälzt, gegrübelt und nachgedacht, weil ihn etwas sehr beschäftigt hat, eine Frage, um genau zu sein. Jetzt schmiert er sich lustlos ein Mettbrötchen und heizt schon mal seinen Laptop vor. Acht Minuten später kann er sich auch schon bei Facebook einloggen und stellt in der Gruppe »Reale Verschwörungen« die eine Frage, über die er seit Stunden brütet und die ihm einfach keine Ruhe lässt. Die Frage, die er in das Facebook-Statusfenster tippt, geht so: »Also mal angenommen, es käme heraus, dass die BRD wirklich eine GmbH ist. Was hätte das überhaupt für Folgen?!«.

Facebook explodiert förmlich, unter seiner Frage werden Dutzende Kommentare gepostet, Hans Fuchs stellt irgendwann seinen Laptop auf lautlos, weil er das permanente Facebook-Gebimmel nicht mehr ertragen kann. Es werden Youtube-Videos gepostet, juristische Einschätzungen und Theodor-Fontane-Zitate, es wird beklagt, gejammert, aufgefordert, motiviert, debattiert und eingeschätzt, nur eines passiert nicht: Niemand beantwortet Hans Fuchs' Frage. Niemand kann sagen, was sich für

Hans Fuchs ändern würde, wenn der Traum vieler Reichsbürger in Erfüllung gehen und Angela Merkel morgen endlich zugeben würde: Ja, liebe Reichsbürger, ihr lagt die ganz Zeit goldrichtig! Deutschland ist eine GmbH!

»Vielleicht muss ich den Leuten das Szenario etwas konkreter veranschaulichen…«, murmelt Hans Fuchs und klickt auf den Windows Movie Maker. In den nächsten zwei Stunden entsteht ein formvollendetes Opus magnum, das da heißt »Die BRD-GmbH: Der Film«. Hans Fuchs pappt für den sechsminütigen Clip sorgsam irgendwelches Archivmaterial aneinander, klatscht theatralische, Vangelis-mäßige Bombastmusik darunter und postet dieses cineastische Bewegtbild-Wunderwerk schließlich in verschiedenen Verschwörungsgruppen. Der Off-Text seines Videos beginnt so:

Angela Merkel hatte sich für die Bekanntgabe der Nachricht ein historisches Datum herausgepickt. Am 9. November, dem Schicksalstag der Deutschen, würde es nun nach 1918, 1923, 1938, 1989 im Jahr 2023 die nächste große Wende in der Geschichte des Landes geben – und vermutlich sogar die größte und wichtigste. Die Wahrheit war ja ohnehin kaum noch zu unterdrücken, und das, obwohl sich Medien, Politiker, Wissenschaftler und das Bildungssystem in den letzten Jahrzehnten bekanntlich allergrößte Mühe gegeben hatten, die Bevölkerung für dumm zu verkaufen, am Ende hatten sie alle versagt.

»HALLO, ICH KOMME
AUS DEUTSCH«

Die Handlung von Hans Fuchs' Bewegtbild-Œuvre ist eine, die den sogenannten Reichsbürgern gefallen dürfte, denn als Reichsbürger (oder Reichsideologen) werden alle möglichen Gruppierungen bezeichnet, die mehr oder weniger konsequent die Existenz der Bundesrepublik Deutschland anzweifeln und damit oft auch die Gültigkeit ihrer Gesetze.

Manche Reichsideologen bzw. Selbstverwalter glauben, dass das Deutsche Reich noch existiert, manche glauben, dass die Bismarcksche Reichsverfassung die einzig gültige ist, andere wiederum berufen sich auf den Freistaat Preußen, die Weimarer Reichsverfassung, Hitlers Ermächtigungsgesetz, die allgemeine Erklärung der Menschenrechte oder auf eigene Verfassungen, die dann gerne feierliche Namen tragen, wie etwa »Königliche Ausgearbeitete Verfassung«, »Das Regelwerk«, »Verfassung Asgards« oder auch einfach nur: »Richtlinien und Statuten des Königreiches Atlantis«. Manche dieser Staaten werden von Königen regiert, manche von Reichskanzlern, manche von Präsidenten, Kaisern oder auch Doppelkaisern. Einer der Staaten, die altehrwürdige »Kommissarische Reichsregierung« nämlich, kann sogar mit einem eigenen Eisenbahnamt, einem Reichszollamt und einem Reichskolonialamt aufwarten, wobei diese Ämter dann der Einfachheit halber gleich vom Reichskanzler mit ausgeübt werden, in diesem Fall ist das Erhard Lorenz, der zugleich als Standesbeamter, Urkundsbeamter und Inhaber sowie Direktor der Reichsdruckerei fungiert. Auf unsere Fragen antwortet er in seiner Funktion als Staatssekretär des Innern, will aber nicht mit uns reden, da wir schließlich streng genommen staatenlos seien und diese Angelegenheit erst einmal klären sollen. Muss ja alles seine Ordnung haben.

Erhard Lorenz glaubt, dass Deutschland in Wirklichkeit eine GmbH ist. Und nicht nur er, eine ganze Menge Menschen glauben das, unter ihnen viele Reichsbürger. Die Indizien wiegen ja auch schwer: Warum heißt, wir erwähnten es oben, der Personalausweis in Deutschland Personalausweis? Und nicht wie in Großbritannien oder Spanien »identity card« beziehungsweise »carné de identidad«? Erinnert das Wort »Personalausweis« nicht frappierend an Personalakte, Personalaufzug, Personalabbau? Und kennt man diese Worte etwa nicht vor allem aus dem Arbeitsleben, wo es autoritäre Chefs gibt und lammfromme Angestellte? Und was steht denn da bitte im Personalausweis unter Staatsangehörigkeit? Genau, »Deutsch« steht da! So, und kennt irgendjemand ein Land namens »Deutsch«?! Sagt irgendjemand »Hallo, ich komme aus Deutsch«?! Oder: »Hach wie schön, dass Deutsch letztes Mal Fußballweltmeister geworden ist« oder: »Berlin ist die Hauptstadt von Deutsch«?! Eben.

Und dann muss man sich nur mal anschauen, wie im Ausweis der Name geschrieben wird. In GROSSBUCHSTABEN! Das ist ganz genauso wie im Römischen Reich, wo die Sklaven ihren Namen in ein Dokument eintragen mussten, und zwar, wait for it, in GROSSBUCHSTABEN, und damit gaben sie umgehend alle ihre Rechte ab.

Aber wir sind hier leider noch lange nicht fertig, denn: der Name! Im Ausweis steht oben anstelle von »Familienname« einfach »Name«. Dabei weiß doch eigentlich jeder: Natürliche Personen haben einen *Familiennamen* – Sachen nur einen *Namen,* deswegen wird vor Gericht übrigens auch »In Sachen … gegen …« verhandelt. Mehr sind wir also nicht in diesem Konstrukt namens BRD: Dinge, Sklaven, Sachen, Kram, Krimskrams, Angestellte, Lakaien, Bedienstete, mit denen man machen kann, was man möchte, die man herumschubsen, herumkommandieren und vor allem in einer Tour 24/7 ein ganzes

Leben lang von vorne bis hinten verarschen kann, denen man im Zweifelsfall mit einem Fingerschnippen sogar Haus und Hof und den VW-Passat-Kombi wegnimmt, die streng genommen komplett rechtlos sind und denen noch nicht einmal erlaubt wird, ein einfaches Jagdgewehr ihr Eigen zu nennen. Doch kurz zurück zu Hans Fuchs' Blockbuster:

Im Juni 2019 gab es dann plötzlich die ersten größeren Demonstrationen vor dem Kanzleramt. Jeden Montag trafen sich dort nun Menschen, am Anfang nur ein Dutzend, dann schon hundert, später dann Zehntausende, die Schilder hochhielten, auf denen stand »Menschenrechte statt Personenrechte!« oder »Wir sind das Volk und keine Belegschaft!«. Bald schon nahm der zivile Ungehorsam zu, und zwar im ganzen Land, anfangs nur passiv und im Kleinen: Hunde wurden nicht mehr angemeldet, Bußgelder nicht beglichen, immer öfter musste die Polizei anrücken, weil Hunderte Leute mit Sitzblockaden vor Einfamilienhäusern Gerichtsvollzieher davon abhielten, Gegenstände zu pfänden.

Es schreit doch zum Chemtrail-Himmel! Warum eigentlich werden auch sogenannte Behördenausdrucke entweder mit »Maschinell erstellt« oder mit einer Paraphe und nie mit vollem Namen unterschrieben? Ganz einfach: Weil den sogenannten Behörden die Legitimation fehlt, deswegen! Und warum haben wir keine Verfassung, sondern nur ein Grundgesetz? Und warum hat Deutschland keinen Friedensvertrag, sondern nur den 2 + 4-Vertrag? Und warum hat Sigmar Gabriel 2010 im NRW-Wahlkampf selbst gesagt, dass wir gar keine Bundesregierung haben, sondern nur Frau Merkel als Geschäftsführerin einer neuen Nicht-Regierungsorganisation in Deutschland? Warum?! Warum?! Warum?! Und last, but not least: Was ist mit dieser »Bundesrepublik Deutschland – Finanzagentur GmbH«, die unter der Kennziffer HRB 51411 beim Amtsgericht Frankfurt/Main in das Handelsregister eingetragen ist?

WOLFGANG P.
BESUCHT DAS AMT

Früher, da haben wir solche Fragen als das abgetan, was sie sind: bizarre Spinnereien. Hier und da lief mal auf RTL Explosiv ein Beitrag über Wolfgang Ebel, den 2014 verstorbenen Elder Statesman der deutschen Reichsbürgerbewegung. Unsere Augenbrauen wanderten nach oben, wenn Ebel sich als Reichskanzler vorstellte, dann lächelten wir verständnisvoll, weil wir es so possierlich fanden, wie Ebel sich seine eigenen Ausweise bastelte, fast genauso wie wir nur wenige Jahre zuvor für den Mickey-Mouse-Detektiv-Club. Dabei waren Reichsideologen schon damals nicht harmlos, der Rechtsextremist Horst Mahler beispielsweise war bereits Ende der 90er ganz angetan von der Vorstellung, Behörden mit Bullshit-Anfragen zu überhäufen und die Gesetze der BRD zu ignorieren.

Das ist wenig verwunderlich, denn die Reichsideologie ist häufig anschlussfähig an den Rechtsextremismus: Für viele Reichsideologen ist die BRD ein reines Konstrukt im Dienste der Besatzungsmächte, der NWO, Israels, der Rothschilds oder sonstiger finsterer Mächte, sie träumen dann gerne mal von einem »freien« Deutschland in den Grenzen von 1937, in dem noch das richtige Blut darüber entscheidet, wer dazugehören darf und wer nicht.

Lange Zeit wurde die Szene eher belächelt, für ein wenig Aufsehen sorgte allerdings immer wieder mal Xavier Naidoo. Zum Beispiel, als er 2011 im Mittagsmagazin verkündete, dass Deutschland immer noch keinen Friedensvertrag habe, oder 2014, als er auf einer Reichsbürger-Demo auftrat, um in einem »Freiheit für Deutschland«-T-Shirt den recht überschaubaren Massen eine Botschaft zuzurufen, seine Botschaft: »Ich hab keine Ahnung, wer hier steht, mir geht's nur um Liebe.« Aber eigentlich war uns Xavier Naidoo ja doch sehr egal, mit seinem säuselnd-sedierenden Befindlichkeitspop hatte er uns schon mit 14 direkt ins Koma gesungen, wir waren wirklich keine Fans. Ganz anders die Reichsbürger-Szene, in der sein Song »Raus aus dem Reichstag« zur Hymne avancierte.

Als einer dieser Polizeieinsätze außer Kontrolle geriet und ein Demonstrant ums Leben kam, gewann die Bewegung richtig an Fahrt, und wer sich öffentlich zu ihr bekennen wollte, der steckte sich eine Schleife an die Brust, ähnlich der Aids-Schleife, allerdings in den Farben Schwarz, Weiß und Rot. Dieses Symbol verbreitete sich immer häufiger, Prominente bekannten sich so zum Widerstand, bald trugen DSDS-Sieger und Fußballstars die Schleife, die Bewegung galt nun als hip, sodass immer mehr junge Menschen mit dabei sein wollten. Irgendwann schalteten angesehene Persönlichkeiten der Gesellschaft, darunter überraschenderweise auch ein paar »Elder statesmen« aus dem Polit-Betrieb, ganzseitige Anzeigen und riefen darin zum Steuerboykott auf – Millionen Bürger folgten ihnen. Die Steuerbehörden waren machtlos, die Polizei ebenso, der Finanzminister wirkte hilflos, ihm fiel kaum mehr ein, als an die Bürgerpflicht zu appellieren, aber es hörte ihm kaum noch jemand zu.

Auch Wolfgang P. fand »Raus aus dem Reichstag« wohl recht gut, zumindest teilte der ehemalige Kampfsportlehrer aus dem mittelfränkischen Georgensgmünd den Song auf seiner Facebook-Seite. Der Reichsbürger Wolfgang P. ist der Grund, warum über die Reichsbürger heute niemand mehr lacht und auch nicht über ihre Miniaturstaaten und selbst gebastelten Ausweise und all den anderen Kram, denn Wolfgang P. hat im Oktober 2016 einen jungen SEK-Beamten erschossen. Seitdem zählt man die Reichsbürger in Deutschland, 15 000 sollen es sein, wobei der Begriff »Reichsbürger« recht schwammig ist. Die Szene ist heterogen, und viele Reichsbürger nennen sich lieber Selbstverwalter oder Souveränisten. Laut Verfassungsschutz haben tausend von ihnen eine Waffenbesitzkarte, in Bayern wurden sogar Polizisten vom Dienst suspendiert, die unter Reichsbürgerverdacht standen.

Doch wer mit Gerichtsvollziehern, Richtern, Polizeibeamten, Mitarbeitern von Rathäusern und Finanzämtern spricht, der weiß, dass die Reichsbürgerszene schon vor den tödlichen Schüssen in Georgensgmünd aggressiv auftrat – und dass sie lange unterschätzt wurde. 2016 etwa wurde bei Horb in Baden-Württemberg ein Polizist mehrere Meter mitgeschleift, der bei einem Reichsbürger eine Fahrzeugkontrolle durchführen wollte, im selben Jahr wurden die Finanzämter in Brandenburg mit Alarmen ausgestattet, immer wieder waren Beamte von Reichsbürgern bedroht worden. Die sächsische Landesregierung berichtet von 700 Fällen (2016), in denen Reichsbürger sich geweigert hätten, Steuern und Bußgelder zu bezahlen, und im April 2017 wurde sogar ein Disziplinarverfahren gegen eine Bürgermeisterin aus dem Oberallgäu eingeleitet – sie hatte in einem Antrag für einen Staatsangehörigkeitsausweis als Geburtsort »Königreich Bayern, Deutschland als Ganzes« angegeben. Dazu muss man wissen: Es gibt einen beachtlichen Katalog an skurrilen Dingen, die Reichsbürger so machen. Manche montieren ihr Autokennzeichen auf den Kopf, um so gegen die »Firma Polizei« zu protestieren, und die Beantragung eines Staatsangehörigkeitsausweises gehört auch zu diesen Dingen. Diesen sogenannten »gelben Schein« brauchen Otto-Normalbürger eigentlich so gut wie nie, er wird deswegen auch kaum beantragt, aber da dieses Dokument ein Rudiment des Reichs- und Staatsangehörigkeitsgesetzes von 1913 ist, sind Reichsbürger ganz spitz darauf, dafür wollen sie so schnell wie möglich ihren Personalausweis abgeben.

olfgang P. kommt am 25. Januar 2016 mit zwei Zeu-

deutsche Wende

gen ins Rathaus von Georgensgmünd und biegt gleich nach rechts ab, wo hinter der Pforte das Einwohnermeldeamt liegt. Dort knallt P. seinen noch gültigen Personalausweis auf den Tisch, um zu bekräftigen, dass er hiermit auch die Staatsangehörigkeit zur BRD ablegt. Die perplexe Rathausmitarbeiterin nimmt seinen Personalausweis entgegen und wundert sich, Wolfgang P. geht strammen Schrittes wieder, der Ausweis wird ihm einige Tage später nach Hause geschickt. Kurz vorher hat er für 200 Euro eine Anzeige in der Lokalzeitung geschaltet, in der er sich auf die päpstliche Bulle von 1540 beruft und unter anderem erklärt, dass er ein Wesen aus Fleisch und Blut sei und dass er »tatsächlich auf diesem Planeten, genannt Erde, körperlich, seelisch und geistig voll anwesend« ist, unterschrieben ist die Anzeige mit seinem Fingerabdruck und denen eines Dutzends seiner Mitstreiter.

»DEN VORGABEN DES SOUVERÄNS IST FOLGE ZU LEISTEN!«

Als wir nach Georgensgmünd fahren, treffen wir den dortigen Bürgermeister. Ben Schwarz ist Anfang 40, freundlich, wirkt sachlich und kompetent und hat das surreal anmutende Kunststück fertiggebracht, bei der letzten Wahl 98 % der Stimmen zu bekommen – in Bayern, als Sozialdemokrat. »Gewalttätig war Wolfgang P. nie, aber er war sehr vehement«, sagt Schwarz. Nach der Ausweis-Aktion von Wolfgang P. sind seine Mitarbeiter zunächst ratlos; der Bürgermeister von Georgensgmünd beginnt im Internet zu recherchieren und findet heraus, dass das ein oder andere Innenministerium schon Handlungsanweisungen für den Umgang von Reichsbürgern herausgegeben hat. »Diskussionen sind wenig zielführend«, steht da, und dass man den Schriftverkehr mit Reichsbürgern auf das Notwendigste beschränken soll. Immer wieder käme es vor, dass Reichsbürger eine »Urkunde« zur Beglaubigung vorlegen, in der dann beispielsweise steht, dass man »zu keinem Zeitpunkt auf hoher See verschollen« sei oder: »Das Grundgesetz der BRD ist keine Verfassung.« Man rate davon ab, so etwas zu beglaubigen.

Bürgermeister Schwarz ist eigentlich Anwalt, und in den letzten Jahren wurde er auch privat immer wieder gefragt, ob das denn alles stimme, also dass Deutschland keinen Friedensvertrag habe oder der deutsche Staat streng genommen gar nicht existiere. »Das Problem ist, dass man dann ganz tief einsteigen muss, das Recht ist halt manchmal kompliziert, und am Ende ist dann doch immer wieder nur das Bauchgefühl ausschlaggebend«, seufzt Schwarz. »Belege spielen oftmals keine Rolle, man kann da erklären, was man möchte, am Ende heißt es dann gerne: ›Ich sehe das aber anders‹, oder noch schlimmer: ›Ich fühle das anders.‹ Dass diese Theorien im Internet ungefiltert weiterverbreitet werden, ist auch nicht gerade hilfreich.« Trotzdem sagt Schwarz: »Man darf nicht jeden unter Generalverdacht stellen, der etwas anders denkt.« Man müsse eben damit leben, dass manche Menschen unser System ablehnen, der deutsche Rechtsstaat sei stark genug, um damit klarzukommen.

Die Akte von Wolfgang P. im Rathaus von Georgensgmünd schwillt nach dem Vorfall mit dem Personalausweis weiter an: Der ehemalige Kampfsportlehrer erklärt schriftlich, dass die BRD eine GmbH sei, erklärt, seinen Personalausweis-Vertrag kündigen zu wollen, und fordert Schadenersatz für »aufgrund von nichtstaatlich ordnungsgemäß zustande gekommener Gesetze« in Höhe von mehreren Millionen Euro. Unterschrieben sind die Briefe mit der zackigen Anweisung: »Den Vorgaben des Souveräns ist Folge zu leisten«.

Georgensgmünd ist ein kleines, beschauliches Dorf mit gerade einmal 6700 Einwohnern, einigen hübschen Fachwerkhäusern, einem Hallenbad, drei Kindergärten, einer Anbindung an die Bahnlinie Nürnberg-Augsburg. In der örtlichen Dönerbude essen wir den besten Döner der Welt und gehen dann los, um mit den Dorfbewohnern ins Gespräch zu kommen und mehr über Wolfgang P. herauszufinden. Man muss sich das in etwa so vorstellen wie in diesen Filmen, in denen ein Polizist in ein kanadisches Bergdorf geschickt wird, um einen Mord aufzuklären. Zunächst wird er von den Dorfbewohnern misstrauisch beäugt, sitzt alleine mürrisch im Pub und isst Rührei mit Speck. Doch nach und nach schafft er es, einen Draht zur Bevölkerung aufzubauen, löst den Fall und findet zudem seine große Liebe. Wir haben eigentlich keinen Fall zu lösen, finden nicht unsere große Liebe, wir sind auch keine Polizisten, Georgensgmünd ist auch nicht in Kanada, aber sonst ist wirklich alles genau so. Zumindest gelingt es uns begnadeten Menschenfischern, einen Draht zur Bevölkerung aufzubauen, auch wenn dieser Draht zugegebenermaßen so dünn ist wie manch ein Reichsbürger-Argument.

Wir schlendern durch Georgensgmünd an einem trostlosen Novembertag, kaum jemand ist auf der Straße, der Gasthof hat zu, der Friseur hat zu, sogar das AWG Mode Center hat zu. Aber die wenigen Leute, die wir treffen, kannten fast alle auch Wolfgang P. Ein wenig anders sei er ja schon gewesen, sagen sie, aber keinesfalls isoliert. Mit zwölf oder dreizehn sei er immer im Military-Aufzug herumgelaufen, er galt damals als rechthaberisch, aufbrausend, »ist einem hinterhergelaufen und hat einen vollgequatscht«. Später sei ihm ein Tankstellenverbot angedroht worden, weil er mit seinem Auto immer an die Zapfsäule herangebraust sei, so schnell, dass sogar die Reifen gequietscht hätten. Wolfgang P. habe dann als Vermögensberater gearbeitet. Einmal sei er in einen Autounfall verwickelt gewesen. »Das wird teuer!«, habe er dann gerufen, denn er müsse geschäftlich doch dauernd in die »DDR«. Im Frühjahr 2012 eröffnet Wolfgang P. eine Kampfsportschule, doch es scheint nicht so recht zu laufen, der heute 51-Jährige bildet sich fort, erlernt den fernöstlichen Kampfstil Wing Tsun, wird mit der höchsten Trainerlizenz ausgezeichnet, bildet Gewaltprävention an, doch es läuft immer noch nicht so recht. Zu dieser Zeit trennt sich auch seine zweite Ehefrau von ihm, sie hat thailändische Wurzeln, seine Skatkumpels sagen, dass er danach ausländerfeindlich und generell etwas seltsam geworden sei.

Private Probleme und Geldprobleme, Frust, das Gefühl von Machtlosigkeit: Das ist die toxische Mischung, aufgrund derer viele Menschen zur Reichsideologie finden. Mütter, die Ärger mit dem Jugendamt haben, werden mit der Behauptung geködert, dass die Behörde nur das Ausführungsorgan einer faschistischen Staatssimulation sei, Mittelständlern, die vor der Insolvenz stehen, wird von den Reichsbürgern erklärt, dass die Ämter eigentlich Firmen seien und Polizisten, Gerichtsvollzieher, Finanzbeamte ja wohl kaum zufällig nur »Dienstausweise« besitzen anstatt »Amtsausweise«. Why do bad things happen to good people? Die Reichsbürgerideologie weiß darauf eine Antwort: Wegen dieses Staats, der ja eigentlich gar kein Staat ist und der von sinistren Mächten gelenkt wird. Man darf sich plötzlich als Inhaber eines Sonderwissens fühlen: »Das weiß ja sonst keiner, dass ›Personal‹ laut Duden Dienerschaft bedeutet! Alles Deppen da draußen, die sich zum Obst der Woche machen, nur ich nicht!«

Wie für alle Verschwörungstheorien gilt natürlich auch für die Reichsideologie, dass sie Sinn und Gemeinschaft stiftet und Identität schafft. Und dann gibt es sie natürlich wirklich, wie Sie und wir aus leidvoller Erfahrung wissen: unnachgiebige Behörden, unfaire Sachbearbeiter, überkorrekte Beamte, schikanierende Polizisten, Missverständnisse, Fehler, schlechte Tage,

Nervkram. Und wenn manches davon zur falschen Zeit zusammenkommt, dann kann es schon mal passieren, dass Menschen meinen, der Staat hätte sich gegen sie verschworen. Zudem wird die Welt da draußen ja auch immer komplizierter, es gibt Widersprüche und Ambivalenzen und man blickt einfach nicht mehr durch. Zu glauben, die BRD sei eine GmbH und werde von der NWO gesteuert, macht vieles einfacher.

Ab März 2015 beginnt Wolfgang P. dann wie wild zu facebooken: Waffenpropaganda, tiefschürfende Sinnsprüche, rührselige Kettenbriefe, Finanzamt-Austrittserklärungen, irgendwas vom Kopp-Verlag, irgendwas vom Börsenmakler Dirk Müller, Videos von Russia Today, Parolen gegen das transatlantische Abkommen TTIP oder Genpatente, Posts von Sahra Wagenknecht und der ZDF-Kabarett-Sendung »Die Anstalt«. Auf Youtube betreibt er den Kanal »Frankenfrei«, hier sieht man, wie er sich mit Polizisten und Gerichtsvollziehern streitet, in einem Video beginnt er laut herumzuschreien: »Sie stehen nicht auf dem Boden des Grundgesetzes in der Fassung von 1949!« Da hat er schon längst eine gelbe Linie um sein Haus gezogen, am Fenster hängt nun ein großes Wappen, schwarz und weiß ist es und recht kitschig, es sieht aus wie diese Wappen, die man manchmal in Computerspielen oder Filmen sieht und die so sehr nach Wappen aussehen, als müssten sie jedem beweisen, dass sie auch wirklich Wappen sind. Auf dem Wappen von Wolfgang P. sind dann auch echte Wappentiere zu sehen: zwei fein gepinselte Löwen und zwei Paar mächtige Adlerschwingen.

Am 9.10.2016 teilt P. auf Facebook einen Beitrag mit den Worten: »Es ist besser, eine Waffe zu haben und sie nicht zu brauchen, als eine Waffe zu brauchen und keine zu haben.« Zehn Tage später kommt es bei seinem Haus zu der Schießerei, bei der zwei Polizisten schwer verletzt werden, der 32-jährige Polizeihauptmeister Daniel E. stirbt am nächsten Morgen.

Als wir kurz nach den tödlichen Schüssen an seinem Haus stehen, hängt das Wappen immer noch am Fenster. Die Eingangs-
türe ist mit schweren Spanplatten zugenagelt. Als wir uns das
Wappen etwas näher ansehen wollen, eilen aus dem Nichts
plötzlich zwei Polizisten herbei und machen uns mit Nachdruck
darauf aufmerksam, dass wir Deppen gerade dabei sind, in einen
Tatort hineinzulatschen.

DER NÄCHSTE BREIVIK?

Nach den tödlichen Schüssen von Georgensgmünd äußert der
brandenburgische Verfassungsschutz die Befürchtung, dass
sich die hiesige Szene die rechtsextremistischen, bewaffneten
Milizen in den USA zum Vorbild nehmen könnte, um dann zum
militanten Kampf gegen den Staat überzugehen. Die Milizbewegung wuchs vor allem in den 90ern und ist stark mit dem Patriot
Movement verbunden, das auch als »Antigovernment Movement« bezeichnet wird. Über diese Szene schreibt der Journalist
William T. Vollmann 1996 in einer Reportage: »Diese Geschichte ist eine lange Parabel über Selbstverteidigung. Die Menschen,
von denen ich berichtet habe, waren vor allem wütend und bitter
und voller Angst vor der Zukunft.« Viele der Menschen, auf die
er traf, waren gegen Schwarze, Asiaten und Juden, aber auch
gegen das Militär und die Polizei, manche sahen sich durch die
Steuerbehörde und die Gerichte bedroht.

Bei allen Unterschieden zwischen US-amerikanischen Milizen und deutschen Reichsbürgern: Beide Gruppen nutzten
und nutzen Verschwörungstheorien, um der – tatsächlichen
oder nur gefühlten – Ohnmacht von Menschen einen Sinn zu
verleihen. Und: In beiden Gruppen spielen Begriffe wie Freiheit, Souveränität und Widerstand eine herausragende Rolle.

Logisch, dass US-amerikanische Milizen gleich zu Beginn im Internet präsent waren, das 1996 vom ehemaligen Grateful-Dead-Sänger John Perry Barlow am Rednerpult des Weltwirtschaftsforums in Davos mit viel Pathos für unabhängig erklärt worden war: »Regierungen der industriellen Welt, ihr müden Riesen aus Fleisch und Stahl, ich komme aus dem Cyberspace, dem neuen Zuhause des Geistes. Als Vertreter der Zukunft bitte ich euch aus der Vergangenheit, uns in Ruhe zu lassen. Ihr seid nicht willkommen unter uns. Ihr habt keine Souveränität, wo wir uns versammeln.«

Hier, im Cyberspace, konnten die Milizionäre also endlich frei sein und vor der Machtübernahme zionistisch-kommunistischer Regime, der Diktatur multinationaler Bankiers und den Illuminaten warnen. Außerdem wurde den Usern dringend dazu geraten, schon mal Waffenlager anzulegen, Nahrung zu horten und den Nahkampf zu trainieren. Am 19. April 1995 verübt Timothy McVeigh, der zum Umfeld der Milizbewegung gehörte, einen Bombenanschlag auf das Murrah Federal Building in Oklahoma City, bei dem 168 Menschen ums Leben kommen, darunter 19 Kinder. Einige Monate vorher hatte er die Area 51 besucht, es gibt Hinweise darauf, dass er unter anderem an die Verschwörungstheorie glaubte, die US-Regierung verheimliche die Existenz von Ufos.

Die Frage, was die BRD denn nun genau sei, dominierte wenig überraschend den gesamten Bundestagswahlkampf 2020. Die Parteienlandschaft sortierte sich da schon längst nicht mehr anhand der klassischen Koordinaten »links« und »rechts«, vielmehr gab es auf der einen Seite die »Souveränisten«, die die Existenz der BRD infrage stellten, und den sogenannten »Grundgesetzblock«, der vor allem aus den beiden einstigen Volksparteien und der FDP, den Grünen und der Linken bestand. Bei der Bundestagswahl hatte der Grundgesetzblock, vor allem dank der »ewigen Kanzlerin« Angela

Merkel und gewaltigen Spendengeldern aus ominösen Quellen,
noch eine knappe Mehrheit erringen können, doch nun, nach
einem halben Dutzend verlorener Landtagswahlen, entschloss sich
Merkel zu einer Kurskorrektur um 180 Grad, so wie sie es in den
letzten 18 Jahren schon so oft getan hatte.

Ein Aktivist der Seite »Sonnenstaatland« glaubt, dass es jetzt schon in der Szene »den nächsten Breivik« geben könnte, manche Reichsbürger würden ihn in ihrer Radikalität an Islamisten erinnern. »Sonnenstaatland« ist eine Internetseite, die seit 2012 existiert. Anfangs setzt man sich hier satirisch mit der Reichsideologie auseinander, dann wird es ernster, man beginnt die Szene zu beobachten, und zwar schon zu einem Zeitpunkt, als wir und viele andere Reichsbürger noch als harmlose Spinner abtun. Auf Sonnenstaatland.com werden seither akribisch Informationen zusammengetragen über die verschiedenen Gruppierungen und Personen. Entstanden ist daraus unter anderem ein 400-seitiges Buch über die Szene.

Das ist das Gute am Internet: Es produziert zwar eine Menge Bullshit, aber gleichzeitig auch eine Menge Bullshit-Antidot. Nirgendwo kann man schneller Bullshit verbreiten als im Netz – und nirgendwo kann über Bullshit schneller aufgeklärt werden. Wolfgang P. hatten die Sonnenstaatler schon lange auf dem Schirm, bevor er die tödlichen Schüsse abgab, und am Tag der Schießerei konnte man hier sehr viel schneller etwas über den mutmaßlichen Schützen erfahren als in der Presse. Die Köpfe hinter dem Sonnenstaatland halten sich gerne im Hintergrund, sie wollen nicht, dass ihre Namen öffentlich werden, erst nach den tödlichen Schüssen von Georgensgmünd haben sie sich dazu durchringen können, überhaupt mit Journalisten zu sprechen. Beim Sonnenstaatland aktiv sind vor allem Beamte, Anwälte, Jurastudenten, aber auch einige Leute, deren Angehörige sich von der Reichsbürgerideologie haben einlullen lassen, erzählt man uns. Reichsbürger, hier werden sie nur Reichsdeppen, Staatendoofe oder Reichsirre genannt.

Wir treffen einen bayerischen Sonnenstaatler und fahren mit ihm durch das oberbayerische Voralpenland. Ein kerniger und kluger Ur-Bayer ist das, mit breitem Dialekt, einer, der »seine Bergerl« liebt und schon seit 2007 im Internet über die Reichsbürger aufklärt. Auch (oder gerade) hier, wo Bayern bayerischer ist als nirgendwo sonst, gibt es Reichsbürger, Selbstverwalter und Souveränisten. Die »Heimatgemeinde Chiemgau« fragt auf ihrer Seite: »Wollen Sie weiterhin verwaltet werden, oder wollen Sie als freies, geistig sittliches Wesen menschlicher Natur selbstbestimmt leben?« Die Gruppe gibt eigene Nummernschilder heraus mit der Aufschrift »MENS-CH« und träumt von einem unabhängigen Chiemgau.

Laut Medienberichten bekommt man bei der Heimatgemeinde Chiemgau Postkarten, auf denen statt einer Briefmarke die Worte »gebührenfreie Kriegsgefangenenpost« stehen. Das ist noch so einer der ganz ausgefuchsten Schlaubi-Schlumpf-Reichsbürgertricks: Laut der Haager Landkriegsordnung von 1899 wird Post, die von Kriegsgefangenen verschickt wird oder für sie bestimmt ist, portofrei versendet. Deswegen sind auch heute noch manche Briefe vom Deutschen Roten Kreuz oder vom Volksbund Deutsche Kriegsgräberfürsorge portofrei. Für die Post von Privatpersonen gilt das aber nicht, Beschwerdebriefe und Hasspost an uns müssen Sie also leider schon frankieren. Und nein, da nützt es auch nichts, die Postleitzahl in eckige Klammern zu schreiben, wie gelegentlich in der Szene kolportiert wird.

DIE JENNERWEIN-MENTALITÄT

Wir fahren vorbei an urigen Bauernhöfen und malerischen Seen, Wahnsinn, wie schön es in Bayern ist, es ist so schön hier in diesem Chiemgau, dass wir es sogar ein wenig verstehen können, wenn einige Leute hier mit dem Rest des Landes nichts mehr zu tun haben wollen und ihr eigenes Ding machen. Wir drücken uns die Nase an der Autoscheibe platt, während unser Ur-Bayer erzählt, dass man es in der Szene oft mit gescheiterten Existenzen zu tun habe, es seien auch nicht gerade wenige Betrüger mit dabei, die früher irgendwelche Schneeballsysteme aufgesetzt haben und jetzt halt in Reichsbürgerkram machen. »Früher, da haben die Leute an Religionen geglaubt, aber die ziehen nicht mehr, und auch der ganze New-Age-Kram ist nicht mehr so angesagt. Also suchen sich die Leute etwas Neues, an das sie glauben können. Und manche glauben dann halt an die BGD GmbH«, meint er, während er die Fenster herunterfahren lässt, um noch mehr von der reinen, bayerischen Bergluft abzubekommen, die wir begierig einatmen, weil wir uns sicher sind, dass sie so gesund ist, dass jeder Atemzug unsere Lebenserwartung mindestens um acht Jahre verlängert.

Reichsbürger zu sein, das werte oftmals die eigene Identität auf: Vorher war man noch ein kleines Licht, ein grauer Angestellter, ein erfolgloser Mittelständler, ein mäßig talentierter Vertreter, und bäm! Dann ist man plötzlich jemand! Jemand, der sich mit der BRD anlegt und all ihren verkommenen Organen, einer, der sich nicht unterkriegen lässt, einer, der es mit einer Übermacht aufnimmt, Widerstand leistet und dem vielleicht sogar ein paar Menschen folgen.

Und natürlich sieht man sich im Recht: In Russland gibt es die weitverbreitete Verschwörungstheorie, dass der amerikanische Botschafter die russische Verfassung geschrieben hat.

Deswegen muss man sich auch nicht an Gesetze halten, ein Rechtsbruch ist die Wiederherstellung der natürlichen Ordnung und wird zu einem patriotischen Akt. Ganz ähnlich ist das auch bei den Reichsbürgern, und so lässt sich auch erklären, warum Wolfgang P. und Adrian Ursache in der Szene als Helden gefeiert werden. Der Ur-Bayer vom Sonnenstaatland nennt das »Jennerwein«-Mentalität, nach dem legendären Wilderer Georg Jennerwein, so etwas wie der Robin Hood Bayerns. Oscar-Movie, letzter Teil:

Alle Fernsehsender verkündeten eine Programmänderung, um die Rede der Kanzlerin live zu übertragen, auf den Live-Streaming-Portalen im Internet wurden neue Zuschauerrekorde vermeldet, manche Großstädte, vor allem jene natürlich, in denen die Souveränisten eine Mehrheit hatten, ließen Straßen absperren und stellten gigantische Leinwände auf, vor denen sich Hunderttausende Bürger versammelten. Um Punkt 20 Uhr war es dann so weit: Die sichtlich gealterte Kanzlerin erschien auf den Monitoren, und den ersten Zusehern fiel da schon auf, dass dort, wo an ihrem Kostüm normalerweise ein schwarz-rot-goldener Anstecker befestigt war, die Deutschlandfahne in den Farben Schwarz-Weiß-Rot erstrahlte. Dann sprach die Kanzlerin Angela Merkel jene Worte, die heute jedes Schulkind kennt und die sich eingebrannt haben in unsere Geschichte. Sie holte kurz Luft, schaute direkt in die Kamera und sagte: »Liebe Mitbürgerinnen und Mitbürger, ich spreche heute zu Ihnen, weil es meine Pflicht ist, Ihnen die Wahrheit zu sagen: Die Bundesrepublik Deutschland ist kein Staat. Die Bundesrepublik Deutschland ist eine GmbH.«

WAS, WENN DIE REICHSBÜRGER
RECHT HÄTTEN?

Das Video von Hans Fuchs kommt gut an auf Facebook, befriedigt stellt er fest, dass es alleine Mitglieder der Gruppe »Es reicht! Wir werden nur noch verarscht« 34 Mal geteilt haben. Einer der Administratoren ist ganz außer sich vor Begeisterung, weil »es sehr viel Wahrheit enthält«. Er glaube zwar nicht, dass es so kommen wird, aber er habe in letzter Zeit aufmerksam registriert, dass sich auf ntv Politiker zunehmend vor schwarz-weiß-roten Hintergründen interviewen lassen. Jaja, ist klar.

Doch Hans Fuchs interessiert sich ja eigentlich für etwas anderes. Ihn interessiert, was sich überhaupt ändern würde, wenn das, was im Video beschrieben wird, tatsächlich eintreten würde. Deswegen hat er sich die ganze Mühe gemacht und hat über zwei Stunden an dem Video herumgefummelt. Was wäre denn, wenn Merkel morgen verkünden würde, dass Deutschland tatsächlich eine GmbH ist? Klar, denkt sich Hans Fuchs am Frühstückstisch, während er versucht, mit einem großen Fleischermesser ein Loch in eine neue Dose Bärenmarke zu rammen, klar, vermutlich gäbe es erst mal neue Ausweise. Ausweise, auf denen dann BRD GmbH stehen würde oder so, mit modernem Firmenlogo. Und Merkel wäre die Vorstandsvorsitzende. Vielleicht würden auch Leute ausreisen in andere Länder, in Länder, die echte Länder sind und keine Firmen, Russland, Ungarn, Liberia, Liechtenstein, Thailand, Belize, Österreich. Vermutlich gäbe es auch einen ziemlichen Kladderadatsch, Straßenschlachten und so weiter, Barrikadenkämpfe, und vielleicht würde es einen Umsturz geben und wäre wieder Monarchie angesagt. Frédéric Prinz von Anhalt würde aus L.A. rübergejettet kommen und versuchen, hier mal wieder klar Schiff zu machen.

Vielleicht aber auch nicht, vielleicht fänden es die Leute ja gar nicht so schlimm, in einer GmbH zu leben, solange es ihnen halbwegs gut geht. »Ist doch am Ende auch egal, wer mir die Rente aufs Konto kippt. Staat, GmbH, AG, GbR, NWO, FDP, scheißegal.« Vielleicht würde sich die Deutschland GmbH um internationale Anerkennung bemühen und vielleicht würden auch andere Länder bald dem deutschen Vorbild folgen und sich auch in eine Firma umwandeln lassen, denn offenbar hat es Deutschland nicht gerade geschadet, eine GmbH zu sein: Exportweltmeister, Fußballweltmeister, gutes Bier, geiles Bruttoinlandsprodukt.

Aber, und da wird Hans Fuchs jetzt doch etwas sauer, das interessiert hier niemanden! Es wird über alles Mögliche rhabarbert, aber nicht darüber, wie so ein einschneidendes Ereignis unser Alltagsleben beeinflussen würde, was sich für ihn, den Fuchs Hans, dadurch konkret verändern und doch bitte schön hoffentlich verbessern würde. Niemand kann ihm sagen, warum es besser wäre, wieder im Deutschen Reich zu leben anstatt in der BRD, auch wenn diese BRD vielleicht eine GmbH ist. Das Einzige, was er vereinzelt zu hören bekommt, ist, dass man in einem echten Staat, der keine GmbH mehr wäre, keine Steuern mehr zahlen müsste. Aber come on!, denkt sich da Hans Fuchs, das ist doch Bullshit, wirklich ganz, ganz großer Bullshit!, in anderen Staaten, die keine Firmen sind (Russland!), müssen die Leute ja auch Steuern zahlen!

Nach zwei Tagen Nachbohren hat Hans Fuchs keinen Bock mehr: Es geht den ganzen Reichfuzzis offenbar gar nicht darum, konkret sein Leben zu verbessern, sondern ums Rechthaben, ums Rummaulen, ums Sich-als-Opfer-fühlen-Können und irgendeinen anderen Blödsinn. Und Hans Fuchs denkt sich: Wenn die BRD wirklich eine GmbH ist, dann ist sie zumindest nicht der allerschlechteste Arbeitgeber.

(._.)

Oktober 2016: Messi bezwingt quasi im Alleingang Manches-
ter City, in Rheinland-Pfalz wird ein 14-Jähriger nach einem
Bauklötzchen-Diebstahl angeklagt, und in den USA läuft alles
genau so, wie wir Profi-Politauguren es vorausgesagt haben:
Donald Trump wird die Wahl haushoch verlieren und dabei die
republikanische Partei in einen Abgrund reißen, mindestens
so groß wie der Marianengraben. Es ist ein milder Herbst, wir
sind gut gelaunt, wir sehen gut aus, wir haben ein authentisches
Video für die Rauchmelderverschwörung kreiert, das seinen
ersten Testlauf gut überstanden hat und das wir jetzt dann mal
schön ins Internet kippen werden, also um genau zu sein: natürlich nicht wir, sondern Hans Fuchs, unsere virtuelle Handpuppe,
die nur auf Facebook existiert und uns im Netz vertritt.

Doch dann ändert sich alles, denn in Georgensgmünd ge-
schieht der Polizistenmord. Ja, dass Verschwörungstheorien
gefährlich sein können, so weit waren wir vorher auch schon,
aber Georgensgmünd macht diese Tatsache auf schreckliche Art
konkret. Der Medienwissenschaftler Marshall McLuhan hat die
Atombombe mal als Ausrufezeichen der Geschichte bezeichnet.
Georgensgmünd ist für uns so etwas ganz Ähnliches: Georgensgmünd ist das (._.) unserer Geschichte, und (._.) ist das ja-
panische Emoticon für »Scham«. Denn Georgensgmünd macht
uns drastisch klar: Hey, Verschwörungstheorien sind nicht lustig
(._.)! Hey, Verschwörungstheorien sind bitterer Ernst (._.)! Und
hey, mit Verschwörungstheorien spielt man nicht (._.)(._.)(._.)!
Nach Georgensgmünd schämen wir uns für unsere Dummheit.

Wir schämen uns für unsere dumme Idee, eine Verschwörung einfach so ins Internet kippen zu wollen, ohne irgendwelche Sicherheitsmaßnahmen.

Was, wenn sich die Theorie wirklich verbreitet? (._.) Was, wenn die Leute wegen uns beim Rausreißen ihres Rauchmelders von der Leiter fallen oder Rauchmelderfirmenvertriebsmitarbeiter beschimpft oder gar bedroht werden? (._.) Was, wenn irgendwo ein Haus abbrennt, weil wir zwei Apfelsaftgesichter die Welt ja unbedingt mit noch mehr Bullshit beglücken mussten? (._.) Und was, wenn sich Rauchmelderverschwörungsgläubige irgendwann auf die Suche machen nach den Hintermännern der Rauchmelderverschwörung? (._.) Was, wenn Unschuldige mit hineingezogen werden oder einer bestimmten Gruppe die Rauchmelderverschwörung in die Schuhe geschoben wird? (._.) (._.)(._.)(._.)(._.)

Es gibt Experten, die unterscheiden zwei Arten von Verschwörungstheorien: Ereignisverschwörungs- und Systemverschwörungstheorien. Ereignisverschwörungstheorien sind, wie der Name schon sagt, Verschwörungstheorien, die sich um ein bestimmtes Ereignis ranken, wie etwa die Mondlandung oder den Kennedy-Mord. Zu Ereignisverschwörungstheorien gehört etwas, das der Internet-Erklärer Sascha Lobo mal als das Arschgeweih der Verschwörungstheoretiker bezeichnet hat: ein dahingerauntes »Cui bono?«. »Cui bono?« heißt so viel wie »Wer profitiert?« und wird als Zitat Cicero zugeschrieben. Klingt klug, weil halt lateinisch, ist aber nicht klug, sondern dumm. Denn hier werden Korrelation und Kausalität verwechselt, sprich: Nur weil zwei Ereignisse gleichzeitig auftreten, müssen sie nicht zwingend miteinander zu tun haben, das Ganze nennt sich dann Scheinkorrelation (wer beim nächsten Klassentreffen glänzen möchte, hier bitte schön, auf Latein nennt man das Phänomen »Cum hoc ergo propter hoc«).

Es gibt unzählige Beispiele für Scheinkorrelationen: Geht es nach den nackten Zahlen, ertrinken in den USA umso öfter Menschen im Swimmingpool, je öfter Filme mit Nicolas Cage erscheinen. Beides hat miteinander aber vermutlich eher wenig zu tun. Und genauso muss die Tatsache, dass 9/11 für manchen Falken in der US-Politik als Kriegsgrund kam wie bei Kriegsgrund-Deliveroo bestellt, noch lange nicht heißen, dass die US-Regierung selbst die Sprengung des World Trade Centers in Auftrag gegeben hat. Außerdem: Wenn man das »Cui bono?«-Prinzip ernst nehmen würde, dann dürften die größten Profiteure einer Verschwörung zu 9/11 vor allem diejenigen sein, die in Büchern und Vorträgen behaupten, dass 9/11 eine Verschwörung war. Und natürlich auch Leute wie wir, die Bücher schreiben, weil Leute davon profitieren, dass sie in Büchern und Vorträgen behaupten, dass 9/11 eine Verschwörung war. Was wir sagen wollen: Bei so ziemlich allem, was auf der Welt passiert, gibt es Leute, die davon profitieren, wenn man nur lange genug nach ihnen sucht. Und suchen tut man leider vor allem dort, wo man etwas finden möchte, nämlich bei Gruppen oder Organisationen, denen man ohnehin misstraut.

Neben den Ereignisverschwörungstheorien gibt es dann noch die Systemverschwörungstheorien, bei denen bestimmten Gruppen finstere Machenschaften unterstellt werden, dazu gehört der Mythos der jüdischen Weltverschwörung genauso wie die Idee, dass Echsenmenschen die Geschicke der Welt steuern.

Die von uns erschaffene Verschwörungstheorie tendiert zur Ereignisverschwörungstheorie, denn sie bezieht sich auf ein Ereignis, nämlich den realen massenhaften Einbau von Rauchmeldern. Nun sind Ereignis- und Systemverschwörungstheorien ziemlich oft miteinander verwachsen, denn irgendwer muss ja Schuld haben daran, dass die Zwillingstürme gesprengt wurden und man Kennedy erschossen hat und dass jetzt überall Krieg ist. Und irgendwer muss ja auch an dem Rauchmelderzwang schuld sein und daran, wenn jetzt bald überall Wanzen verbaut werden.

Und hier werden Verschwörungstheorien dann aufwiegelnd. Sie teilen die Welt ein in Gut und Böse, in »Wir« und »Die«, in Schwarz oder Weiß, sie verfestigen dualistische Weltbilder und fördern Menschenfeindlichkeit. Kein Wunder, dass autoritäre Staaten gerne Verschwörungstheorien in die Welt setzen, wenn sie sich daranmachen, den Rechtsstaat zu schleifen. Spätestens nach Georgensgmünd ist uns klar: Die Welt braucht gerade vieles, aber ganz sicher nicht noch eine Verschwörungstheorie. (._.)

KAPITEL 9

DIE PSYCHOLOGIE
VON VERSCHWÖRUNGS-
THEORIEN

»Ich war damals total fasziniert von den Dingen, die ich gelesen habe«, erzählt uns Marco, der Ex-Verschwörungstheoretiker, der jetzt gegen die flache Erde kämpft. »Da war plötzlich eine andere Erklärung für die Dinge in der Welt. Eine Erklärung, die nicht die offizielle ist. Das hat mich gekriegt.« Es ist ein Satz, den wir immer wieder hören, wenn wir mit Menschen aus der Verschwörungsszene sprechen. Plötzlich ist da diese Erklärung für 9/11 oder die Kondensstreifen in der Luft oder dafür, dass Schalke auch dieses Jahr nicht Meister wird. Die Erklärung muss keinen Sinn ergeben, sie muss noch nicht vernünftig ausformuliert sein, Hauptsache, es gibt eine Antwort auf die Frage: »Und wenn doch alles ganz anders ist?«

Und natürlich ist diese Erklärung der zweiten Ebene viel spannender als die offizielle Version. Sie spielt im Reich der Spekulation, wo George Bush hinter 9/11 steckt und nicht Osama bin Laden. Wo Angela Merkel ein vierdimensionales Alien ist, welches durch das Voynich-Manuskript beschworen wurde. Und wo der HSV Meister werden kann. Wir lieben Verschwörungstheorien nicht, weil wir dumm, leichtgläubig oder unaufgeklärt sind. Das Gegenteil ist wahr: Wir lieben Verschwörungstheorien, gerade weil wir aufgeklärte Mitteleuropäer sind, die nicht jeden Scheiß glauben. Seitdem uns unsere Eltern die Schultüte in die Hand drückten, haben wir immer wieder gehört: Bleib kritisch! Glaub nicht alles, was die Medien, die Politik, die Kirche und die Eltern dir sagen! Habe Mut, dich deines eigenen Verstandes zu bedienen. Überprüfe die Fakten. Und jetzt lesen wir im Internet, dass Angela Merkel Hitlers Tochter ist, und wir sollen uns nicht wenigstens mal die Argumente anhören? Vielleicht ist ja was dran?!

Auch wenn die Chance, dass es stimmt, 0,00000000002 % beträgt: Unsere Pflicht als aufgeklärte Europäer besteht doch darin, alle Seiten anzuhören. War da nicht mal im Philosophie-unterricht was mit Dialektik und so? Leider haben wir da nicht so gut aufgepasst, weil wir mit Stephanie Huber aus der 10b Briefchen hin- und hergeschrieben haben, aber an irgendwas mit These, Anti-These erinnern wir uns noch. Vielleicht haben die 9/11-Truther, die Chemtrail-Gläubigen und die Flach-Hohl-Erdler einen Punkt? Auch wenn der nur darin besteht, dass wir dringend den Physik-Unterricht an unseren Schulen verbessern sollten.

Kritisches Denken ist die Luft, die unsere Wissensgesellschaft zum Atmen braucht. Ohne kritisches Denken kein Fortschritt, keine Paradigmenwechsel, keine Quantensprünge. Aber ein Zuviel an kritischem Denken ist auch nicht gut. Wäre es ein Fortschritt, wenn morgen alle glauben, die Erde wäre flach und hohl und alle Politiker Echsenmenschen? Wir brauchen einen Konsens. Und wir müssen gute Ideen, die sich kritisch mit dem bestehenden Wissen auseinandersetzen, trennen von absurden Verschwörungstheorien. Das ist aber einfacher gesagt als getan. Im Alltag ist es schwer zu unterscheiden: Was ist kritisches Denken und was ist schon Verschwörungstheorie? Wo verläuft die Trennlinie?

SKEPSIS IST KEINE
EINBAHNSTRASSE!

Verschwörungstheoretiker nennen sich selbst natürlich nicht »Verschwörungstheoretiker«. Sie sind »Aufklärer« oder »Wahrheitssucher«. Auch Saras Vater, den wir ganz am Anfang des Buchs getroffen haben, sagt zu uns: »Verschwörungstheorie? Das ist für mich ein Kampfbegriff.« Dass der Begriff »Verschwörungstheorie« ein Kampfbegriff ist, ist leider auch nur eine weitere Verschwörungstheorie. Sie schiebt der CIA die Erfindung des Begriffs in die Schuhe, um Theorien über den Kennedy-Mord zu diskreditieren. Ein Papier von 1967 wird hier gern zitiert. Was aber übersehen wird: Der Begriff ist viel älter und hat es schon Anfang des 20. Jahrhunderts ins Oxford Dictionary geschafft.

Was Saras Vater aber meint, ist: Die Medien benutzen das Wort, um abseitige Erklärungen zu diskreditieren. Und damit hat er im Grunde recht. Denn nicht nur wird das Label Verschwörungstheorie vorschnell an alles drangepappt, was auch nur ein My von der offiziellen Meinung abweicht.

Auch das Wort »Verschwörung« liest man im Grunde nie. Dabei gibt es ja wirkliche Verschwörungen. Russische Athleten haben gemeinsam mit dem russischen Sportministerium bei den Winterspielen in Sotschi gedopt und alles vertuscht. VW hat sich mit anderen Autoherstellern verschworen und systematisch Umweltbehörden und Käufer betrogen. Die CIA hat wirklich mit LSD experimentiert, um Gedankenkontrolle zu erforschen, und dann alles vertuscht. Der Begriff »Verschwörung« wird von den Medien nur sehr selten benutzt. Stattdessen sagen wir lieber »Skandal«, »Komplott«, »Dingsbums-Gate«, »Affäre« oder ganz nüchtern: »Absprache«. Das Wort »Verschwörung«, das überlassen wir nur allzu gern den »Verschwörungstheoretikern« – es ist toxisch geworden.

Kein Wunder also, dass Saras Vater zu uns sagt: »Verschwörungstheorie? Das ist für mich ein Kampfbegriff.« Unser Sprachgebrauch, der sich um das Wort »Verschwörung« rumdrückt wie Uli Hoeneß ums Steuernzahlen, führt uns hier aufs Glatteis. Denn wenn echte Verschwörungen schon anrüchig sind, wie crazy müssen dann bitte Verschwörungstheorien sein! Deshalb begreifen sich deren Verfechter eben eher als: Aufklärer. Wahrheitssucher. Kritische Denker mit Abschluss von der Universität des Lebens. Kämpfer für das Wahre, Schöne und Gute.

Verschwörungstheoretiker wären gerne toughe Investigativreporter. Einmal wie Glen Greenwald den kompletten Abhörapparat der USA auffliegen lassen. Einmal wie Woodward & Bernstein das Lügengebäude von Richard Nixon zum Einsturz bringen. Und einmal wie Ronan Farrow Männer wie Harvey Weinstein zu Fall bringen. Investigativjournalisten sind diejеnigen, die kritisches Denken zum Beruf gemacht haben. Wenn man irgendwo die Grenze zwischen Verschwörungstheorie und gesunder Skepsis finden will, dann hier. Investigativ arbeitende Reporter haben einen siebten Sinn für Bullshit. Es kann ein Tipp sein, der sie auf die Spur setzt. Oder eine widersprüchliche Aussage. Oder ein ungutes Bauchgefühl. Wenn sich der Anfangsverdacht erhärtet, dann fangen sie an zu graben, sprechen mit Zeugen, Informanten, lesen Berichte und Memos. Und tragen irgendwann alles zusammen und schreiben alles fein säuberlich in einer großen Geschichte auf, die dann hoffentlich viele lesen. Zack, fertig, Pulitzerpreis.

Verschwörungstheoretiker glauben, dass sie auch einen siebten Sinn für Bullshit haben. Auch sie tragen Fakten zusammen, werten mitunter Tausende Stunden Videomaterial aus, sammeln Beweise und tragen irgendwann alles zu einer großen Geschichte zusammen. In der verstaubten Medienwelt wäre die vollgekritzelte Kladde mit Beweisbildern dann auf dem Schreibtisch eines Investigativreporters gelandet, der die krasse Mega-verschwörung bitte veröffentlichen soll. Und wer weiß: Wenn da was dran ist, würde es auch gedruckt werden. Heute dient die Kladde als Vorlage für ein stundenlanges Youtube-Video über das letzte Treffen der Bilderberger. Untertitelt mit den Worten: »Warum liest man da in den Medien nichts drüber?«

Der Grund, warum man dazu nichts liest: Skepsis ist keine Einbahnstraße. Verschwörungstheoretiker sind skeptisch gegen-über allem, außer ihren eigenen Ideen. Will man im Alltag Ver-schwörungstheorien einem Schnellcheck unterziehen, benutzt man am besten Ockhams Rasiermesser. Der mittelalterliche Scholastiker hat zwei Regeln aufgestellt, die heute noch gelten, will man grandiosen Quatsch von der Wahrheit unterscheiden.

Die erste Regel lautet: Von mehreren möglichen Erklärungen für ein und denselben Sachverhalt ist die einfachste Theorie allen anderen vorzuziehen.

Und die zweite: Eine Theorie ist einfach, wenn sie möglichst wenige Variablen und Hypothesen enthält und wenn diese in klaren logischen Beziehungen zueinander stehen, aus denen der zu erklärende Sachverhalt logisch folgt.

Verschwörungstheoretiker benutzen diese beiden Regeln falsch. Beziehungsweise sie benutzen nur die erste: Für sie klingt ihre Theorie immer einfach und einleuchtend. Die ein-fachste Erklärung dafür, dass man auf Fotos der Mondlandung keine Sterne sieht: »Die Mondlandung war gefakt, na klar! Muss man wissen!« Dabei ist Regel 2 die entscheidende. Der Weg zur Wahrheit führt direkt von A nach B, alle Umwege, alle Einschränkungen machen eine Theorie komplizierter und damit vermutlich weniger wahr. Bleiben wir doch kurz bei der Mond-landung. Was ist wahrscheinlicher? Dass die Amerikaner über ein Jahrzehnt Milliarden von Dollar in die Hand nehmen, Zehn-tausende Menschen einstellen, um mit dieser geballten Man-

und Woman-Power den ersten Menschen auf den Mond zu schießen? Oder: dass die Amerikaner Zehntausende Menschen beschäftigen, die nur so tun, als würden sie eine Rakete zum Mond schießen? Die statt Raketen ausgefeilte Green-Screen-Technik entwickeln, um alle zu foppen, und im entscheidenden Moment noch mit den Russen kooperieren, denn die empfangen auch das angeblich nicht vorhandene Signal vom Mond.

OCKHAMS PRITTSTIFT

Wir alle kennen Ockhams Rasiermesser noch aus der eigenen Kindheit. Wenn wir etwas angestellt hatten, präsentierten wir unseren Eltern eine ewig lange Ausrede. Mit erfundenen Freunden, erfundenen Treffen, verlorenen Geldbeuteln und verpassten Schulbussen. Dabei wussten unsere Eltern schon nach dem ersten Satz, dass hier etwas nicht stimmt. Denn die Wahrheit ist in der Regel unkompliziert. Verschwörungstheoretiker entwerfen ein elaboriertes Weltbild, mit einer Myriade Fakten, die alle angeblich zusammengehören. Statt Ockhams Rasiermesser regiert bei ihnen Ockhams Tesafilm und Ockhams Prittstift. Sie hinterfragen nicht, was bei ihren Recherchen herausgekommen ist. Das kritische Denken wird eben nicht auf die eigene Arbeit angewendet. In Geheimdienst-Ermittlungen gibt es oft das sogenannte »Red Team«. Die einzige Aufgabe dieses Teams ist es, die Ergebnisse der Hauptermittler zu überprüfen. Löcher zu finden. Fehlschlüsse aufzuzeigen. Ergebnisse auch mal zu verwerfen. Die Suche nach der Wahrheit ist ein anstrengender Prozess, bei dem man sich gern mal auch von Ideen trennen muss, die man jahrelang gehegt und gepflegt hat.

Zugegeben: Das klingt jetzt alles sehr einfach. Verschwörungstheoretiker müssen einfach mal ein bisschen mehr nachdenken, ein bisschen kritischer sein, und dann renkt sich das alles schon wieder ein. Dann leben wir bald alle im Bussibärland der Wahrheit, wo es keinen Bullshit und nur noch aufgeklärte, mündige und im richtigen Maß skeptische Bürger gibt. Aber auch das ist natürlich Quatsch. Denn das Hinterfragen und kritische Denken sind ja nur ein Teil der Gleichung.

Der Psychologe Rob Brotherton, den wir im nächsten Kapitel noch genauer kennenlernen werden, ist davon überzeugt, dass wir Verschwörungstheorien erst dann angehen können, wenn wir herausgefunden haben, wieso wir an sie glauben. Denn Verschwörungstheoretiker, das sind nicht irgendwelche Spinner, sondern wir alle. Brotherton schreibt in einem Artikel: »Alle Verschwörungstheorien und -theoretiker als verrückt zu bezeichnen ist genauso faul, wie einfach jede wilde Behauptung zu glauben. Das Schwierige ist, herauszufinden, was vernünftig und was lächerlich ist. Und das schaffen wir nur, wenn wir ehrlich hinterfragen, warum wir glauben, was wir glauben.«

Warum glauben wir also das, was wir glauben? Warum glauben die einen, dass das Halbfinale zwischen Spanien und Südkorea bei der WM 2002 verschoben wurde, und andere, dass der ISIS-Führer Abu Bakr Al-Baghdadi ein Mossad-Agent ist? Warum glauben die einen daran, dass es eine ungesunde Verquickung von Politik und Autoindustrie gibt, und andere, dass irgendwer schon längst einen Vergasermotor entwickelt hat, der nur vier Liter Benzin auf 240 Kilometer verbraucht und von den Autokonzernen bis heute unter Verschluss gehalten wird? Warum glauben die einen daran, dass der Tod von Kurt Cobain niemals ein Unfall gewesen sein kann, und andere, dass Merkel und Putin beide Mitglied derselben Freimaurerloge sind und gemeinsam gerade dabei sind, die Eine-Welt-Diktatur der Rothschilds zu errichten? Wir ahnen: Wer Verschwörungstheorien verstehen möchte, der muss die menschliche Psyche verstehen.

AUF DEM WEG
NACH BEKLOPPTHAUSEN –
VON NUMISMATIK UND
APOPHÄNIEN

Rob MacDougall ist kein typischer Historiker. Während seine Kollegen Abhandlungen über den Peloponnesischen Krieg schreiben oder sich zehn Jahre mit der Wannsee-Konferenz beschäftigen, ist Rob in erster Linie ein Nerd. Er liebt Videospiele, schreibt Bücher über die Geschichte des US-Telefonnetzes und hostet einen Podcast über eine Sitcom, die ein paar Jahre in den 70ern lief und damals schon niemanden interessiert hat. Wenn Rob sich mit einem Thema beschäftigt, dann macht er das meistens verspielt. Im Jahr 2010 erfindet er selbst ein Spiel – er nennt es »The Paranoid Style«, benannt nach dem berühmten Essay von Douglas Hofstadter.

»The Paranoid Style« hat kein Spielbrett, keine Figuren und noch nicht mal Karten. Stattdessen redet man nur miteinander – perfekt, wenn auf langen Zugfahrten mal wieder das WLAN ausfällt. Jeder der Mitspieler sucht sich eine historische Persönlichkeit aus und versucht dann, sein Gegenüber davon zu überzeugen, dass diese Person eigentlich Teil einer Verschwörung war. Nämlich Teil der Verschwörung, dass Vampire die wahren Strippenzieher des Weltgeschehens sind. Man kann das zu Hause sehr leicht nachspielen. Nehmen wir zum Beispiel Otto von Bismarck. Seine Sozialversicherung: nur dazu da, die Menschen länger am Leben zu lassen, also länger aussaugbar zu halten. Sein Bündnissystem: nur dazu da, damit junge Männer nicht in einem sinnlosen Krieg draufgehen und die Vampire mehr Frischblut haben. Die Reichsgründung: nur dazu da, das geteilte Land leichter zu kontrollieren.

Rob nannte diese Art des Faktenzurechtlegens »historische Apophänie«. Apophänie ist ein Begriff, der vom deutschen Psychiater Klaus Conrad geprägt wurde. Er meinte damit ein Phänomen, das wir auch aus dem Alltag kennen: Haben Sie schon mal gedacht, dass die Front Ihres Autos aussieht wie ein freundliches Gesicht? Oder dass der Kleiderhaken irgendwie einem boxenden Tintenfisch ähnelt? Oder die Wolke am Himmel Ihrer alten Deutschlehrerin? Apophänie ist eine Wahrnehmungsverzerrung, die wir alle täglich erleben. Unser Gehirn ist einem Zuviel an Informationen ausgesetzt – und manchmal macht es sich einfach selbst einen Reim auf die Welt. Genau dasselbe passiert bei Verschwörungstheorien. Und je mehr man hinsieht, desto mehr Zufälle existieren.

Nehmen wir einmal die 23. Eine Zahl, die oft mit den Illuminaten in Verbindung gebracht wird. Den echten Illuminaten war die 23 übrigens herzlich egal, den Eingang in die Popkultur fand die Zahl erst mit der Roman-Trilogie »Illuminatus!«. Verschwörungstheoretiker glauben trotzdem daran und suchen bis heute das Weltgeschehen fleißig nach der 23 ab. Die erste 23 findet sich schon im Datum: 11.9.2001.

Kommen Sie drauf? Es ist die Quersumme. $11 + 9 + 2 + 0 + 0 + 1 = 23$! Vermutlich sitzen jetzt manche von Ihnen da und denken: »Moment mal! Irgendwas stimmt da nicht, die Quersumme muss doch 14 sein!« Stimmt. Denn natürlich muss man »$1 + 1 + 9$« statt »$11 + 9$« rechnen. Aber solche mathematischen Feinheiten stehen auf der Suche nach der Wahrheit nur im Weg.

Es bleibt aber nicht nur beim Datum. Denn wenn man keine Zahlen mehr zum Zusammenrechnen hat, macht man eben mit Buchstaben weiter. Das W ist der 23. Buchstabe im Alphabet. T der 20. und C der 3. Zusammen ergibt das: WTC – World Trade Center! Drei Wörter mit jeweils fünf Buchstaben. (Bitte nicht nachzählen oder gar überlegen, einfach weiterlesen. Das machen Verschwörungstheoretiker nämlich auch so.) Und was ist 5 hoch 3? 125, die Anzahl der Opfer im Pentagon. Ach übrigens: Auch in diesem Buch kommt neben der Zahlt 23 auffällig oft die Zahl 29 vor. Die Quersumme der 29 ist die 11 und von da ist es ja nicht mehr weit zu 9/11. Zufall?

Verschwörungstheoretiker hören hier natürlich nicht auf. Es ist wie im Spiel von Rob MacDougall: Wenn man erst mal sucht, findet man merkwürdige Zusammenhänge – und baut sich im Laufe des Suchens neue Suchparameter. Das eigene Weltbild wird nicht nur immer enger, sondern die Verschwörung auch immer komplexer. So suchen Numerologen, die an die Macht der 23 glauben, nicht nur nach dieser Zahl. Auch die Fünf übt auf sie eine merkwürdige Anziehungskraft aus. Denn fünf ist wiederum die Quersumme von 23. Mit dieser Zahl kann man dann das gleiche Spiel wieder spielen. Am 11. September 2001 wurden vier Flugzeuge entführt. Ihre Flugnummern: 11, 93, 175 und 77. Wenn man alle Quersummen addiert, hat das Ergebnis, wie könnte es auch anders sein, die Quersumme 5. Ist man fertig mit dem munteren Addieren von Quersummen, könnte man woanders weitermachen: Wie wäre es, wenn man die 23 und die 5 in Morsecode ausdrückt und dann nach Mustern sucht? Oder damit geometrische Formen erzeugt, die – mit viel Fantasie und etwas Spucke – auf ein Satellitenbild von Ground Zero passen? Um das Rätsel zu lösen, will man ja keinen Hinweis auslassen. So blöde er auch sein mag.

Aber warum machen wir das? Warum fahren manche den ganzen Weg bis Bekloppthausen, während andere einige Haltestellen vorher aussteigen?

Räumen wir erst mal die naheliegende Antwort aus dem Weg, Verschwörungstheoretiker seien Spinner. Vollidioten, krasse Blödbommeln, die den ganzen Tag auf der Couch sitzen, RTL 2 gucken und dummen Quatsch ins Internet schreiben. Nein. Verschwörungstheoretiker sind nicht dumm. Der Bildungsgrad ist bei Verschwörungstheorien nicht entscheidend. Sie haben auch nicht einfach zu wenig Kant gelesen oder Rousseau oder was man eben sonst so liest in Bildungsbürgerkreisen. Verschwörungstheoretiker, das sind nicht irgendwelche Aluhut-Träger, sondern wir alle. Wir alle haben das Zeug zum Verschwörungstheoretiker. Es kommt nur auf die Situation an und ein bisschen auf unseren Charakter.

JETZT MACHT ALLES SINN!

Ted Goertzel war einer der Ersten, die sich wissenschaftlich mit Verschwörungstheorien auseinandergesetzt haben. Schon in den 90ern beschrieb der Soziologe das sogenannte »Conspiracy Mindset«. Die Frage, die ihn umtrieb, war: Wie wahrscheinlich ist es, dass Menschen an eine Verschwörungstheorie glauben? Nehmen wir mal unsere Rauchmelderverschwörung: Wie wahrscheinlich ist es, dass jemand darauf hineinfällt? Glauben Hausmeister, die jeden Tag Rauchmelder in der Hand haben, weniger daran als andere?

Was Goertzel herausfand: Die Fakten interessieren niemanden. Der einzige Indikator für das Glauben an eine spezifische Verschwörungstheorie ist, an wie viele Verschwörungstheorien man sonst noch glaubt. Wie tief man schon im Kaninchenbau steckt. Denn wenn man an »9/11 war ein Inside Job« glaubt, dann ist die Wahrscheinlichkeit auch recht hoch, dass man an der offiziellen Version der Ermordung JFKs zweifelt. Und wenn man daran zweifelt, dann ist wiederum die Wahrscheinlichkeit groß, dass man glaubt, dass die Regierung eh andauernd lügt und bestimmt noch ganz andere Dinge auf dem Kerbholz hat.

Diese »Glaubst du eine, glaubst du alle«-Funktion von Verschwörungstheorien kann auch absurde Folgen haben: In Studien hat der Psychologe Viren Swami herausgefunden, dass Menschen, die daran glauben, dass Prinzessin Diana ermordet wurde, auch daran glauben, dass sie ihren Tod nur vorgetäuscht hat. Diana ist also Schrödingers Katze der Verschwörungstheorien: gleichzeitig tot und lebendig. Verschwörungstheorien stehen nie für sich alleine, sie stehen immer im Kontext zu anderen Fakten, zu anderen Theorien. Und glaubt man irgendwann an alle – so wie Oberverschwörer David Icke, den wir später noch genauer kennenlernen werden –, dann landet man zwangsläufig bei einer Weltverschwörung.

Glaubt man an Verschwörungstheorien, dann gehen damit auch Annahmen über die Welt einher. Zum Beispiel: »Nichts ist so, wie es scheint« oder »Irgendjemand hat immer finstere Absichten« oder »Die da oben machen doch eh, was sie wollen«. Es sind Annahmen, die irgendwann zu unserer Persönlichkeit gehören und unsere Sicht auf die Welt verändern. Der Psychologe Rob Brotherton setzt den Glauben an Verschwörungstheorien deshalb in eine Reihe mit anderen Charaktereigenschaften wie Impulsivität oder Gewissenhaftigkeit. Er meint: Der Verschwörungsglaube ist eine Charaktereigenschaft, die bei jedem unterschiedlich ausgeprägt ist. Einige glauben an jede Verschwörungstheorie, die nicht bei drei auf den Bäumen ist. Andere glauben an gar keine. Die meisten von uns sitzen irgendwo in der Mitte, haben hier und da einen Verdacht, dass etwas nicht mit rechten Dingen zugeht. Ob das mit Barschel wirklich alles so war, wie es hieß? Ob die CIA wirklich nichts mit der Ermordung JFKs zu tun hatte? Ob Christian Lindner wirklich faktische Gründe für das Ende der Jamaika-Verhandlungen hatte?

Verschwörungstheorien sind also irgendwie Typ-Sache, aber wie bei anderen Charaktereigenschaften hilft die Umwelt mächtig mit, diesen Typ erst herauszubilden. Was sind also die Faktoren, die uns erst zum Verschwörungstheoretiker machen?

Kontrolle scheint einer der Schlüsselfaktoren zu sein. In unserem Alltag haben wir gern das Gefühl, in Kontrolle zu sein. ICH entscheide, ob ich mir morgens Nutella oder Marmelade aufs Brot schmiere. ICH entscheide, ob ich zur Arbeit laufe oder den Bus nehme. ICH entscheide, ob ich den Feierabend mit meinen Kollegen bei einem Bier verbringe oder alleine mit einer Tüte Flips vor dem Fernseher. Das Dumme ist nur: Über viele Bereiche unseres Leben haben wir eben doch keine Kontrolle. Ich kann mich zwar morgens dafür entscheiden, heute nicht zur Arbeit zu gehen, aber wenn ich das jeden Tag tue, hab ich irgendwann keinen Job mehr. Und ohne Job keine Wohnung. Ohne Wohnung kein Nutella, keine Marmelade und keine Tüte Flips. Aber auch in unseren Jobs ist persönliche Entfaltung eher eine Seltenheit: Wenn der Chef unsere Vorschläge nicht hören mag, unsere Ideen gering schätzt und unseren Fähigkeiten nicht vertraut, dann läuft unser Leben wie auf Schienen, die jemand anders für uns gelegt hat. Das Gefühl zu haben, die Hauptrolle im Film des eigenen Lebens zu spielen, ist entscheidend für die eigene Zufriedenheit. Psychologen nennen dieses Gefühl Selbstwirksamkeit: Ich mache etwas, und die Welt reagiert tatsächlich auf mich.

DER MÄRCHENONKEL IM KOPF

Wenn dieses Gefühl vorhanden ist, dann kann uns das Chaos der Welt da draußen nichts anhaben: Ich verpasse morgens auf dem Weg zur Arbeit die U-Bahn? Kein Problem, nehm ich eben die nächste. Meine Kollegin Lisa hat Geburtstagskuchen mitgebracht, aber ich bekomm leider kein Stück? Macht nix, pas-

siert halt. Meine Firma muss 30 % der Belegschaft entlassen? …
Ooookay. Das ist schlimm, aber mich wird es sicher nicht treffen. Und wenn doch: Ich finde sicher was Neues. Menschen, die in ihrem Alltag Selbstwirksamkeit erfahren, finden: Die Welt ist ein chaotischer Ort, mit tollen und weniger tollen Zufällen, aber ich habe mein Schicksal selbst in der Hand.

Wenn dieses Gefühl aber fehlt, dann erscheinen die kleinen alltäglichen Zufälle in einem ganz anderen Licht. Dann WILL irgendjemand nicht, dass ich die U-Bahn noch bekomme. Lisa WILL nicht, dass ich ein Stück Geburtstagskuchen esse, und wenn ich so darüber nachdenke: Letzte Woche hat sie mich schon so komisch angesehen und sich dann zu Kathrin gedreht und dann haben die beiden gelacht. Lisa, du blöde Kuh! Und natürlich WILL mein Chef, dass ich nicht mehr hier arbeite. Wahrscheinlich wurde er von Lisa aufgehetzt, ich bin denen allen zu unbequem, ich stelle nämlich die richtigen Fragen. Wartet nur, bis ich hier raus bin, ich werde dieses ganze Ding hier auffliegen lassen!

Das ist natürlich übertrieben. Aber unser Gehirn funktioniert nun mal so. Wir leben in Geschichten. Es gibt kein Entrinnen. In unserem Kopf sitzt ein Märchenonkel, der alle Sinneseindrücke, alle Erfahrungen zu einer zusammenhängenden Erzählung zusammenpuzzelt – und wir sind der Held. Dieser Märchenonkel ist aber nicht unbedingt rational: Läuft alles super für uns, dann sagt er, dass wir eine Glückssträhne haben, die vielleicht bald vorbei ist. Läuft es gerade schlecht, muss es dafür doch einen Schuldigen geben. Unser Gehirn ist darauf programmiert, hinter allem einen Sinn und eine durchgehende Geschichte zu sehen. Zufälle gibt es hier nicht, wir nennen es stattdessen lieber Schicksal. Der Glaube an gutmütige oder böse Mächte, er ist für uns die einfachste Art, mit dem Chaos der Welt umzugehen.

Und hier schließt sich der Kreis zur Selbstwirksamkeit: Denn habe ich in meinem Leben bislang wenig selbst bestimmen können, dann gibt mein Gehirn nicht mir die Schuld, sondern anderen. Der Lehrer, der mich damals schon immer auf dem Kieker hatte. Die Eltern, die lieber ferngesehen haben, statt mit mir zu lesen. Die erste Freundin, die nie an mich geglaubt hat. An all diesen Sachen kann natürlich was dran sein, aber interessant wird es erst, wenn das Gehirn all diese kleinen Enttäuschungen zu einer großen Erzählung zusammenstrickt. Wir sind der Underdog, geknechtet von unserer Umwelt, klein gehalten, um ihrem Willen Folge zu leisten. Die Geschichte in unserem Kopf verändert sich. Das Märchen hört auf, und wir landen im Herrn der Ringe. Wir sind Frodo, der ganz alleine gegen die Orks aus Mordor kämpfen muss. Gegen einen beinahe übermächtigen Feind. Gut, dass es das Internet gibt, denn hier finden wir noch ein paar Frodos, die sich unserem Kampf anschließen wollen.

Der Psychologe Daniel Sullivan hat mit seinen Kollegen diesen Geschichten-Erzählmodus unseres Gehirns auf die Probe gestellt. Und zwar, indem sie die Selbstwirksamkeit ihrer Probanden manipulierten. Zwei Gruppen bekamen einen Fragebogen. Gruppe 1 wurde gefragt, wie viel Kontrolle sie über folgende Ereignisse haben: »Ein Familienmitglied wird krank«, »Eine Naturkatastrophe zerstört mein Haus« und »Ich bekomme eine Lebensmittelvergiftung«. Ziel war es, dass die Probanden aus Gruppe 1 sich eingestehen, dass sie über viele Dinge in ihrem Leben eben keine Kontrolle haben. Dass die Welt chaotisch ist. Dass wir im Alltag all die Dinge, die passieren können, gerne mal vergessen. Gruppe 2 wurde dagegen an all die Dinge erinnert, über die sie Kontrolle besitzen. Auch diese Gruppe bekam einen Fragebogen, nur sollten sie dort folgende Ereignisse einschätzen: »Ich bestimme, wie viel ich fernsehe«, »Ich bestimme, wen ich daten will« und »Ich bestimme, welche Musik ich höre«. Nachdem beide Gruppen so befragt worden waren, sollten sie einschätzen, wie wahrscheinlich es ist, dass die US-Wahl 2008 manipuliert wurde. Ergebnis: Gruppe 1, also die Gruppe, die den Glauben an Selbstwirksamkeit verloren hat, neigte viel stärker zu Verschwörungstheorien.

TAKE BACK CONTROL!

Bei den Verschwörungstheoretikern in der Facebook-Gruppe »Reale Verschwörungen« kann man diese Angst vor dem Kontrollverlust auch deutlich spüren. Hier wird mit Großbuchstaben in die Runde gefragt: »WORAN ERKENNT MAN SKLAVEREI?«, worauf vierzehn Punkte folgen, an denen man erkennt, dass man nur Sklave des Systems ist. Darunter zum Beispiel: »Du hast das Gefühl, nur noch zu funktionieren«, »Du musst Weisungen befolgen« oder »Du machst Dinge, die dir widerstreben«. Das Ganze mündet dann im vierzehnten Punkt: »Du fühlst dich hilflos«. Es ist eine Liste, die aus Versehen aufgebaut ist wie ein psychologisches Experiment. Jeder, der schon mal einen Ferienjob hatte, musste schon mal Weisungen befolgen. Jeder, der schon mal Windeln gewechselt hat, hat Dinge gemacht, die ihm widerstreben (zumindest, wenn das Baby aus der Phase raus ist, in der es nur Muttermilch zu sich nimmt). Und jeder hat sich schon mal hilflos gefühlt, klein, einsam und alleine. Solange das kein Dauerzustand ist, ist das normal. Dany, der studierte »Freidenker«, der das Sklaverei-Bild in die Gruppe postet, liefert den emotionalen Humus, aus dem dann Verschwörungsdenken sprießen kann. Hilflosigkeit, Kontrollverlust, fehlende Selbstwirksamkeit – je mehr man uns daran erinnert, wie klein und unbedeutend wir sind, desto bedeutender müssen die sein, die die Weltgeschicke wirklich in der Hand haben. Die Wahrheit, dass jeder von uns auf seine Art total unbedeutend ist, dass Zufälle möglich sind, damit kommt unser Gehirn anscheinend nicht gut klar.

Es liegt auch an diesem fehlenden Kontrollgefühl, dass Verschwörungstheorien oft bei unterdrückten Minderheiten auftauchen, wie neuere Studien zeigen. Je weniger Möglichkeiten zur gesellschaftlichen Teilhabe, je weniger die eigene Stimme gehört wird, desto eher glaubt man an Verschwörungstheorien. Das gilt vor allen Dingen für die Gruppen, die tatsächlich einen Grund haben, an Verschwörungen zu glauben. In den USA – dem Land, in dem die meisten Studien dazu entstanden – sind das Schwarze und Latinos. Diese glauben überproportional häufig an Verschwörungstheorien.

Es ist ein sich gegenseitig bestätigendes System, denn die weiße Mehrheit der Bevölkerung erfindet im Gegenzug immer weiter Verschwörungstheorien über diese Minderheiten: In den USA waren das früher die Deutschen, dann die Italiener, und seit dem 11. September 2001 sind Muslime die Gruppe, über die die meisten Theorien erfunden werden. Dass diese Gruppen im Gegenzug an Verschwörungstheorien glauben, liegt daher nah. Und wenn man jetzt noch die Ergebnisse von Ted Goertzel heranzieht, also dass der Glaube an eine Verschwörungstheorie dazu führt, dass man noch ganz andere Theorien glaubt, dann lässt sich erahnen, wie Verschwörungstheorien so präsent werden konnten.

Wenn Menschen dann anfangen, an Verschwörungen zu glauben, wenn sie sich hilflos, einsam und klein fühlen, muss man genau hier ansetzen und gegensteuern. Zum einen auf gesellschaftlicher Ebene: Mehr Mitbestimmung für die Bürger, bessere Jobs, mehr Kontrolle über das eigene Leben. In der Gruppe »Reale Verschwörungen« wird oft auf Hartz IV geschimpft, auf den Staat, der den Bürger unterdrücken und kontrollieren will. Vielleicht würde eine Lockerung der Sanktionen den Menschen das Gefühl zurückgeben, ihr Leben selbst in der Hand zu haben. Wenn mir eine Arbeit angeboten wird, die ich machen will und nicht meinen Qualifikationen entspricht, dann könnte der Staat das ja auch einfach akzeptieren, statt mich dafür zu bestrafen. Wär ja nur mal so 'ne Idee. Und zum anderen kann man auch im Familienkreis ansetzen: Wenn Onkel Norbert beim Weihnachtsessen nach dem dritten Glas Pinot Grigio mal wieder von Chemtrails schwafelt, dann könnte man ihn ja im vertrauten Zweiergespräch dran erinnern, dass er Tante Monikas Launen nicht ausgeliefert ist, sondern er sich ruhig scheiden lassen darf – und man ihn danach immer noch lieb hat.

Die Psychologie kann uns nicht nur helfen, Verschwörer wieder aus dem Kaninchenbau zu ziehen, sondern auch Tipps geben, wie man es erst gar nicht so weit kommen lässt. Die Frage, die Rob MacDougall mit seinem Gedankenexperiment gestellt hat, sie ist immer noch nicht gut genug beantwortet: Wie kommen wir überhaupt auf Verschwörungen? Auf welche Tricks fällt unser Hirn rein, wie leicht sind wir zu manipulieren?

KLEINE PUNKTE –
DAS INTENTIONALITY BIAS

Es war ein Animationsfilm, der die Psychologie im Jahr 1944 auf den Kopf gestellt hat. Wir fassen die Handlung des Films, wie wir sie gesehen haben, zusammen:

Eine böse alte Hexe lebt einsam und allein im Wald. Sie stapft in ihrem kleinen Häuschen umher und überlegt sich wahrscheinlich irgendwelche fiesen Zaubersprüche, mit denen sie unschuldige

Dorfbewohner piesacken kann. Da erscheinen zwei kleine Kinder vor dem Haus – ein Junge und ein Mädchen. Die Hexe macht die Tür auf, und die Kinder erschrecken: Das Mädchen, nennen wir es mal Gretel, macht einen Schritt und bleibt geschockt stehen. Die Hexe ist noch viel hässlicher als in den Märchen, die ihre Mutter immer erzählt hat. Der Junge, nennen wir ihn mal Hänsel, läuft durch die offene Tür, direkt ins Hexenhaus und versteckt sich dort. Gretel läuft einmal ums Haus und drückt sich an die Wand. Sie hält ganz fest die Luft an, ist mucksmäuschenstill. Gretel hört, wie Schritte näher kommen. Gretel drückt die Augen ganz fest zu und zählt:

21

22

23

Da scheppert es im Hexenhäuschen. Hänsel hat wahrscheinlich einen antiken Kessel umgeworfen. Es ist die Art von Kessel, die bei »Bares für Rares« noch einen schönen Hunderter cash auf die Kralle der alten Hexe geben würde. Die Hexe schäumt vor Wut.

Sie rennt ins Haus und findet dort Hänsel, der von Kopf bis Fuß mit fiesem Hexenglibber zugekleistert ist. Die Hexe ist außer sich. Sie verfolgt den kleinen, tollpatschigen Jungen quer durch ihr Knusper-Knusper-Häuschen. Der Junge ist zwar sehr tollpatschig, dafür aber sehr flink. Immer wieder entwischt er ihren langen Griffeln. Die Hexe will gerade einen Schockzauber sprechen, da entwischt ihr der Kleine durch die Vordertür. Hänsel rennt geradewegs in die Arme seiner Schwester. Die beiden schauen sich kurz an und nehmen die Beine in die Hand.

Das ist der Film, den wir gesehen haben. Andere haben den Plot so zusammengefasst: Ein Vater droht seiner Frau und seinem Kind und verfolgt sie durchs Haus. Wieder andere sagen: In dem Film geht es um eine Frau, die fremdgeht, ihre gehörnten Liebhaber und den neuen Stecher.

Sicher haben Sie gerade zwei Fragen, die Sie brennend interessieren: 1. Wieso zur Hölle gibt es in der Hänsel-und-Gretel-Geschichte »Bares für Rares«? Und 2. Wie ist es möglich, dass alle etwas anderes sehen?

Vielleicht hilft ein Standbild aus dem Film, dieses Rätsel zu klären:

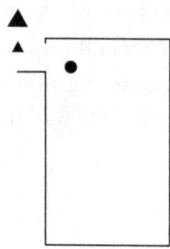

Das Rechteck, das ist das Hexenhaus. Das große Dreieck die Hexe, das kleine Gretel und der Punkt, das ist der tollpatschige Hänsel. Der Film, den Marianne Simmel und Fritz Heider 1944 ihren Probanden zeigen, ist nicht lang. In rund 90 Sekunden ist die komplette Geschichte erzählt: Wir sehen, wie das große Dreieck langsam das Rechteck verlässt. Wie das kleine Dreieck sich vom großen wegbewegt und »versteckt«. Dann rückt der Kreis ins Rechteck, das große Dreieck stößt dazu, woraufhin es das Rechteck wieder verlässt und mit dem kleinen Dreieck das Bild verlässt. Ende.

Es ist sehr schwer, allein in dieser nüchternen Beschreibung des Heider-Simmel-Films die Formen nicht zu vermenschlichen. Und genau das wollten die beiden Forscher mit ihrem Experiment herausfinden. Die Frage war: Was braucht es, um unsere Imagination zu stimulieren? Ab welchem Punkt beginnt das menschliche Geschichtenerzählen? Brauchen wir große Bühnenschauspieler, die uns Shakespeare-Monologe entgegenschmettern, oder reichen uns zwei Dreiecke und ein Kreis? Letzteres hat sich bewahrheitet. Die Heider-Simmel-Studie wurde bis heute oft wiederholt – mit dem immer gleichen Ergebnis. Wir denken uns nicht nur gern Geschichten aus, sondern anscheinend können wir gar nicht anders. Alles, was wir sehen, wird in Erzählmuster gepackt.

Unser Gehirn ist außerordentlich gut darin, hinter allem einen Sinn zu sehen, alles hat nicht nur eine externe, sondern auch eine interne Motivation. Im Fall von unserem kleinen Film bedeutet das: Wir sehen, wie sich das Dreieck vom linken oberen Rand nach unten bewegt, aber erst nachdem das große Dreieck dazugekommen ist. Unser Gehirn ergänzt automatisch: Aha, dieses kleine Dreieck, das muss doch einen Grund haben, den Ort zu wechseln. Wahrscheinlich hat es Angst. Ja, ganz bestimmt.

Wir sehen, wie das große Dreieck der Bewegung des Kreises folgt. Aha, dieser Kreis läuft weg. Mein Gott, dieses große Dreieck ist aber auch echt ein Arsch, erst jagt es das kleine Dreieck weg und jetzt noch den Kreis!

Die Originalaufnahme vom Heider-Simmel-Experiment findet man inzwischen auf Youtube. Und in den Kommentaren finden wir heute genau die Dinge, die die Probanden damals auch gesagt haben. Nur in etwas robusterer Sprache:

»Alter, dieses Dreieck ist so ein Arschloch!«

»Kreis, du bist so ein scheiß Feigling!!«

»Der besoffene Vater mag den neuen Freund der Tochter nicht!«

Diese Effekte wollten Heider und Simmel natürlich erreichen. Ihr Film war darauf angelegt, uns zum Geschichtenerzählen zu bringen. Die Sensation besteht darin, dass sie herausgefunden haben, wie wenig wir brauchen, um dorthin zu kommen. Wir sehen sehr schnell hinter allem einen Grund. Und manchmal sehen wir einfach zu viel: In der Psychologe nennt sich so etwas kognitive Verzerrung, auf Englisch: bias. Dieser Überbegriff umfasst alle Fehlwahrnehmungen, denen wir im Alltag gerne unterliegen. Das Bias, das sich aus dem Heider-und-Simmel-Experiment ableiten lässt, nennt sich Intentionality Bias. Das bedeutet, dass wir hinter allem eine Intention sehen, obwohl die gar nicht da sein muss.

Diese Verzerrung kennen wir alle noch aus der eigenen Kindheit: Die Sonne geht unter, weil sie müde ist. Der Wind bläst, weil er mit all den hübschen Pusteblumen tanzen will. Und die Kühe geben Milch, weil sie wollen, dass wir leckeren Kaba trinken. Dieses magische Denken hört dann irgendwann auf, und wir entdecken Naturgesetze. Die Welt hört auf, magisch zu sein, dafür wird sie planbar. Bei Verschwörungstheorien schlägt dieses Intentionality Bias total durch – nur dieses Mal eben in der Welt der Erwachsenen. Habt ihr gesehen, wie oft Merkel in der Neujahrsansprache geblinzelt hat? Das macht sie doch extra, sie will irgendeinen Morsecode durchgeben! Habt ihr den seltsamen Handschlag gesehen, mit dem sich Donald Trump und Putin gerade begrüßt haben? Das ist bestimmt ein Freimaurerhandschlag! Und: Habt ihr gesehen, wie heftig der Typ auf Facebook mir widersprochen hat? Das macht er doch nur so ausführlich, weil er dafür bezahlt wird!!!

Die Psychologin Evelyn Rosset ist der Meinung, dass wir alle noch ganz tief in uns drinnen Kinder sind: Die kindliche Suche nach der Intention, die ist immer noch da und wird auch nie verschwinden. Vielmehr haben wir uns darüber ein Konstrukt aus Alltagsvorstellungen, Vorannahmen und gespeichertem Wissen gezimmert. Dieses Wissen rufen wir dann so schnell ab, dass wir nicht merken, dass unsere erste Idee kompletter Quatsch war. Diese kleine Stimme der Unvernunft wird zwar verdrängt, aber sie ist immer noch da. Evelyn Rosset und ihre Kollegen haben versucht, diese Stimme wieder hervorzulocken, und haben ein

Experiment entwickelt, das man auch zu Hause mit dem Partner mal durchspielen kann. Es geht so: Evelyn Rosset hat ihre Probanden mit Aussagen konfrontiert, denen sie entweder zustimmen oder die sie ablehnen konnten. Darunter Aussagen wie:

- Regenwürmer graben sich durch die Erde, um diese zu belüften.
- Die Sonne spendet Licht, damit Pflanzen Fotosynthese durchführen können.
- Moleküle verbinden sich, um Materie zu erschaffen.
- Die Sonne gibt Wärme, weil es ohne Wärme kein Leben gäbe.

Alle diese Fragen haben gemein, dass hier so getan wird, als gäbe es eine Intention in der Natur. Der Sonne sind die Pflanzen auf der Erde herzlich egal, sie ist ein riesiger Gasball, der glücklicherweise genau so weit von uns entfernt ist, dass Pflanzen wachsen können. Zu diesen offensichtlichen Falschaussagen hat Rosset noch ein paar Kontrollfragen gestellt und den Fragebogen dann an Probanden getestet. Wenn Sie jetzt zu Hause Ihren Partner fragen, ob die Sonne nur Licht gibt, damit die Pflanzen schön wachsen können, wird der wahrscheinlich kurz nachdenken und dann entschieden »Nein« sagen. Vielleicht noch gefolgt von einem »Samma, hast du sie noch alle?«. Evelyn Rossets Fragebogen ist aber kein billiger IQ-Test, denn der Fragebogen ist ein Teil des Experiments. Der zweite Teil ist die Fragegeschwindigkeit. Rosset hat die Fragen ihres Tests zuerst bei einer Gruppe relativ gemächlich hintereinander gestellt. Dann hat sie für jede weitere Gruppe das Tempo erhöht. Wir erinnern uns: Ihre Vermutung war, dass jeder von uns zuerst die totale Quatschantwort im Kopf hat. Dass zuerst immer das Kind in uns antwortet und erst später der Verstand übernimmt.

Evelyn Rosset lag mit ihrer Vermutung richtig. Je weniger Zeit sie ihren Probanden zum Antworten gab, desto eher stimmten sie den Quatschantworten zu. Auf die Kontrollaussagen wie »Hügel entstehen dadurch, dass Hochwasser einfriert« fielen die Probanden aber nicht herein. Diese Ergebnisse gelten übrigens unabhängig vom Bildungsgrad. In einer anderen Studie wurden ähnliche Tests mit Uni-Professoren gemacht, mit den gleichen Ergebnissen.

Was dieses Experiment zeigt: Die Stimme der Unvernunft, die ständig nach absurden Gründen für alles sucht, sie wohnt in uns allen. Und eine Verschwörungstheorie ist oft nur eine Intentions-Suche, die sich verlaufen hat. Die Intentions-Suchmaschine macht es für uns schwerer, Zufälle zu akzeptieren. Denn hinter dem »Jetzt macht alles einen Sinn!«, das man oft von Verschwörungstheoretikern hört, steht eigentlich der Satz: »Alles muss einen Sinn machen!« Wenn wir aber wissen, dass unser Gehirn uns gerne Fallen stellt, uns dunkle Gassen hinunter schickt, dann können wir die Kontrolle zurückerobern. Raus aus dem Morast des Bullshits, rein in die warme Stube der Vernunft. Wenn wir uns selbst hinterfragen, kommen wir vielleicht zu dem Schluss, dass die Welt doch komplizierter ist, als wir dachten. Dass Zufälle existieren. Und Unglücke. Und Verkettungen von unglücklichen Umständen. Dass die Welt ein chaotischer Ort ist. Dass ein Kreis manchmal nur ein Kreis ist. Und ein Dreieck ein Dreieck.

DIE TOP 5 DER
VERSCHWÖRUNGSTHEORIEN,
NO. 4: DIE IMPF-LÜGE

Eine Verschwörungstheorie, die uns im Internet immer und immer und immer wieder begegnet, ist die sogenannte Impf-Lüge. In Facebook-Gruppen tauschen sich besorgte Mütter und Väter über ein Gerücht aus, das seit Jahren auf den Spielplätzen der Nation die Runde macht: Impfen macht Kinder autistisch! Und ein Autist soll das eigene Kind ja bitte nicht werden, da hat man ja bei The Bing Bang Theory gesehen, wohin das führt. Es werden lange Facebook-Posts geteilt, die die angeblichen Beweise zusammenfassen – belegt mit Seiten, die auf URLs mit klingenden Namen wie www.allesistenergie.net oder www. erhoehtesbewusstsein.de verweisen. Im Text wird mit wichtig klingenden medizinischen Fachbegriffen wie Blut-Hirn-Schranke oder Reizübertragung auf Nervenzellen um sich geworfen, während es im nächsten Satz schon wieder um die »Propaganda-Medien« und die »Pharma-Kabale« geht. Solche Posts haben Tausende Likes und werden hundertmal geteilt.

Guatemala erlebte vor Kurzem seinen ersten Masern-Fall seit zwanzig Jahren. Der Grund: Irgendein Dödel hat sein Kind nicht impfen lassen, welches wiederum einen guatemaltekischen Touristen angesteckt hat, der das Virus zurück in sein Heimatland geschleppt hat. Berlin erlebt gerade eine regelrechte Masern-Renaissance. Dort hat sich die Zahl der Erkrankungen verdreifacht, weil die Impf-Lüge bei Prenzlberger Matcha-Latte-Muttis das Lieblingsthema ist. Gleich hinter »Ist Döneressen schon Cultural Appropriation?« und »Wie kaufe ich eine lichtdurchflutete Altbauwohnung im Einzugsgebiet guter Schulen?«.

Schuld an dem ganzen Schlamassel ist ein Mann: Andrew Wakefield. Im Jahr 1998 veröffentlicht Wakefield eine Studie, in der er einen Zusammenhang zwischen dem Impfstoff gegen Mumps, Masern und Röteln und Autismus herstellt. Seine Arbeit ist inzwischen längst diskreditiert. In einer Meta-Studie, die 120 Studien zum Masern-Impfstoff untersuchte, konnte kein Zusammenhang festgestellt werden. Andrew Wakefield wurde inzwischen die Lizenz entzogen und ein Berufsverbot auferlegt.

Keine Verschwörungstheorie zeigt so deutlich, dass Debunking zu nichts führt, wie die Impf-Lüge. Die medizinische Gemeinde hat inzwischen mit 99,99999-prozentiger Sicherheit bewiesen, dass Impfen nicht zu Autismus führt. Und trotzdem wird der Quatsch munter weitererzählt und gepostet. Weil es eben richtig klingt, ist doch wurscht, ob die Schulmedizin dagegen ist. Gegen Homöopathie haben die Herrn Doktoren ja auch was!

Was hier im Hintergrund läuft, ist der sogenannte Survivorship Bias: »Meine Mutter hatte die Masern und ist auch nicht gestorben«, hört man oft in Facebook-Gruppen. Das Problem ist nur: Wenn die eigene Mutter als Kind an den Masern gestorben ist, gibt es keine Nachkommen, die das dann auf Facebook posten können. Emotionen hin oder her – manchmal müssen wir uns einfach auf die Statistik verlassen. Und die Statistik sagt uns, dass Impfungen so ziemlich das Beste sind, was der Menschheit passieren konnte.

Andrew Wakefield hat zwar seine Approbation verloren, aber unterwegs ist er immer noch mit seiner Mär der Impf-Lüge. Im Jahr 2016 kam sein Dokumentarfilm »Vaxxed« in die Kinos – auch in Deutschland. »Der Film, von dem sie nicht wollen, dass Sie ihn sehen«, heißt es im Trailer. Mit »sie« sind wohl so Leute wie wir gemeint, Leute also, die darauf beharren, dass es besser wäre, Krankheiten wie etwa die Pocken blieben weiterhin ausgerottet. Aber wissen Sie was? Schauen Sie »Vaxxed« ruhig an, reiben Sie sich von oben bis unten ein mit dem Quatsch. Nur lassen Sie sich vorher bitte gegen Unsinn impfen.

KAPITEL 10

DIE KUNST
DES VERZERRTEN DENKENS –
NOCH MEHR BIAS

Bevor wir unseren kleinen Ausflug in die Psychologie der Verschwörungstheorien beenden und uns an einem echten Beispiel ansehen, wie der Glaube an Verschwörungen funktioniert, müssen wir noch einmal zu diesem Begriff von eben zurückkommen: Cognitive Bias, also kognitive Verzerrung. Es ist ein Begriff, der von Daniel Kahneman und Amos Tversky stammt. Ende der 60er-Jahre wollten die beiden Psychologen eine simple Frage klären: Wenn wir Menschen doch alle immer so rational sind, warum treffen wir dann so oft irrationale Entscheidungen?

Wir kennen irrationales Verhalten aus unserem eigenen Alltag: Wir setzen uns jeden Tag brav ins Auto, haben aber Flugangst. Wir überschätzen die Wahrscheinlichkeit von Terroranschlägen. Wir rauchen weiter eine Schachtel am Tag, weil: »Der Helmut Schmidt, der ist ja auch elendsalt geworden. Lebt der eigentlich noch?« Auf den Forschungen von Kahneman und Tversky baut heute nicht nur das Studienfach der Verhaltensökonomie auf, nein, sie haben auch dafür gesorgt, dass wir heute unser Denken so gut verstehen wie nie zuvor. Was eigentlich heißt: Wir wissen so viel und gleichzeitig so wenig wie noch nie zuvor. Denn inzwischen gibt es ganze telefonbuchdicke Listen mit kognitiven Verzerrungen. Von A wie »Ambiguity Effect« bis Z wie »Zero-sum Bias«. Diese Verzerrungen finden natürlich nicht alle gleichzeitig statt – vielmehr gibt es Situationen, in denen mal die eine und mal die andere Verzerrung auftritt. Und ihre Existenz bedeutet auch nicht, dass wir wie vireninfizierte Computer rumlaufen, die dauernd Fehler machen. Es bedeutet nur, dass wir nicht immer so rational sind, wie unser Gehirn uns weismachen will.

Im Fall von Verschwörungstheorien treffen verschiedene Verzerrungen aufeinander. Eine haben wir eben schon kennengelernt, das Intentionality Bias – irgendwer hat immer Schuld an irgendwas. Aber die Reihe geht noch weiter. Es gibt drei weitere Verzerrungen, die uns einen rationalen Umgang mit Verschwörungstheorien schwer machen.

PROJECTION BIAS

Da wäre zunächst die »Also wenn ich du wär«-Verzerrung; eine Verzerrung, die man nicht nur bei Verschwörungstheoretikern findet. Wir denken uns gerne in andere hinein und überlegen, wie wir wohl handeln würden. Dabei läuft unser Denken immer auf dasselbe hinaus: Der andere soll gefälligst so handeln wie wir. Das Projection Bias sagt, dass wir uns nur schwer vorstellen können, dass andere Menschen zu anderen Schlüssen kommen. Warum hat der da vorne keine Winterreifen drauf? Hat der sie noch alle, es friert doch schon ein wenig! Warum kehrt der Neue nebenan immer Samstagabend die Einfahrt? Da ist es doch schon dunkel! Warum hat der Typ im Bus neben mir schon eine Winterjacke an, es ist doch erst Oktober?! Die anderen, die machen immer was falsch, nur wir treffen immer Entscheidungen nach bestem Wissen und Gewissen.

Das Projection Bias gilt aber auch für hypothetische Situationen: Verschwörungstheoretiker glauben gerade deshalb Verschwörungstheorien, weil sie »auch so handeln würden«. Ein Beispiel: Nehmen wir an, man fragt sie, wie wahrscheinlich es ist, dass Tausende Menschen bei der NASA Schweigegeld beziehen, um den Deckel auf der Mondverschwörung zu halten. Darauf würden Verschwörungstheoretiker antworten: sehr wahrscheinlich! Und zwar weil sie die Kohle auch nehmen würden. Sie können sich nicht vorstellen, dass jemand widerstehen könnte, weil sie es selbst nicht könnten.

Diese Umkehrung führt dann auch dazu, dass Verschwörungstheoretiker, sollten sie wirklich mal was zu entscheiden haben, keine Verschwörungen aufdecken, sondern selbst welche produzieren. So war Richard Nixon zeit seines Lebens besessen von Verschwörungen. Die Juden, die Medien, die Kriegsgegner – alle wollen ihm an den Kragen. Alle waren sie Teil einer Verschwörung gegen ihn. Seine Reaktion: eine Gegenverschwörung! Die hat ihm dann schlussendlich das Genick gebrochen. Auch Hitler war natürlich Verschwörungstheoretiker. Er glaubte den »Protokollen der Weisen von Zion«, die wir schon kennengelernt haben. Er war überzeugt, dass die Juden etwas Böses im Schilde führen, weshalb man den Juden mit seinen eigenen Waffen schlagen müsse. Da bediente Hitler sich einer Idee, die Henry Ford zuerst hatte. Der meinte schon: »Die Revolution, die nötig wäre, um den mörderischen Griff zu lösen, mit dem das internationale jüdische System die Welt gepackt hält, würde wahrscheinlich ebenso radikal sein, wie es die jüdischen Methoden zur Knebelung der Menschheit waren und sind.«

Verschwörungstheoretische Tendenzen kann man ebenfalls bei Donald Trump beobachten. Er fühlt sich von den Medien verfolgt, verachtet, die »Fake News« stimmen nicht mit dem Bild überein, das er von sich im Kopf hat. Nun ist jetzt – Stand: Mitte 2018 – noch nichts passiert, was darauf hindeuten könnte, dass Donald Trump einen verschwörerischen Gegenschlag gegen die »Verschwörer« plant, aber auch hier sind die Anzeichen da. Auch bei Donald Trump ist das Projection Bias sehr stark: Warum sollte ich mich zurückhalten, wenn die anderen es doch genauso machen würden.

PROPORTIONALITY BIAS

Stellen wir uns mal folgendes Szenario vor: Eine Staubwolke legt sich über Köln, Menschen liegen sich weinend in den Armen, die Bläck Fööss spielen ein Benefizkonzert direkt auf der Domplatte, um die Helfer anzufeuern, die seit Tagen den Schutt wegräumen. Denn: Der Kölner Dom ist nicht mehr. Mitten in Deutschland fällt eines seiner größten Wahrzeichen einfach in sich zusammen. Es gibt Handyvideos von Teenagern – in einer Hand halten sie einen Konter-Döner, in der anderen das Smartphone –, die den Vorfall filmen. Erst wackelt die Erde ein wenig, dann bröckeln die gotischen Tore, Wasserspeier fallen aus 140 Metern, irgendwann wird alles schwarz. Die Teenager samt Döner und Heimweg-Bier sind in eine dicke Staubwolke eingepackt.

Was denken Sie, was hier passiert ist? Wie kann der Kölner Dom einfach so einstürzen? Ist es ein Terroranschlag? Hat der Dom keine Armlänge Abstand zu Gefährdern eingehalten? Oder hat der Einsturz des Kölner Doms andere Gründe? Wir erinnern uns nur zu gut, dass vor Jahren Teile des Kölner Stadtarchivs im Erdboden versunken sind, weil man sich beim U-Bahn-Bau verkalkuliert hat. »Statische Gründe« wird die Stadt Köln als Grund irgendwann im amtlichen Abschlussbericht angeben. Der ausgehöhlte Kölner Untergrund hat dem Gewicht des Doms einfach nicht mehr standgehalten. Der Einsturz, er war kein Terroranschlag, sondern einfach nur ein Unglück.

Die meisten werden diese einfache Erklärung nicht ganz glauben können. In unseren Köpfen sitzt die nagende Stimme, die fragt: Kann es denn wirklich so einfach gewesen sein? Diese nagende Stimme ist das Proportionality Bias. Wir glauben nämlich, dass es für die ganz großen Unglücke Erklärungen geben muss, die in der gleichen Größenordnung liegen. Das lässt sich schön anhand der Ermordung JFKs zeigen. Bis heute halten sich hier die Verschwörungstheorien, bis heute wird der tendenziöse Oliver-Stone-Film JFK, der mehr Fakten verdreht als richtig darstellt, als Filmtipp gehandelt. Und bis heute ist der Mord Teil der US-amerikanischen Popkultur – so sehr, dass Donald Trump im Präsidentschaftswahlkampf über seinen Kontrahenten Ted Cruz sagte, dass dessen Vater an der Ermordung JFKs beteiligt gewesen sei. Es gab Menschen, die das wirklich geglaubt haben. Die offizielle Version, dass Lee Harvey Oswald der einzige Schütze war, glauben die wenigsten. Es gibt telefonbuchdicke Ermittlungsakten, Hunderte Zeugenaussagen, Tausende Stunden Senatsanhörungen – und trotzdem bleibt das Gefühl, dass hier irgendwas nicht stimmt. Das Proportionality Bias fragt uns: Wie kann denn eine einzelne arme Wurst den mächtigsten Mann der Welt umbringen? Wollte die CIA Kennedy nicht einfach aus dem Weg räumen? War da nicht sogar irgendwas mit Kuba und Castro?

Nun müssen wir noch kurz eine Lanze für das Proportionality Bias brechen. Denn die Intention dahinter ist eigentlich eine verständliche. Es ist ja oft so, dass hinter den größeren Unglücken auch größere Ursachen stehen. Das Gegenteil dieser Verzerrung wäre ja auch absurd: wenn wir annähmen, dass alles schon eine harmlose Begründung hat. Dann würde man glauben, dass der Mord an russischen Journalisten keinen bösen Hintergrund hat. Und die Charlie-Hebdo-Anschläge kein IS-Terrorismus sind, sondern nur von ein paar durchgeknallten

Typen durchgeführt, die keine Satire mögen. Wie so oft verläuft die Grenze zwischen kritischem Denken und Verschwörungstheorie, zwischen »Weiter so« und Panik fließend. Wir brauchen die Stimme im Kopf, die uns sagt, dass hier gerade etwas nicht stimmt. Die uns darauf aufmerksam macht, dass nicht alle Puzzleteile zusammenpassen. Aber auch diese Stimme kann uns manipulieren und uns in eine Sackgasse schicken, in die wir gar nicht laufen wollen.

Die Psychologin Anna Ebel-Lam hat sich das Proportionality Bias experimentell vorgeknöpft. Sie hat sich dazu zwei Geschichten ausgedacht: In der ersten Version gibt es eine Explosion im Frachtraum eines Flugzeugs. Der Pilot tut sein Menschenmöglichstes, um die Maschine noch zu landen, stürzt aber ab. Alle Passagiere sterben. Diese Version wurde einer Versuchsgruppe vorgelegt. Die andere las dieselbe Geschichte, nur war das Ende anders. Statt Tod und Verderben gab's hier ein Happy End. Der Pilot konnte das Flugzeug gerade noch hochreißen und notlanden. Nach der Geschichte sollten die Probanden aus einer Liste die möglichen Gründe für die Explosion auswählen. Und genau hier schlägt das Proportionality Bias zu. Denn die Gruppe, die die Geschichte gelesen hat, die mit dem Tod aller Passagiere endete, wählte viel häufiger »Terrorismus« als Grund für die Explosion. Die andere Gruppe tat das Unglück häufiger als technischen Fehler ab. »Schlimme Dinge brauchen auch immer einen schlimmen Grund«, flüstert uns die nagende Stimme ins Ohr. Auch wenn es in der Realität gar nicht so sein muss.

Dieses Phänomen kann man auch am Mord von JFK beobachten. Hier wird die »Es war ein durchgeknallter Typ mit ner Waffe«-Theorie seit Jahrzehnten bestritten. Bei anderen Anschlägen auf Präsidenten ist das nicht so. 1981 schießt John Hinckley Jr. vor dem Hilton Hotel in Washington auf Präsident

Reagan. Sechsmal schießt Hinckley, beim fünften Mal trifft er das Panzerglas der Reagan-Limousine. Die Kugel prallt ab und verletzt den Präsidenten schwer. Hinckley, ein psychisch kranker, gescheiterter Musiker, wird später sagen, dass er mit seiner Tat die Schauspielerin Jodie Foster beeindrucken wollte. Denn die hatte in seinem Lieblingsfilm Taxi Driver mitgespielt, in dem auch ein Typ durchtickt und auf einen Politiker ballert. Reagan wird überleben und John Hinckley Jr. wird am 10. September 2016 aus einer 35-jährigen Sicherheitsverwahrung entlassen.

Um das Reagan-Attentat ranken sich bis heute kaum Verschwörungstheorien. Oliver Stone hat keinen Film über Hinckley gedreht. Für alle scheint klar: Hinckley war krank, alleine und einsam. Die Erklärung war proportional zum Verbrechen.

CONFIRMATION BIAS

In seinem Buch »Suspicious Minds« über die Psychologie von Verschwörungstheorien gräbt Rob Brotherton ein altes Experiment aus. Erfunden wurde es von Peter Wason und geht so: Wason stellt seine Studenten vor die Aufgabe, den Code hinter einer Zahlenreihe zu knacken. Er gibt nur einen Hinweis: Die Zahlenreihe 2, 4, 6 passt in das Schema. Seine Studenten können jetzt unbegrenzt viele Zahlenfolgen ausprobieren, bevor sie bei Wason ihren endgültigen Tipp abgeben müssen.

Spielen wir das mal mit Ihnen durch. Sie nehmen wahrscheinlich an, dass die Lösung »immer das Letzte plus 2« ist, also »$y = x + 2$«. Dann testen Sie Ihre Hypothese: Sie fragen also, ob »10, 12, 14« auch zum Code passt.

Jupp.

»26, 28, 30?«

Jepp.

»38, 40, 42?«

Jipp.

»80, 82, 84?«

Japp.

Und weil Sie ganz auf Nummer sicher gehen wollen, sagen Sie noch:

»2084, 2086, 2088?«

Jopp. Jetzt glauben Sie die Antwort zu haben. »Es kann ja gar nichts anderes sein als ›y = x + 2‹«, murmeln Sie in sich hinein, Sie altes Genie.

»y = x + 2« ist aber falsch. Der wirkliche Code hinter der Zahlenfolge ist: Die nächste Zahl muss größer sein als die davor. So einfach ist das.

Aber warum werden hier so viele aufs Glatteis geführt? Die Antwort: wegen des Confirmation Bias. Diese Verzerrung beschreibt unsere Tendenz, die Informationen überzubewerten, die unser bisheriges Weltbild verstärken. Er bringt uns nicht nur dazu, weiter an Quatsch zu glauben, auch wenn schon längst Beweise für das Gegenteil da sind. Er verhindert sogar aktiv, dass wir nach Beweisen für das Gegenteil suchen, denn in unserer Welt ist ja noch alles paletti. Das Confirmation Bias ist der Todfeind der wissenschaftlichen Methode. Wie wir in Kapitel 6 schon gelernt haben, muss jede wissenschaftliche Theorie falsifizierbar sein. Forscher müssen die Bedingungen angeben, die ihre Überlegungen nichtig machen. Auch wenn der schwarze Schwan nicht gefunden wird, man muss immerhin darüber nachdenken, dass es ihn geben könnte. Das ist in dem Beispiel von Peter Wason nicht passiert. Die Hypothese »immer zwei mehr als vorher« wurde nur so getestet, dass positive Ergebnisse herauskommen. Negativ-Ergebnisse wurden nicht abgefragt. Allein die Frage »Ist die Reihenfolge ›1, 2, 3‹ dabei?« hätte das komplette Denkgerüst zum Einstürzen gebracht.

Bei Verschwörungstheorien führt das Confirmation Bias zu spektakulären Denkverrenkungen, sorgt er doch dafür, dass wir nur noch die Informationen an uns ranlassen, die unser Weltbild ohnehin bestätigen. Nehmen wir an, wir glauben an eine der historisch folgenreichsten und antisemitischsten Verschwörungstheorien überhaupt: die jüdische Weltverschwörung. Laut dieser Verschwörung stecken Juden hinter all dem Übel der Welt. Krankheiten, Armut, Hunger – Juden sind schuld. Der Schlimmste von allen ist natürlich George Soros. Der Milliardär setzt sich seit Jahren für mehr Demokratie und freien Handel in ehemaligen Sowjetrepubliken ein. Um diese Ziele zu erreichen, stattet er seine Stiftung, die Open Society Foundation, mit jeder Menge Geld aus, damit die vor Ort Politik und Gesellschaft beeinflusst. So lautet zumindest die nicht verschwörerische Version von Soros' Handeln. Verschwörungstheoretiker vermuten hinter dieser Stiftung den Leibhaftigen: Soros will uns alle unterjochen.

Das Confirmation Bias setzt genau hier an. Denn bei jemandem, der an die jüdische Weltverschwörung glaubt, wird jede neue Information brav ins Verschwörungskästchen im Kopf sortiert. In Alabama wird der republikanische Kandidat nicht gewählt? Da steckt doch Soros dahinter! In den USA wehren sich Schwarze gegen Polizeigewalt? Bestimmt der Soros! China erlebt einen Mini-Börsencrash? SOROS! Proteste gegen Putin? SOROS!! Dieses Spiel lässt sich ewig so weiterspielen. Wer einmal daran glaubt, dass George Soros in seiner Macht irgendwo zwischen Jesus und Gott steht, der packt jede Information ins Soros-Kästchen.

Das Confirmation Bias ergänzt sich auch sehr gut mit dem Hindsight Bias. Nehmen wir mal die gescheiterte Wahl von Roy Moore. Sie erinnern sich: Roy Moore war der republikanische Senatskandidat in Alabama, der wegen Pädophilie-Vorwürfen

nicht gewonnen hat und am Wahltag mit dem Pferd zur Stimm-
abgabe ritt. Hier gab es kurz nach den Vorwürfen die ersten Verschwörungstheorien: Soros steckt dahinter. Er will nicht, dass
unser Kandidat gewinnt, weshalb wir jetzt umso stärker kämpfen müssen. Als der womöglich pädophile Moore dann – ach,
wie überraschend – verlor, setzte das Hindsight Bias ein: Ich hab
es doch die ganze Zeit gewusst, Moore konnte gar nicht gewinnen. Soros will nämlich nicht, dass er gewinnt. Hätte Moore aber
doch gewonnen, hätte es geheißen: Ich hab es doch die ganze
Zeit gewusst, Soros will, dass Moore gewinnt, damit dieser an-
gezählte Kandidat Trump noch mehr Probleme macht. Egal, wie
man es dreht und wendet – Soros gewinnt immer. Jede neue
Information bestätigt mich und mein verschobenes Weltbild.

Die Welt der Verzerrungen ist komplex. So komplex, dass es
sich lohnt, das alles noch einmal an einem Beispiel anzusehen.

ZUR FALSCHEN ZEIT
AM FALSCHEN ORT

Im Sommer 2016 erschüttern zwei Ereignisse Europa. Es beginnt
am 14. Juli 2016, dem französischen Nationalfeiertag: In Nizza
rast ein Lkw in eine feiernde Menschenmenge. 86 Menschen
kommen an diesem Tag zu Tode. Zufällig vor Ort ist der deutsche Journalist Richard Gutjahr. Er ist mit seiner Familie nach
Nizza gefahren, um sich die Parade anzusehen und ein wenig
zu entspannen. Vom Balkon seines Hotels filmt er die Feier, als
ein Lkw immer schneller auf die Menschenmenge zudonnert.
Gutjahr wird für die ARD der erste Mann vor Ort, er schickt
sein Bildmaterial dem WDR und berichtet kurz nach dem Anschlag schon live im Fernsehen. Er ist der Mann, der Millionen
Menschen erklärt, was hier gerade Schreckliches passiert ist.

Am 22. Juli 2016, also nur 8 Tage nach Nizza, läuft im Münchenner Olympia-Einkaufszentrum ein Schüler Amok. Neun Menschen sterben. Und Richard Gutjahr? Ist wieder vor Ort. »Stehe vor dem OEZ«, twittert er kurz nach den ersten Eilmeldungen. Er ist schon wieder zur falschen Zeit am falschen Ort und gerät deswegen in das Visier von Verschwörungstheoretikern. Sein Leben wird durchleuchtet: Wie kann es sein, dass er zwei Mal in so kurzer Zeit bei einem Anschlag dabei ist? Warum gerade er? Was führt dieser Mann im Schilde?

Bevor wir bewusst etwas wahrnehmen, arbeitet unser Gehirn schon auf Hochtouren. In einem Meer an Datenpunkten gibt es da zwei, die besonders hervorstechen. Genau wie beim Kleiderhaken, der aussieht wie ein boxender Tintenfisch, erkennen wir in dem Muster etwas, das gar nicht da sein muss. Aber jetzt, wo wir dieses Muster schon wahrgenommen haben, da schadet es ja bestimmt nicht, mal fünf Minuten drüber nachzudenken. Wir werfen unsere Intentions-Suchmaschine an. Der Gutjahr, so sind wir uns schnell sicher, der weiß was. Und dieses Wissen, das will er versilbern. Und das noch von unseren Gebühren!! Inzwischen sind wir überzeugt, dass wir hier einem ganz dicken Ding auf der Spur sind. Zur Seite springt uns auch das Projection Bias, das sich denkt: »Wenn ich als Reporter vorher von einem Anschlag wüsste, dann würde ich doch auch nicht zur Polizei gehen. Da würde ich doch auch versuchen, richtig Kasse zu machen.« Ab jetzt sind wir überzeugt: Zufälle gibt es hier nicht, Gutjahr war da, weil er da sein wollte. Die unschuldige und richtige Erklärung, dass der arme Mann zweimal aus Versehen Zeuge eines Anschlags wurde, die glauben wir ab hier schon lange nicht mehr. Unser Proportionality Bias hilft uns dabei. Denn ein Zufall dieser Tragweite braucht auch eine Erklärung, die außerhalb des Alltäglichen liegt.

Bis hierhin sind sich noch alle Verschwörungstheoretiker

einig. Alle haben die Muster gesehen, alle haben die richtigen Schlüsse gezogen. Nur das »Wieso«, das ist noch offen. Warum weiß der Gutjahr das? Wer hat ihm das geflüstert?

UFOS ÜBER NIZZA

Hier hilft uns das Internet. Denn zu den beiden Datenpunkten, die wir bisher haben, liefert uns das Internet millionenfach Datenpunkte dazu. Und die wählen wir aus, je nachdem, an welche Verschwörungstheorie wir sonst noch glauben. Das Confirmation Bias hilft uns dabei. Sind wir ein besessener Alien-Freak? Dann kann es sein, dass wir auf Google Maps die beiden Tatorte mit »bestätigten« Ufo-Sichtungen vergleichen. Und tatsächlich: Nur eine Woche nach dem Anschlag, am 29.7.2016, wird über München ein Ufo gesichtet. Das berichtet zumindest die Ufo-Seite mufon, die peinlich genau Ufo-Sichtungen in einer Karte einträgt: »Das Ding ist einfach über meinen Garten geflogen«, steht da, »wirklich viel ist nicht passiert.« Wahrscheinlich weil sie gerade Richard Gutjahr neue Informationen gegeben haben. Und ha! Über Nizza wurden auch mehrere Ufos gesichtet. Wir sind da auf einer ganz heißen Spur! Unsere Hypothese: Der Reporter Richard Gutjahr, der ja schon allein wegen seines Berufs gut darin ist, komplexe Dinge zu erklären, erklärt einer fremden Zivilisation, wie unsere Welt funktioniert. Im Gegenzug darf er dann einen Zeitkristall benutzen, um Dinge zu sehen, die in Zukunft passieren werden. Dieses Wissen nutzt er dann, um seine Karriere zu fördern. Case closed. So muss es sein und nicht anders.

In den 80er- und 90er-Jahren, als Ufo-Verschwörungen an der Tagesordnung waren, wäre diese Erklärung wahrscheinlich gewesen. Aber weil momentan eine andere, alles erklärende

Verschwörungstheorie auf der Tagesordnung steht, hat sich das Confirmation Bias einen anderen Weg gesucht. Also alles noch mal auf Anfang, hier ist das, was wirklich passiert ist. Denn viele Verschwörungstheoretiker glauben an die jüdische Weltverschwörung. Und Google liefert dem Confirmation Bias dieser Menschen jede Menge Futter: Wir schauen also mal auf Wikipedia nach, wer dieser Richard Gutjahr denn so ist. Hm, »arbeitete für Radio Gong«. Mhm, »stand mal 24 Stunden Schlange für das erste iPad«. Oho, »hat die Plattform LobbyPlag gegründet«. AHA! »Ist seit 2007 mit der ehemaligen israelischen Knesset-Abgeordneten Einat Wilf verheiratet«. Knesset! Wir wussten es doch, die Juden stecken eben überall mit drin! Schnell den Wikipedia-Eintrag von Einat Wilf aufmachen. Und da haben wir es doch schwarz auf weiß: »She completed her military service as an Intelligence Officer in Unit 8200.« Richard Gutjahr ist also mit einer ehemaligen Nachrichtendienst-Offizierin zusammen. Dann ist der Fall doch sonnenklar: Richard Gutjahr kennt geheime Akten des Mossad. Er weiß nicht nur, wo Terroranschläge stattfinden werden. Er weiß auch, dass der Mossad diese plant und sie dem IS, den der Mossad natürlich selbst gegründet hat, in die Schuhe schiebt, damit Israel auf lange Sicht den kompletten Nahen Osten übernehmen kann. Und Richard Gutjahr macht brav mit in diesem kranken Spiel! Case closed. So muss es sein und nicht anders.

Auf unserer Reise durch das Land der Verschwörungstheorien merken wir, was unser Gehirn für ein faszinierendes Organ ist. Es sorgt dafür, dass wir nostalgisch an Oma zurückdenken, wenn wir irgendwo Pfannkuchen riechen. Es sorgt dafür, dass wir schlecht in Mathe sind und gut in Bio. Dass wir lieben. Dass wir hassen. Und dass wir das Leben eines Reporters zerstören, nur weil wir nicht akzeptieren können, dass es manchmal Zufälle gibt.

Wir wollen nun mehr über die Folgen des Verschwörungsdenkens herausfinden und treffen uns mit dem Mann, der für Aliens, antike Pharaonen und den Mossad arbeitet: Richard Gutjahr. Er müsste also eigentlich ziemlich beschäftigt sein, und deswegen sind wir sehr froh, dass er dennoch Zeit für uns findet.

KAPITEL 11

DIE OPFER
VON VERSCHWÖRUNGS-
THEORIEN

Wenn sich das eigene Leben verändert, bekommen wir das meistens erst später mit. Wenn wir das erste Mal der süßen neuen Kollegin vorgestellt werden, dann wissen wir noch nicht, dass wir sie später mal heiraten werden. Wenn wir morgens zu spät das Haus verlassen, weil der Toaster mal wieder zu langsam getoastet hat, und deshalb die nächste Bahn nehmen müssen, dann wissen wir nicht, dass diese Bahn verunglücken wird. Wenn wir auf einer Party nach drei Bier eine Zigarette schnorren, dann wissen wir nicht, dass es diese Zigarette sein wird, die gesunde Zellen zu Krebszellen mutiert. Und wahrscheinlich ist das auch gut so. Niemand will sein ganzes Leben zu Hause sitzen, eingepackt in Watte, damit ja nichts passiert.

Richard Gutjahr kann sich genau an den Moment erinnern, als sein Leben auf den Kopf gestellt wurde. Es war der 14. Juli 2016, Gutjahr hatte gerade den Anschlag in Nizza gefilmt. Eigentlich sollte es ein gemütlicher Familienurlaub sein – er lebte bis vor Kurzem noch mit seiner Familie in einem Vorort von Nizza. Zwei Wochen im Monat ging es dann zurück nach München, wo er im Bayerischen Fernsehen moderierte. Der 14. Juli ist Nationalfeiertag in Frankreich, sie hatten sich ein Hotel gemietet, von dem man die Parade beobachten konnte. Gutjahr steht auf dem Balkon, als plötzlich ein Lkw auf die Parade zufährt. Er zückt sein Handy und filmt. Die Aufnahmen kennen wir inzwischen alle, es ist der Film, der um die Welt geht.

Zumindest glauben wir alle, ihn zu kennen. Denn der 25-sekündige Clip ist eigentlich länger. Gutjahr schickt das Rohmaterial nicht nur an die BBC, sondern auch nach München zum BR. Im Fernsehen zeigt der BR den Clip nur ausschnittsweise, aber im Netz ist er ganz zu sehen. Und genau das ist der Moment, an dem sich alles ändert. Denn nach den 25 Sekunden, in denen der Lkw in die Menge fährt, geht das Video weiter. Man hört Gutjahrs Frau und seine Kinder schreien. Dass das Video ganz im Netz steht, erfährt Gutjahr erst von Twitter. »Ich hab dann sofort da angerufen und gesagt: Bitte nehmt das Video aus dem Netz. Die meinten nur: Jetzt schlafen doch eh alle, da passiert schon nix.«

Als der Sender das Video nach einer Stunde dann doch entfernt, war der Schaden schon da. Englischsprachige Twitteraccounts hatten das Video entdeckt, es kopiert und mit falschen Übersetzungen wieder neu hochgeladen. Plötzlich stand nicht mehr der Reporter im Vordergrund, sondern seine Frau, ein Ex-Mitglied der Knesset. Es passiert das, was wir im letzten Kapitel schon beschrieben haben: Die Verschwörungsmaschine lief an. Der Anschlag war plötzlich eine False-Flag-Attacke, die Toten alle Schauspieler – alles eingefädelt von Israel.

Wenn man Richard Gutjahr heute fragt, warum er glaubt, dass es gerade ihn getroffen hat, sagt er nur: »Na, weil sich in meiner Person viele Feindbilder vereinen lassen. Ein Journalist, der in den USA studiert hat und mit einer israelischen Frau verheiratet ist.«

IM SHIT-TSUNAMI

Direkt nach den Anschlägen von Nizza geht es los. Aber es sollte noch zwei Wochen dauern, bis sich der Shitstorm zu einem
handfesten »Shit-Tsunami« entwickelt, wie er heute sagt. Denn
am 21.7. ist Gutjahr wieder vor Ort. Kurz nachdem im Olympia-Einkaufszentrum München die ersten Schüsse fallen, ruft
ihn seine älteste Tochter an. Die besucht dort – wie eigentlich
jeden Freitagnachmittag – ihre Oma, die in der Nähe wohnt.
Aber plötzlich hört sie Schüsse und beobachtet Menschen, die
panisch wegrennen. Sie hat Angst, Gutjahr fährt sofort los. Als
er merkt, dass die Tochter in Sicherheit ist, wechselt er die Rolle:
vom besorgten Papa zum Reporter. So ist Richard Gutjahr aus
purem Zufall einer der ersten Reporter vor Ort. Was genau in
München gerade passiert, weiß zu diesem Zeitpunkt niemand.
Gerüchte verbreiten sich schnell – zwischenzeitlich heißt es
sogar, in der Innenstadt wären Schüsse zu hören. Die Ereignisse
von Paris, wo islamistische Terroristen mit Kalaschnikows und
Rauchgranaten ein Konzert im Bataclan-Club stürmten, sind
erst ein halbes Jahr her.

Die bittere Ironie, dass ausgerechnet er einer der Ersten ist,
die vom Tatort berichten, entgeht Richard Gutjahr selbstverständlich nicht. Aber er macht seinen Job, schickt Bilder und
Eindrücke zum Sender. Und während er noch auf Sendung ist,
schalten die Verschwörungstheoretiker im Netz einen Gang
höher. Für sie ist jetzt – durch diesen zweiten kleinen Daten-
punkt – zweifelsfrei bestätigt, dass Richard Gutjahr hinter was
ganz Großem steckt. Und man selbst gehört der Seite der Recht-
schaffenen an, die diese Verschwörung jetzt zum Platzen bringen, die Widerstand leisten. Also wird die Webcam ausgepackt,
das Videoschnittprogramm angeworfen und drauflosdiffamiert.
An die 800 Videos existieren über ihn und seine Familie. Aus

den Terroranschlägen von Nizza und München wird ein mehr-jähriger Internet-Terror, der bis heute weiterläuft. Täglich muss er Dinge wie »Zionist Nazi Scum bag Richard« lesen. Oder: »Seine reudige Drecksfamilie interessiert niemanden. Er ist ein dreckiger Hund, der eine Geheimdiensttante fickt, und seine Kinder werden nicht besser sein.« Oder einer der viel harmlose-ren Kommentare: »Wahrscheinlich war er auch am Breitscheid-platz mit dabei.«

Der Hass, der ihm entgegenschlägt, kommt dabei nicht nur von Deutschen. Es sind sehr viele englischsprachige Accounts unter den Verschwörern, die mit falsch übersetzten Quellen hantieren. In feingeistigen Singer-Songwriter-Nummern wird ihm entgegengegröhlt: »Richard Gutjahr, you are done. Wat-ching you go down will be fun.« Andere drohen wesentlich un-kreativer: »This is a war. If you're listening to this, Richard Gut-jahr: Welcome to your hell!«

Wie geht man mit so was um? Was macht man in so einer Si-tuation? Richard Gutjahr weiß genau, wie das Netz funktioniert, welchen Regeln Shitstorms folgen. In der Regel sind die nämlich nach ein paar Tagen vorbei, denn es gibt ja schon wieder einen neuen Aufreger. »Don't feed the trolls«, heißt die goldene Inter-netregel: »Gib den Trollen keinen Grund, noch mehr zu trollen.« Und in der Regel fährt man mit dieser Strategie im Netz gut. Füße still halten, ein Bier trinken und warten, bis alles vorbei ist.

Aber Richard Gutjahr hat es nicht mit irgendwelchen Trollen zu tun. Für seine Gegner ist das hier ein Krieg – nicht umsonst heißt Alex Jones' Erfolgsformat »Infowars«. Und im Krieg ge-winnt nicht der, der aufgibt und sich zurückzieht. Im Krieg ge-winnt der, der seinen Gegner so übermannt, so fertigmacht, dass er nicht wieder aufsteht. Und zwar so lange, bis der verdammte Krieg gewonnen ist, die NWO aus den Parlamenten vertrieben ist, die Chemtrail-Flüge aufhören und George Soros auf Elba im

Exil sitzt. Richard Gutjahr ist auf dem großen Kriegspanorama der Verschwörungstheorien zwar nur ein kleiner Punkt, aber eben so groß, dass man ihm alles entgegenhalten muss, was man hat.

Entsprechend hört es eben auch nicht auf. Aus den Tagen werden Wochen. Immer neuer Quatsch wird erfunden, der Bullshit von einem Youtuber wird zur Quelle des nächsten und so weiter. Es ist eine bizarre Version von Stille Post, die hier gespielt wird. »Man hat den Eindruck, da herrscht ein Wettbewerb innerhalb der Verschwörungsszene, sich immer wieder überbieten zu müssen mit neuen Theorien. Das ist dann zwangsläufig sehr gaga.« Über komplett absurde Lügen wie »Richard Gutjahr ist eigentlich Anders Breivik, schaut euch doch die Ohren an, ihr Schlafschafe« könnte man lachen, wenn sie nicht das eigene Leben bedrohen würden.

DER HASS IST ECHT

Wir haben nicht nur für dieses Buch, sondern auch im Laufe unserer journalistischen Laufbahn schon öfter mit Opfern von Internet-Hass gesprochen. Was diese Menschen aus ihrem näheren Umfeld immer wieder hören, ist: »Ach, wie schlimm kann das schon sein? Das ist doch nur im Internet, mach halt das Handy aus.« So einfach ist es aber nicht. Nur weil etwas »nur« im Internet ist, heißt das nicht, dass es nicht real wäre. Das Internet ist echt, Hass ist echt, das flaue Gefühl im Magen ist echt, die Depression ist echt. »Manchmal habe ich mich beispielsweise im Supermarkt gefragt, wie viele dieser Hass-Sympathisanten wohl gerade vor mir in der Schlange stehen. Dieser Hass macht was mit einem. Er macht einsam«, schreibt Richard Gutjahr später in sein Blog.

Das Haus verlässt er in dieser ersten Zeit nur noch, wenn es unbedingt sein muss. Manchmal weiß er gar nicht, warum er überhaupt noch aufstehen sollte, denn auch seine ersten Versuche, gegen die Verschwörungstheorien vorzugehen, scheitern. Er meldet Hunderte Videos bei Facebook und Google, denen ja Youtube gehört – gelöscht wird keins davon. Auch vom Bayerischen Rundfunk ist Gutjahr enttäuscht. Immerhin war es ja seine Berichterstattung für den Sender, die den Ball ins Rollen gebracht. Er bekommt von oben weder Rechtsbeistand noch warme Worte – nur zwei Kollegen melden sich in dieser Zeit. Die können zwar auch nicht viel mehr tun, als zu sagen: »Das tut mir jetzt aber sehr leid, was mit dir passiert«, aber immerhin. Jedes Stückchen Normalität, jedes kleine bisschen Anstand und Nächstenliebe hilft ihm zu dieser Zeit.

Irgendwann kommt dann die Nachricht, die sein Leben verändert. »Ich war kurz davor, alles hinzuschmeißen: Alle Social-Media-Accounts zu löschen, meinen Job zu kündigen, da kam eine Nachricht: Hallo Richard, mein Name ist Lenny. Ich hab gesehen, was im Netz über dich geschrieben wird. Und ich habe Mitleid, weil mir dasselbe passiert ist.«

DU BIST NICHT ALLEIN

Der kleine Noah Pozner wollte am 14. Dezember 2012 nicht in die Schule gehen. Er hat sich geziert, blieb zu lange im Bett liegen, trödelte. Also nimmt sein Vater, Leonard, die Dinge selbst in die Hand: Er zieht dem 6-Jährigen Jacke und Schuhe an, tut das Frühstück in seinen kleinen Rucksack und setzt ihn ins Auto. Dort warten seine älteren Geschwister schon auf ihn. »Die Fahrt hat Spaß gemacht«, erinnert sich Leonard noch heute. Unterwegs wurde – was sonst im Jahr 2012 – Gangnam Style gehört.

Als sie an der Grundschule von Noah ankommen, hat der doch wieder Lust auf Schule. Er springt aus dem Wagen, sein Vater ruft ihm noch »Ich liebe dich, hab einen tollen Tag« hinterher. Es ist das Letzte, was er je zu seinem Sohn sagen wird. Denn die Schule, auf die Noah Pozner geht, ist die Sandy Hook Elementary School.

Am 14. Dezember rennt ein 20-Jähriger mit einem halb automatischen Gewehr in die Grundschule und ballert wild in die Menge spielender Kinder. Bei einem 6-Jährigen wird man später 11 Schusswunden zählen. Verzweifelt werfen sich erwachsene Erzieher schützend vor die Kleinen. Insgesamt sterben an diesem Tag 27 Menschen: 20 Kinder, 6 Erzieher und die Mutter des Täters, die er noch zu Hause erschoss.

Das Massaker von Sandy Hook ist bis heute der drittschwerste Amoklauf an einer US-Schule und sorgte für weltweite Bestürzung. US-Präsident Barack Obama ließ die Flaggen landesweit auf Halbmast setzen und forderte den Kongress eindringlich auf, endlich etwas zu unternehmen und schärfere Waffengesetze zu erlassen. Und ein paar Tage lang sah es auch echt gut aus: Neben den üblichen »Thoughts and Prayers«, die US-Politiker runterbeten, gab es wirkliche Gesetzesvorlagen, die aus der Schublade gezogen wurden. Aber die Waffenlobby weiß inzwischen, wie man mit so einer Krise umgeht: Man wartet ein paar Tage ab, hält die Füße still, trinkt ein Bier – oder ein Bud Light – und wartet, bis alles vorbei ist. O.k., im Fall von Sandy Hook waren es ein paar Tage und ein paar Bud Light mehr, aber das Ergebnis ist dasselbe: Irgendwann kommt die nächste Krise, der nächste Aufreger und man muss nichts an den laxen Waffengesetzen ändern.

Während die Waffenlobby die Thoughts and Prayers inzwischen industrialisiert hat, haben es Waffenliebhaber schwerer. Wie geht man als Waffennarr damit um, wenn plötzlich der eigene Liebling für ein Massaker verantwortlich gemacht wird. Normalerweise stehen in so einer Situation verschiedene Erklärmodelle bereit: Der Täter war ein radikaler Muslim, deswegen können die Waffengesetze nicht schuld sein. Oder: Der Täter war drogensüchtig, hatte eine Geisteskrankheit, war homosexuell, pädophil, nekrophil, hatte zu viel oder zu wenig Sex, spielte zu viel oder zu wenig Videospiele – egal, irgendwas findet sich immer. Im Fall von Sandy Hook fand man aber kurz nach der Tat keine Erklärung. Keine Rationalisierung griff so wirklich.

Als Waffenliebhaber kann man sich in dieser Situation nur noch der Realität stellen: Gäbe es strengere Waffengesetze, dann würden 20 Kinder noch leben. Die meisten taten das auch, sogar die National Rifle Association, die daraufhin vorschlug, schwer bewaffnete Sicherheitsmänner vor jede Schule des Landes zu stellen. Das Einzige, was gegen einen »bad guy with a gun« hilft, ist ein »good guy with a gun«.

Aber für manche ging dieses Eingeständnis zu weit. Sie konnten die Realität nicht akzeptieren und flüchteten sich deshalb in ein Paralleluniversum. Ein Paralleluniversum, in dem das Massaker von Sandy Hook nie stattgefunden hat. Die Kinder waren gar nicht tot, die Eltern trauern auch gar nicht wirklich. Vielmehr sind alle Beteiligten Schauspieler, die vom Staat (aka Barack Obama, der ja sowieso ein in Kenia geborener Muslim ist) bezahlt werden. Ziel ist es, den politischen Diskurs so zu drehen, dass der Waffenbesitz in den USA großflächig eingeschränkt wird, wenn nicht sogar verboten. Aber nicht mit uns, denen werden wir es zeigen!

»Sandy Hook was a Hoax« wird für kurze Zeit einer der Dauerbrenner der amerikanischen Verschwörungsszene. Hunderte von selbst ernannten Internet-Sherlock-Holmes analysieren Bilder vom Tatort und von den Opfern und vergleichen sie mit lebenden Kindern. Die Ergebnisse werden dann in Blogposts, Foren oder in epischer Breite auf Youtube gepostet.

Vor allem Schreihals ohne Hals Alex Jones spricht nach dem Massaker über Jahre von einem Hoax: »Sandy Hook ist ein kompletter Fake, mit Schauspielern, erfunden. Ich konnte es auch zuerst nicht glauben. Es zeigt, wie schamlos die sind, dass sie ganz klar Kinderschauspieler engagiert haben!« In seiner Show Infowars berichtet er jahrelang über vermeintliche Ungereimtheiten und erfundene Beweise. Damit erreicht er Millionen. Einer davon: Noahs Vater Lenny. Auf längeren Autofahrten hatte er immer Alex Jones zugehört. Er fand ihn unterhaltsam und interessant – bis er anfing, über Sandy Hook zu sprechen.

Lenny schrieb Jones eine Mail: »Haben wir nicht genug gelitten? Ich habe Ihren Sendungen früher sehr gern zugehört. Jetzt habe ich das Gefühl, dass Ihre Sendung diese hasserfüllten Menschen erschafft, und Sie müssen sie wieder einfangen.« Als Antwort erhält Lenny nur eine knappe Mail von Jones' Assistentin: Alex sei sich sicher, dass es sich bei Sandy Hook um eine echte Tragödie handelt. Nur merkt man das seinem Programm nicht an. Bis heute erzählt Jones, dass Sandy Hook ein Hoax sei.

Die Verschwörungstheorien verändern etwas in Lenny. Lange hatte er geschwiegen, sich zurückgehalten – er wollte in Ruhe um seinen Sohn trauern. Aber das geht jetzt nicht mehr. Lenny Pozner holt zum Gegenschlag aus. Er hat keine Lust mehr, die Verschwörungstheorien zu ignorieren. In einem Interview sagt er damals: »Verschwörungstheorien löschen die menschliche Komponente einer Geschichte aus. Mein Kind – das gelebt hat, das ein echter Mensch war – wird aus der Geschichte gestrichen.«

Lenny veröffentlicht die Sterbeurkunde seines Kindes im Netz. Auch sein Schulzeugnis und ein Bild von Noah stellt er dazu. Aber in einer Zeit, in der jeder zweite Laptop Photoshop hat, wird Lenny nicht geglaubt. Das Zeugnis ist doch bestimmt Fake, die Sterbeurkunde sowieso und das Kind ist eh nicht seins. Also geht Lenny eine Stufe weiter – in die Höhle der Löwen, die Facebook-Gruppe »Sandy Hook Hoax«, wo sich die meisten Verschwörungstheoretiker aufhalten. Er kennt die Art von Menschen, die hier posten, er war ja selbst mal einer von ihnen. »Ich habe früher auch daran geglaubt, dass 9/11 ein Inside Job war«, schreibt er. Aber jetzt sei er eben auf der anderen Seite, ein trauernder Vater, der ein Kind verloren hat. Er sei nur hier, um Fragen zu beantworten und die Verschwörungstheorie aus der Welt zu schaffen.

Bei dem ein oder anderen Gruppenmitglied funktioniert seine Taktik: Es werden ernsthaft Fragen gestellt, Beweise diskutiert, ein echtes Gespräch entsteht. Wiederum andere haben keinen Bock auf diesen »Trauerdarsteller«. Jemand schreibt: »Fick dich, Lenny, verpiss dich. Fick dich und deine Familie, du Stück Scheiße.«

Lenny wird aus der Gruppe geschmissen, aber das hält ihn nicht auf. Am nächsten Tag gründet er die Gruppe »Conspiracy Theorists Anonymous«, die Verschwörungstheorien debunken will. Er verfolgt eine Doppelstrategie: Mit der Gruppe will er Leuten helfen, die tief drinstecken. Zeitgleich kämpft er aber auch an einer anderen Front: Er schreibt einen Kommentar für die örtliche Tageszeitung, in den er all den Frust packt, den er mit sich rumschleppt. Er erzählt, wie er und die anderen Familien durch die Verschwörungstheorien daran gehindert werden zu trauern. Und er nennt Namen. Namen von denjenigen, die sagen, sie würden erst dann Ruhe geben, wenn Lenny Noah exhumiert und durch einen DNA-Test feststellt, dass er wirklich sein Sohn ist.

Plötzlich steht auch Lenny im Rampenlicht; die Verschwörungstheoretiker, die über Jahre hinweg immer nur diffuse Feinde verantwortlich machen konnten (den Staat, die Eliten, die NWO), hatten plötzlich einen konkreten Gegenspieler. Ein Gegenspieler, den man auch sofort in die vorhandene Verschwörung integrieren muss. Im Netz wird über Lenny erzählt, dass auch er – was sonst – ein Schauspieler sei. Gekauft von der Regierung, um die Sandy-Hook-Trutherbewegung zu diskreditieren. Wenn man sich durchliest, was im Netz über Lenny Pozner geschrieben steht, könnte man meinen, er wäre eine böse Mischung aus Hitler, Mussolini und George Soros und eben kein trauernder Familienvater.

Der Hass auf Lenny rührt auch daher, dass er jede Chance, die er nur kriegen kann, nutzt, um den Kampf gegen Verschwörungstheoretiker zu führen. Die USA haben – genau wie Deutschland – noch sehr laxe Gesetze, wenn es um Online-Hass und Diffamierungskampagnen geht. Aber wo wir dank der Medienlobby sehr klar definierte Gesetze haben, das ist der Bereich des Urheberrechts. Lenny meldet ein Video nach dem anderen wegen Urheberrechtsverletzungen – denn Bildrechte sind Verschwörungsyoutubern in der Regel sehr egal.

Und dann sind da noch die ein bisschen dreckigeren Methoden, die er aber für angemessen hält: In Zeitungsartikeln und Blogposts nennt er die Namen der Verschwörer, er kämpft lautstark gegen sie an, so laut, dass auch deren Arbeitgeber mitkriegen, was ihre Mitarbeiter so im Internet schreiben. Der Gegenschlag scheint zu wirken. Im Dezember 2016 schreibt ein Mitglied der Gruppe »Sandy Hook Hoax« einen langen Blogpost. In dem heißt es: »In den letzten drei Jahren wurde ich von dieser unerbittlichen, kalkulierenden, herzlosen Truppe aus Kretins kontinuierlich gestalkt und belästigt. Sie scheinen rund um die Uhr daran zu arbeiten, unsere Funde zu debunken, und haben in ihrem Leben nur noch ein Ziel: die Idee, dass Sandy Hook eine echte Tragödie war, zu verteidigen.« Es sind die getroffenen Hunde, die bellen.

Die Gruppe, von der dieser Verschwörungstheoretiker spricht, das ist das HONR Network. Eine von Lenny Pozner gegründete Vereinigung, die den Familien von Tragödien wie Sandy Hook helfen will, wenn im Internet wilde Theorien über sie verbreitet werden. Es gibt geschlossene WhatsApp-Gruppen, nicht öffentliche Stammtische, lange Einzelgespräche und natürlich jede Menge Best Practices: Was tu ich, wenn mich jemand online bedroht? Wie geh ich damit um, wenn über mich und meine Familie Verschwörungstheorien erzählt werden? Wie lösch ich so etwas aus dem Internet? Wie bekomm ich endlich mein altes Leben zurück?

Lennys Nachricht erreicht Richard Gutjahr zu einer Zeit, in der er auf keine dieser Fragen auch nur ansatzweise eine Antwort hat. Er ist der Erste, der sagt: »Hey, ich weiß, was dir passiert ist, so kommst du da wieder raus.« Auch wenn dieser Weg sehr lang sein wird.

»ICH WILL
MEIN LEBEN WIEDER«

Heute ärgert sich Richard Gutjahr, dass er so lange nichts unternommen hat. Dass er dachte: Ach, das legt sich irgendwann schon wieder. Heute sagt er: »Du musst sofort dagegen vorgehen und mit allen Mitteln des Rechtsstaats dagegen kämpfen. Das wird wahrgenommen. Man muss sich dieser Form der Körperverletzung von Anfang an stellen. Ich weiß, wovon ich rede, wenn ich sage: Man kann dadurch Leben zerstören.«

Lenny und sein Opferverband haben Richard Mut gemacht, sie haben ihm gezeigt, dass er in diesem Kampf nicht alleine ist, und Strategien mit ihm geteilt. Eine davon: Schweigen bringt nichts. Wenn über einen Verschwörungstheorien verbreitet werden, muss man zum Gegenangriff übergehen. Und zwar geplant. »Als ich angefangen habe zurückzuschlagen, hatte das einen Dominoeffekt«, sagt Richard Gutjahr. Er schaut sich ganz genau an, was wie über ihn geschrieben wird, und stellt fest: Es gibt große Unterschiede. Denn die Verschwörerei auf Youtube und Facebook folgt einem Zwei-Klassen-Prinzip. Oben sind die, die Videoschnitt draufhaben. Die, die sich vor einen Greenscreen setzen und stundenlang über Richard Gutjahr palavern. Die, die schlechte Country-Songs über ihn schreiben. Es sind auch die, die aus Verschwörungstheorien ein Geschäft gemacht haben. Je mehr Klicks ihre Videos erzielen, desto mehr Werbekohle springt für sie rüber.

Eine Stufe drunter sind die Claqueure. Sie posten das Videomaterial der anderen auf ihren Accounts, teilen und bündeln es. Gutjahr greift zuerst die erste Gruppe an und merkt: »Die Claqueure und Leute, die die Videos zwar nicht hergestellt, aber verbreitet haben, haben die dann von sich aus wieder aus dem Netz genommen.«

Ein erster Erfolg. Trotzdem: Der Kampf ist wahnsinnig anstrengend. Um Videos bei Youtube zu melden, muss Richard ein Formular ausfüllen, das so lang ist, dass zehn Minuten dafür braucht. Und das für ein einziges Video. Selbst wenn er in irrer Kleinarbeit alle Videos melden würde (was bei zehn Minuten pro Video ganze zwei Arbeitswochen dauern würde) und Youtube die Inhalte dann tatsächlich sperrt, heißt das ja nicht, dass sie dann auch wirklich weg sind. Wenn man sich in der Verschwörungsszene auf Youtube umsieht, merkt man schnell, dass viele Youtuber gleich mehrere Kanäle haben. Wird ein Video auf einem Kanal gesperrt, dann bleiben da immer noch die anderen. Schlägt man einen Kopf der Hass-Hydra ab, wachsen zwei nach.

»Ich will mein Leben wieder. Mehr will ich gar nicht.« Als wir mit Richard Gutjahr sprechen, spürt man, dass der jahrelange Kampf gegen die Verschwörungstheorien sehr an seinen Kräften gezehrt hat. Und an seinen Finanzen: Der Bayerische Rundfunk steht ihm anwaltlich nicht bei, alle Verfahren muss er als Privatmann führen. Gerade befindet er sich in einem Rechtsstreit mit dem Compact Verlag. Denn deren Online-Magazin warf Gutjahr vor, eine Zensurkampagne gegen ein Buch aus dem Kopp-Verlag zu führen. Im Buch »Verheimlicht – vertuscht – vergessen 2017: Was 2016 nicht in der Zeitung stand« widmete Gerhard Wisnewski der Richard-Gutjahr-Verschwörung ein ganzes Kapitel. »Der handwerkliche Trick, mit dem Wisnewski arbeitet, ist so simpel wie perfide: Wann immer der Autor eine seiner steilen Thesen nicht belegen kann, kleidet er sie in eine Frage. Beispiel: Gerhard Wisnewski würde niemals seine Frau schlagen, würde er? Damit schützt er sich juristisch vor etwaigen Verleumdungsklagen der Betroffenen, die sich nicht wehren können«, schreibt Gutjahr unter die Verkaufsseite des Buchs auf Amazon, als Rezension. Auf Facebook und Twitter bittet er dann seine Follower, diese Rezension als »hilfreich« zu markieren, damit sie ganz oben erscheint. Der Compact Verlag, der dem Kopp-Verlag nahesteht, nimmt diese Rezension als Grundlage für den Vorwurf, Gutjahr wolle eine Zensurkampagne fahren. Gutjahr klagt dagegen und bekommt in erster Instanz recht: Für einen kurzen Moment wird die Domain von Compact gepfändet, weil der Verlag die Prozesskosten nicht zahlen wollte. Und für einen noch kürzeren Moment sieht es so aus, als würde der Kampf gegen die Verschwörungstheorien gut ausgehen. Die Nachricht der Pfändung läuft einen Tag auf allen wichtigen deutschen Medienseiten, sogar das Krawall-Magazin VICE, wo man sonst nur von Swinger-Partys in Sachsen-Anhalt liest, schreibt darüber.

Was wir bei solchen Achtungserfolgen aber gerne vergessen: Es ist eine von vielen Fronten, an denen Gutjahr gerade kämpft. Große Vorwürfe macht er nicht nur den Verschwörungstheoretikern oder dem BR wegen fehlender Unterstützung, sondern auch den Tech-Giganten Youtube und Google. Die hätten zu lange zugesehen, wie Verschwörungstheoretiker erfundenen Bullshit verbreiten, und nichts unternommen. Auch das neue Netzwerkdurchsetzungsgesetz, ein Wortmonster, das auch nur aus Deutschland stammen kann, ändert nicht viel am Grundproblem. Google sperrt Videos auf Youtube so, dass sie aus Deutschland nicht mehr abgerufen werden können. Überall sonst auf der Welt hingegen schon. Der Bullshit hört nicht an den Landesgrenzen auf. Auch die Justiz hat noch nicht wirklich erkannt, wie gefährlich Hass aus dem Netz sein kann. Gutjahr schreibt auf seinem Blog: »Manchmal ist die Justiz schockierend zahm: Ein Familienvater aus Berlin-Weißensee, der meiner Tochter öffentlich auf Facebook mit dem Foto einer Gewehrpatrone drohte, wurde zu 281 Euro verurteilt. Zum Vergleich: Für das ›Vogel‹-Zeigen im Straßenverkehr sind 500 Euro fällig.«

Trotzdem: Der Rechtsstaat ist oft der einzig verlässliche Partner, den man in so einer Situation noch hat. Die Fragen »Was ist Hass?«, »Wo hört der Bullshit auf, wo fängt Verleumdung an?« sind keine, die wir irgendwelchen US-Konzernen überlassen sollten. Richard Gutjahr sagt, dass heute jeder im Internet zur Celebrity werden kann. Das heißt im Gegenzug aber auch, dass jeder für das, was er im Netz schreibt, zur Verantwortung gezogen werden können muss.

Das weiß auch Lenny Pozner, der auch sechs Jahre nach Sandy Hook immer noch gegen Verschwörungstheoretiker kämpft. Erst letztes Jahr hat auch er einen Achtungserfolg errungen: Eine Verschwörungstheoretikerin namens Lucy Richards hatte ihm eine Morddrohung geschickt. Sie schrieb: »Der Tod kommt

bald für dich und du kannst nichts dagegen unternehmen.«
Doch, konnte er. Lenny zeigte Lucy Richards an, es kam zu
einem Verfahren. Dort zeigte sich Lucy Richards reumütig, die
Morddrohung sei der größte Fehler ihres Lebens gewesen. Aber
all die Reumütigkeit nützte nichts mehr: Lucy Richards wan-
derte für fünf Monate ins Gefängnis. Nur, weil etwas im Internet
passiert, heißt das nicht, dass es einen rechtsfreien Raum gibt.

Wenn man heute den Namen »Noah Pozner« googelt, dann
besteht die erste Seite an Ergebnissen eben nicht mehr aus Bullshit. Es gibt hier keine irren Theorien mehr, keinen Hass und
keine Vorwürfe. Stattdessen landet man schnell auf der Seite
»Remembering Noah Pozner«, die zeigt, was für ein quirliges
und lebensfrohes Kind am 14. Dezember 2012 niedergeschossen
wurde. Kein Schauspieler, kein Opfer-Darsteller, sondern ein
Junge, mit echten Träumen und Wünschen für die Zukunft. Die
Verschwörungstheorien, die über Noah und Lenny existieren,
die gibt es zwar immer noch – nur ist es heute viel schwerer,
diese zu finden.

Genau das will Richard Gutjahr auch. Denn in die irre Mos-
sad-Verschwörungstheorie sind ja nicht nur Richard und seine
Frau verwickelt – sondern eben auch seine Tochter: »Das meine
ich auch mit ›Leben zerstören‹. Es geht hier nicht nur um mein
Leben. Da ist ein junges Mädchen, die steht jetzt am Anfang
ihrer Berufskarriere, und wenn man ihren Namen googelt –
egal in welchem Land –, kommt da nur diese Scheiße.« Es wird
noch dauern, bis »diese Scheiße« wieder aus dem Internet verschwunden ist. Aber eins ist klar: Richard Gutjahr wird nicht
aufgeben, bis das passiert.

DIE TOP 5 DER VERSCHWÖRUNGSTHEORIEN, NO. 5: CHEMTRAILS

Im Nachhinein sind wir wahnsinnig froh, dass wir unsere kleine Rauchmelderverschwörung nur mal kurz getestet haben. Dass wir unser Video eben nicht in die ganz großen Kanäle gespült haben. Denn Verschwörungstheorien brauchen nicht viel, um durch die Decke zu gehen. Manchmal reicht auch nur ein unglücklich formulierter Forschungsaufsatz, um eine der hartnäckigsten Verschwörungstheorien der Gegenwart hervorzubringen: Chemtrails.

Es ist das Jahr 1996, der Kalte Krieg ist jetzt schon ein halbes Jahrzehnt rum und die USA sind die einzig verbliebene Supermacht. Wirkliche Feinde gibt es nicht mehr, weshalb sich die Öffentlichkeit neue ausdenkt: Es läuft Independence Day in den Kinos, denn das Einzige, was die USA jetzt noch aufhalten kann, ist eine Invasion von glitschigen Aliens. Was macht man also als Militär, wenn eh schon alles wurscht ist? Man macht ein bisschen Science-Fiction: 1996 veröffentlicht die US Air Force das Papier »Weather as a Force Multiplier: Owning the Weather in 2025«. Die Autoren bauen sich ein absurdes Zukunftsszenario. Im Jahr 2025 könnte es ja zu einem Krieg zwischen den USA und einem südamerikanischen Drogenkartell (!) kommen – ein Kartell, das über die Jahre Hunderte chinesische und russische Kampfjets (!!!) gekauft hat. Die Pablo Escobars und Walter Whites dieses Szenarios haben zehnmal so viele Jets wie die Amerikaner, was dazu führt, dass die stolze Air Force aus der

Luft geschossen wird wie Moorhühner. Was tut man gegen so einen übermächtigen Feind? Man manipuliert das Wetter! Denn wenn erst mal die Satelliten und die Mikrochips des Kartells gestört sind, dann ist endlich wieder #AmericaFirst.

Wie genau das mit der Wettermanipulation funktionieren soll? Das wissen die Autoren der Studie auch nicht. Irgendwas wird uns da in den nächsten 30 Jahren schon einfallen – das ist der Tenor des Papiers. Deshalb schreibt man ja Science-Fiction: damit man einfach mal ein bisschen spekulieren kann, ein bisschen abdrehen und sich wie Roland Emmerich fühlen. Wahrscheinlich bereuen die Autoren heute ihre Science-Fiction, denn aus dem spekulativen Szenario machen Verschwörungstheoretiker: »Die Air Force will uns vergiften!«, »Ich muss heute nur mit Regenschirm aus dem Haus, weil die schon wieder da rumsprühen!!« und »Das, was da aus den Flugzeugen rauskommt, das sind fiese Chemtrails!!!«. Diese »Chemtrails« hat jeder von uns schon mal gesehen: lange weiße Streifen, die Flugzeuge hinter sich herziehen. Es handelt sich um ganz normale Kondensstreifen, die zu großen Teilen aus Wasserdampf bestehen.

»Halt, stopp! Jetzt rede ich!«, hören wir an dieser Stelle die Verschwörungstheoretiker rufen. »Wenn das so harmlose Kondensstreifen sind: Wie erklärt ihr dann das hier?« Dann werden schnell Hammerbeweisfotos für die Existenz von Chemtrails hervorgekramt: Bilder, auf denen der Kondensstreifen in scheinbar gleichmäßigen Abständen aufhört und wieder einsetzt. »Da sitzt der Pilot vorne drin und schaltet die Chemtrailanlage immer wieder an und aus. Damit es sich besser verteilt. So ist das nämlich!«

Zugegeben: Die Muster sehen tatsächlich etwas merkwürdig aus. Wie eine Gartensprenganlage, die gleichmäßig das Wasser plus Düngemittel auf der Wiese verteilt. Schaut man aber einmal in ein Physikbuch der neunten Klasse, findet sich auch für das merkwürdigste Kondensstreifen-Muster eine natürliche Erklärung. Denn Kondensstreifen entstehen nur unter ganz bestimmten Bedingungen. Da wäre zum einen die Flughöhe. Je höher die Flugzeuge fliegen, desto trockener ist die Luft. Und wenn die Luft trocken ist, dann gibt es weniger Kondensstreifen. Dann hängen die Streifen nicht lange in der Luft, weil der Wasserdampf die Umgebungsluft befeuchtet. Deswegen sieht man Kondensstreifen oft nur dann, wenn die Luft ohnehin schon feucht ist. Dann kann das Wasser nämlich nirgendwo mehr hin und hängt manchmal bis zu einem Tag faul als Streifen am Himmel rum. Und weil alleine das nicht schon kompliziert genug ist, kommt es auch auf die Triebwerke der Flugzeuge an. Denn je mehr Rußpartikel die rausblasen, desto mehr Kondensstreifen entstehen. Der Wasserdampf klammert sich nämlich an die Rußpartikel und nutzt die, um Kondensstreifen zu bilden. Schlaumeiernde Wissenschaftler würden an dieser Stelle noch viel weiter gehen und eine ganze Reihe an möglichen Variablen aufzählen, die Kondensstreifen durchaus ebenfalls beeinflussen können (Luftstrom, Großwetterlage, Sonneneinstrahlung und so weiter).

Bevor jetzt die Ersten ihre Chemtrail-gläubigen Verwandten kontaktieren und ihnen hämisch dieses Angeberwissen vor die Füße kippen, muss man den Verschwörungstheoretikern noch in einer Sache recht geben. Denn die Chemtrail-Verschwörung hat wie eigentlich jede Verschwörung einen wahren Kern: Wir alle zerstören mit unseren Billigflügen die Umwelt. Nur darf unsere Umwelt-Liebe nicht dazu führen, dass wir jeden Quatsch glauben. Das sieht sogar der Bund für Umwelt und Naturschutz (BUND) so. Der hat inzwischen festgehalten: »Chemtrails sind Kondensstreifen!« Sie schreiben: »Wären ›echte Chemtrails‹ tatsächlich ein wichtiges Umweltthema und keine postfaktische

Ablenkungsdebatte, dann hätten wir und die Umweltbewegung es aufgegriffen, so wie wir dies in den letzten Jahrzehnten bei allen großen Umweltthemen getan haben.«

KAPITEL 12

VON GOLDENEN VLIESEN, ALUHÜTEN UND BRETTERN

Der Gang in den Supermarkt, das ist für Stephanie das Schlimmste. Für den Supermarkt werden Termine abgesagt, Freunde versetzt, Pläne geschmiedet – die ganze Woche hat sich dem Supermarktbesuch unterzuordnen. Bevor sie zum Weidekorb greift, geht sie im Kopf noch mal die Liste durch: kein Hefeextrakt, kein Fluorid, kein Glutamat. Auch kein Jod und erst recht kein Aspartam. Denn all diese Stoffe mischt die Regierung in unser Essen, um uns zu vergiften. Davon ist Stephanie felsenfest überzeugt.

Zum Einkauf fährt Stephanie vor allem dann, wenn es regnet, weil man da keine Kondensstreifen am Himmel sieht, oder dann, wenn sie denkt, dass sich die Kondensstreifen zumindest einigermaßen zügig auflösen werden. Denn Stephanie glaubt, dass die Kondensstreifen, die man am Himmel sieht, keine Kondensstreifen sind, sondern Chemtrails – von der Regierung gesprühtes Nervengift, das uns zu Marionetten des Staates macht. Danke, Merkel.

Die Chemtrails schränken das Nahrungsangebot für Stephanie noch weiter ein: Gurken aus dem Spreewald: verseucht, Pilze aus der Heide: verseucht, Kartoffeln aus Magdeburg: verseucht. Immerhin: Zwiebeln aus der Altmark sind nicht verseucht. Zu dumm nur, dass sie Zwiebelsuppe nicht ausstehen kann. Ein

Besuch im Supermarkt dauert manchmal den halben Tag. Jedes Etikett studiert Stephanie genau.

Manchmal, wenn besonders viele Kondensstreifen am Himmel zu sehen sind, bleibt Stephanie vor Angst gleich ganz zu Hause, ihr Mann übernimmt dann das Einkaufen. Wenn sie sich verabschieden, bittet sie ihn, vorsichtig zu sein und auf keinen Fall zu lange draußen zu bleiben. Denn eine Schutzmaske will er sich ja partout nicht aufsetzen.

Angefangen hat bei ihr alles mit der Mutter der modernen Verschwörungstheorie: Der 11. September war ein Inside Job. George W. Bush hat das World Trade Center sprengen lassen, um an das Öl im Nahen Osten ranzukommen. Irgendwann Ende der Nullerjahre sitzt Stephanie zusammen mit ihrem späteren Mann auf dem Sofa und schaut eine Doku über »Ungereimtheiten« zu 9/11. Jetzt ist sie völlig elektrisiert: »Ich bin dann gleich an unseren Computer und habe nach ›9/11‹ gegoogelt und nach ›Verschwörung‹, im Nachhinein gesehen war das das Dümmste, was ich überhaupt machen konnte!«, sagt sie heute. Denn viele Verschwörungstheorien hängen zusammen, glaubt man eine, glaubt man alle, oder zumindest viele. Und Stephanie glaubt viele Verschwörungstheorien, sehr viele, eigentlich glaubt sie so ziemlich alle, sie glaubt bald nicht nur an die 9/11-Verschwörung, sondern auch an Chemtrails, an Wettermanipulation und daran, dass die Erde hohl ist und dort Außerirdische leben – gemeinsam mit Nazis und Dinosauriern. Nur an die flache Erde glaubt sie nicht. »Das war mir zu abgedreht«, sagt sie und lacht.

Doch das alles war einmal. Heute betreibt Stephanie mit ihrem Mann Kai das Internetportal die »Lockere Schraube« und klärt über Verschwörungstheorien auf. Einmal im Jahr veranstalten sie ein Online-Voting, die Kategorien heißen dann »Durchgeknallte und berühmte Gurus/Märchenerzähler der Schwurbelszene« (Gewinner 2017: Jürgen Elsässer), »Reichsbürger« (bisheriger Seriensieger: der 2018 verstorbene Ernst Köwing, alias »Der Honigmann«) oder »Stars mit Aluhut« (Gewinner 2017: Xavier Naidoo). Mit derselben Verve, mit der sie vor ein paar Jahren vor Chemtrails gewarnt hat, warnt sie heute vor Verschwörungstheorien und beobachtet die Verschwörungsszene. Sie selbst scannt Ufo-Gruppen auf Facebook, ihr Mann kümmert sich um Chemtrails, weitere Teammitglieder decken Impfgegner und MMS-Gruppen ab. MMS, das steht natürlich nicht für den Multimedia-Nachfolger der SMS, sondern für Miracle Mineral Supplement – ein angebliches Wundermittel, das Aids, Krebs und Hepatitis heilen soll, aber hochgiftig sein kann. Schließlich entsteht Chlordioxid-Gas, wenn MMS mit den Säuren von zum Beispiel Fruchtsaft in Berührung kommt. Manchmal, wenn Tiere gequält oder Kinder misshandelt werden, weil Eltern sie mit MMS-Einläufen traktieren, um zum Beispiel frühkindlichen Autismus zu behandeln, informieren Stephanie und ihre Mitstreiter auch die Behörden. Hassmails bekommt Stephanie regelmäßig, gegen das Team der Lockeren Schraube werden immer wieder Hetzpostings verfasst, vor allem dann, wenn einer ihrer Gegner eine Facebook-Sperre abgesessen hat und wieder loslegen darf.

Auf unserer Reise durch das Land der Verschwörungstheorien haben wir viele Menschen wie Stephanie getroffen, unerschrockene Jeanne d'Arcs der Aufklärung also, die beherzt zum Wischmopp greifen und tapfer gegen die Bullshit-Flut ankämpfen. Zwei Dinge sind uns dabei aufgefallen, erstens: Gegner von Verschwörungstheorien können offenbar von Wettbewerben, Online-Votings und Negativ-Preisverleihungen gar nicht genug bekommen. Neben der Lockeren Schraube werden jedes Jahr auch noch der Goldene Aluhut und das Goldene Brett verliehen. Zweitens: Gegner von Verschwörungstheorien sind humorvolle Menschen. Als wir in Wien bei der Verleihung des

Goldenen Bretts dabei sind, sitzen in der Reihe vor uns junge Physikstudentinnen mit selbst gebastelten Aluhüten, und als wir in Berlin der Verleihung des Goldenen Aluhuts beiwohnen, werden in einem kurzweiligen Vortrag Power-Tipps gegeben, wie man in wenigen Schritten zum besorgten Alu-Troll wird (»Lese Blogs, aber lese vor allem die richtigen Blogs!«).

Die Verleihung des Goldenen Aluhuts 2016 findet in Neukölln im Heimathafen statt, einem mondänen Jugendstil-Theater. In der Kategorie »Verschwörungstheorien allgemein« darf sich auch hier der Blogger Ernst Köwing alias »Der Honigmann« über einen Goldenen Aluhut freuen, in der Kategorie »Medien & Blogs« wird das Compact-Magazin ausgezeichnet, leider (oder Gott sei Dank) kommt dieses Jahr kein Preisträger persönlich vorbei, um seine Trophäe abzuholen, anders als der Pro-Erdoğan-Aktivist Martin Lejeune ein Jahr später. Moderiert wird die Gala von Giulia Silberberger, einer tätowierten, gepiercten und rauchenden Berliner Frohnatur. Giulia hat sich den Goldenen Aluhut ausgedacht, was auch mit ihrer persönlichen Biografie zu tun hat: Die 37-Jährige wurde als Zeugin Jehovas aufgezogen, bereits als Kind leidet sie unter den strengen Glaubensvorschriften der Sekte. Die kleine Giulia darf kein Star Trek schauen, niemanden zum Geburtstag einladen, stattdessen muss sie fünfmal die Woche zu irgendwelchen Zusammenkünften gehen und die Bibel studieren. Nach einem längeren Prozess steigt Giulia 2007 endgültig aus der Sekte aus. »Nach meinem Sektenausstieg habe ich angefangen, mich für krude Theorien zu interessieren, ich wollte einfach wissen, was andere Menschen so glauben. Und dann habe ich festgestellt, hoppla! Das ist ja wie in meiner Sekte! Beides ist für mich ideologischer Missbrauch« sagt Giulia und zieht an ihrer Kippe.

Der Goldene Aluhut ist heute längst mehr als »nur« ein Negativpreis. Der Verein klärt über Verschwörungstheorien auf und hilft Menschen, die merken, dass jemand aus der Familie oder dem Freundeskreis langsam abdreht. Denn das passiert heute immer häufiger. Früher, da kannten wir nur wenige Verschwörungstheoretiker oder genauer: Vielleicht kannten wir doch viele Verschwörungstheoretiker, aber wir wussten nicht, dass sie Verschwörungstheoretiker sind. Heute, da toben sich Verschwörungstheoretiker auf unseren Facebook-Walls aus oder gehen uns beim Boule-Spielen auf den Keks. Ja, wir sind von ihnen genervt, aber manchmal, da machen wir uns auch Sorgen, denn zum Verschwörungstheoretiker kann jeder werden, auch unsere Eltern, auch unsere Freunde.

Und was dann? Ab wann wird es überhaupt gefährlich? Muss man sich schon Sorgen machen, wenn der Arbeitskollege die offizielle Erklärung zu einem Giftgas-Anschlag in Syrien nicht glaubt, weil er mal wieder ein Youtube-Video mit Michael Lüders gesehen hat? Oder erst, wenn jemand damit anfängt, sein Autokennzeichen umzudrehen und mit einem Edding 850 Jumbo eine Staatsgrenze um sein Haus zu ziehen? Zwischen »Ich glaube, dass die USA nicht die ganze Wahrheit sagen in Bezug auf den Krieg in Land XY« und »Ich glaube, dass Reptilien die Welt kontrollieren und die Erde übrigens eine Scheibe ist« liegt ein chemtrailhimmelweiter Unterschied. Es ist weder gerecht noch zielführend, jede vom gefühlten Mainstream abweichende Meinung gleich als Verschwörungstheorie zu brandmarken. Manchmal ist Bullshit eben auch einfach nur ganz normaler Bullshit und kein Verschwörungs-Bullshit – zudem sollte man immer auch die Möglichkeit in Erwägung ziehen, dass der andere vielleicht doch recht haben könnte.

Wenn sich Angehörige an den Goldenen Aluhut wenden, dann gilt es also erst einmal herauszufinden, in welchem Stadium sich die Person befindet, sagt Giulia. Schaut sich die Person nur ein bisschen um, checkt ein paar alternative Medien ab, guckt alle Jubeljahre mal auf Youtube eine dieser Ken-Jebsen-Interviewrunden, in denen alte Männer drei Stunden lang über Geopolitik und Pipeline-Verläufe sinnieren, dann mag das politisch nicht jedermanns Geschmacksrichtung sein, aber ein Hardcore-Verschwörungstheoretiker ist diese Person deswegen noch nicht. Giulia empfiehlt hier, sich zusammen vor den Rechner zu setzen, nach anderen Quellen, anderen Argumenten und anderen Pipeline-Verläufen zu suchen und ansonsten cool zu bleiben.

Schwierig wird es allerdings, wenn das vage Interesse zu einem Weltbild wird, denn dann kann man reden und googeln und debunken, wie man will, die Person sieht dann irgendwann den Wald vor lauter Pipelines nicht mehr, alles hängt irgendwann mit allem zusammen und Angriffe auf das eigene Weltbild werden sehr persönlich genommen. Dann kann man sich nicht einmal mehr auf eine Realität einigen, dann wird es laut, dann fliegen die Fetzen: »In solchen Fällen würde ich versuchen, auf eine sachliche Ebene zurückzukommen, und wenn das nicht möglich ist, das Gespräch abzubrechen.« Giulia erzählt von zerrütteten Familien, von zerbrochenen Beziehungen, davon, dass Kinder nicht mehr mit ihren Eltern sprechen. Der Goldene Aluhut vermittelt dann Therapeuten oder Beratungsstellen, die sich mit solchen Ideologien auskennen, wobei das auch so ein Problem ist: Bislang gibt es in Deutschland kaum Angebote, die sich an Menschen richten, die nicht wissen, wie sie mit Verschwörungstheorien in der Familie oder im Freundeskreis umgehen sollen. Am ehesten sind es die Sektenberatungsstellen, an die man sich wenden kann, richtig spezialisierte Angebote gibt es allerdings zu wenige. Staat und Gesellschaft scheinen noch nicht richtig vorbereitet zu sein auf den schönen, neuen Wahn.

Stephanie lässt sich damals nicht beraten, und warum auch? Sie selbst weiß ja nicht, dass sie ein Problem hat, auch wenn ihr Verschwörungsglaube sie in ihrem Alltag einschränkt und vor allem auch ihrem Mann zunehmend auf die Nerven geht. An das gemeinsame Auto hat Stephanie mit Tesa Dutzende DIN-A4-Zettel geklebt, natürlich von innen, damit der Fahrtwind sie nicht davonträgt. Sie möchte die Bevölkerung wachrütteln, auf den Zetteln steht in Arial, Schriftgröße 78: »Informieren Sie sich bitte und googeln (aber nicht die Wikipedia-Seiten nehmen, denn das ist Desinformation!!!)« und dann: »Chemtrails«, »HAARP (als Wettermaschine)«, »BRD GmbH«, »9/11 Inside Job«, »Tim Osman (Osama bin Ladens Deckname beim CIA)«, »Impf-Lüge«, »hohle Erde«, »Reptiloiden«, »Galaktische Föderation«, »gesteuerte Banken (Rothschilds, Rockefeller)«, »Aids-Lüge«, »Gift im Essen (Aspartam, Hefeextrakt, Jod, Glutamat, etc. …)«, »MMS«, »NWO, Illuminaten, Freimaurer« und »Mindcontrol«.

Die Heckscheibe und die beiden hinteren Seitenfenster sind zugeklebt mit den Zetteln, und obwohl Stephanie etwas Platz zwischen den Zetteln lässt, ist das Einparken manchmal Glückssache. Als sie einmal von der Polizei angehalten wird, hat sie Angst, dass es wegen der Zettel nun Ärger gibt, doch es gibt ihn nur, weil sich Stephanie nicht angeschnallt hat. Zur Rede stellt sie nur einer der Bauarbeiter, der bei der Renovierung eines Nachbarhauses mithilft, doch der findet das toll, was Stephanie da macht, und meint: »Das ist super, endlich mal jemand, der die Wahrheit ausspricht!«

Stephanie ist begeistert und postet dieses Erlebnis ganz aufgeregt auf Spirituelle-Revolution.net. Spirituelle-Revolution.net ist eines der Foren, auf denen Stephanie vor allem am Anfang unterwegs ist, später kommen noch www.ufoerscheinungen.com dazu und www.allmystery.de. Wer Spirituelle-Revolution.net ansurft, wird von einer peacigen Nachricht begrüßt:

♥☪ﻚﻜ»☪ SPIRITUELLE ЯΞ√ΩLUT↑☼N – Erdhüter, Lichtkinder und Lichtarbeiter Forum – WE ARE ALL ♥NE L♡ve • Pe▲ce • Light☀ Nothing But L♡ve Here ♥☪ﻚﻜ»☪.

DIE BESTE VERSCHWÖRUNGS-
FREUNDIN

Das Design von Spirituelle-Revolution.net orientiert sich streng an der ästhetischen Formgebung des Konspiritavismus, die uns so oder so ähnlich schon so oft auf unserer Reise begegnet ist: Eine Weltkugel blinkt umgeben von violetten Spiralen, drum herum ist vor allem Weltraum. Die Foren-Mitglieder heißen Nordwind, Traumfinder oder Aura.

Jeden Tag loggt sich Stephanie hier ein, auch um zu schauen, ob ihr Karen (Name geändert) geschrieben hat, ihre ABVF, ihre »allerbeste beste Verschwörungsfreundin«. Mit ihr kann Stephanie über alles reden: über Fernsehserien, über Männer und vor allem aber auch über pulverisierte Bariumbestandteile in Chemtrails.

Doch irgendwann wird Karen komisch, sie fängt an zu zweifeln, meint, dass sie sich mit Piloten unterhalten hätte und sie sich nicht mehr sicher ist, ob es wirklich Chemtrails gibt. Und es kommt noch schlimmer: Karen fängt an, merkwürdige Fragen zu stellen, offenbar wurde sie komplett gebrainwasht und umprogrammiert, sie hat sogar das Chemtrail-Handbuch von Jörg Lorenz gelesen, das ist in etwa so, als würde der Papst verkünden, dass er die die Autobiografie von Ron Jeremy gelesen hat.

Stephanie fragt Karen, was das soll, warum sie das macht und was in Gottes Namen mit ihr los ist. Es kommt zum Streit, Stephanie wirft ihr vor, Geld von »IHNEN« bekommen zu haben, und irgendwann fällt das Wort »Verräterin«.

Am nächsten Tag loggt Stephanie sich ein, aber da ist keine neue Nachricht von Karen. »Hallo?«, schreibt Stephanie, keine Antwort; »Wie geht's?«, keine Antwort. Stephanie wird unruhig, zwingt sich dazu, erst einmal nicht zu schreiben, »die wird sich schon wieder einkriegen«, denkt sie sich, doch Karen meldet sich nicht mehr, nicht am nächsten Tag, nicht in der nächsten Woche, nicht im nächsten Monat, sie meldet sich nie wieder. Stephanie ist tieftraurig, monatelang grübelt sie darüber nach, warum Karen weg ist. Heute kann man sagen: Karen zeigt Stephanie damals den Ausgang aus dem Kaninchenbau.

Denn Stephanie beginnt nun zu zweifeln. Was, wenn Karen doch recht hatte? Es erscheint ihr zwar völlig abwegig, aber was, wenn doch? Der Gedanke nistet sich in Stephanies Bewusstsein ein, er nagt an ihr, lässt ihr keine Ruhe, Stephanie grübelt und grübelt und grübelt, dann fasst sie sich ein Herz, setzt sich an den Laptop und surft durch das Internet, vorbei an www. ufoerscheinungen.com, vorbei an www.allmystery.de, vorbei an www.Spirituelle-Revolution.net, schnurstracks mitten hinein ins Feindesland. Sie schaut sich das erste Mal zaghaft auf Wikipedia um, traut sich sogar auf die Skeptiker-Seite Psiram, und zum Schluss meldet sie sich wie Karen in einem Forum für Piloten an. Zunächst hat sie Sorge, dort ausgelacht oder gar beschimpft zu werden, doch zu ihrem Erstaunen werden alle ihre Fragen freundlich, geduldig und in aller Ruhe beantwortet. Sie erfährt, dass die Rußteilchen im Abgasstrahl des Flugzeugs unter bestimmten Umständen Eiskristalle und damit Kondensstreifen produzieren und dass diese Kondensstreifen auch unterschiedlich aussehen können, was wiederum von den sie umgebenden Luftmassen abhängt, deren Beschaffenheit wiederum eine ganze Menge mit der Flughöhe zu tun hat. Das klingt weniger aufregend als »Man will uns alle vergiften!!!!«, aber auch nicht unlogisch.

Stephanie beginnt sich nun mit Meteorologie zu beschäftigen, liest jetzt auch das Chemtrail-Handbuch von Jörg Lorenz und lernt einiges darüber, wie Wolkenbildung und Wind die Luftmassen beeinflussen können, sodass manche Flugzeuge feine weiße Linien ziehen und andere nicht. Immer wieder hält sie auf ihrem Gewaltmarsch aus dem Kaninchenbau inne, immer wieder will sie umkehren, immer wieder denkt sie sich: »Komm, vergiss das alles ganz schnell wieder!«, immer wieder will sie sich nicht eingestehen, dass sie womöglich zumindest teilweise gefährlichen Bullshit geglaubt und sogar weiterverbreitet hat. Mehrmals ist sie kurz davor, sich wieder in die Verschwörungswelt zurückzuflüchten, lange Zeit surft sie auch einschlägige Seiten an, aber irgendwann kommt der Punkt, an dem sie hier keine Argumente mehr sieht, sondern nur noch Widersprüche und Ausflüchte, keiner dort hat offenbar wirklich Interesse daran herauszufinden, was dort oben am Himmel überhaupt passiert. Regelrecht entsetzt ist sie, als in einem Chemtrail-Forum dazu aufgerufen wird, Piloten mit Laserpointern zu blenden, um die Flugzeuge vom Himmel zu holen.

Und so merkt sie mit der Zeit: Der Ausgang aus dem Kaninchenbau, er lag die ganze Zeit direkt vor ihr, nur sehen konnte und wollte sie ihn nicht. Dann der Tag, an dem Stephanie die Zettel von ihrem Auto abreißt, alle wandern sie in den Müll, zur großen Erleichterung ihres Mannes Kai, der sie nie zurückgelassen hat, egal wie tief Stephanie im Kaninchenbau steckte. Menschen, denen man vertraut, können mithelfen, einen aus dem Verschwörungssumpf zu ziehen, auch das zeigt die Geschichte von Stephanie.

KAPITEL 13

DER LANGE WEG
NACH MORDOR

»Einen Vortrag von David Icke zu besuchen, das ist wie den Mount Everest der Verschwörungstheorien zu besteigen.«

»Quatsch. Das ist, als würdest du den ganzen Tag im Phantasialand sein und dir die beste Achterbahn, die Black Mamba, für ganz zum Schluss aufheben.«

»Wenn das jetzt gut läuft, dann ist das wie Maradonas zweites Tor im Viertelfinale der WM 86. Oder wie Deutschland gegen Holland bei der WM 90. So geil wird das.«

»Nee, das ist wie dieser eine Endboss in Final Fantasy VII. Wir brauchen nur genug Heiltränke, dann läuft die Kiste.«

Wir sitzen jetzt schon mehrere Stunden im Auto und machen das, was wir am besten können: uns mit obskuren Vergleichen, die keine Sau versteht, die Zeit vertreiben. Von der Raststätte Greding in Franken bis zur holländischen Grenze geht das so. Wir stufen die Karnevalskostüme von Markus Söder in ein handliches Zehnersystem ein (Ludwig II.: 4,3; Homer Simpson: 7,6; Punk: 8,2), wir diskutieren, welche Staatsform eine Marskolonie bräuchte, und erträumen uns ein Remake des Computerspiels MadTV. Als wir dann aber die Stadtgrenze Maastrichts passieren: Stille. Keiner sagt mehr etwas. Im Autoradio dudelt RTL Radio leise die besten Hits der 80er, 90er und von heute vor sich hin. Keiner von uns kommentiert, dass wir auf dem Weg zur Maastrichter Messezentrum ausgerechnet die John-F.-Kennedy-Straße passieren. Niemand macht einen Witz darüber, dass ausgerechnet während des Vortrags von David Icke in einer Nebenhalle die große Messe der Alu-Industrie aufgebaut wird. Wir sind einfach wahnsinnig nervös. Immerhin werden wir gleich im selben Saal mit David Icke sein. Der Mann, der glaubt und verkündet, die globale Elite bestehe aus Echsenmenschen. Der Mann, der glaubt, George Soros würde hinter der »Klimalüge« stecken. Der Mann, dessen verschwörungstheoretischer Power-Move darin besteht, einer geheimen Klasse von Juden die Weltherrschaft zu unterstellen.

Und da wird ja nicht nur David Icke sein, sondern auch all die, die 70 € bezahlt haben, um ihn zu sehen. Die ihm später an den Lippen hängen werden, sich von ihm die Kommunion abholen. Die Halle, in der David Icke spricht, ist eigentlich für Konzerte reserviert. Hier treten dann pfiffige Tango-Gruppen auf oder obskure Tuba-Querflöten-Ensembles oder wahlweise 6, 10 oder 12 Tenöre. Die Konzertbesucher können sich dann in ihren gemütlichen Polstersitz fallen lassen und die Mühen des Alltags vergessen, während vorne jemand Mozarts kleine Nachtmusik aus einer riesigen Tuba presst.

Der große Konzertsaal bleibt auch heute nicht ungenutzt. Es ist kurz vor zehn Uhr morgens, und auf der Bühne steht nicht David Icke, sondern irgendein Typ mit Akustikgitarre und Bart. Der klingt und sieht so aus, als wäre der Frontmann der Country-Band Mumford & Sons ein bisschen zu oft ins Fitnessstudio gegangen. Irgendwie melancholisch, irgendwie rockig-wütend. Es ist David Ickes Sohn, Gareth Icke, der auf der »Worldwide Wake Up Tour« des Herrn Papa immer mit dabei ist. Auf der Internetseite von Gareth Icke steht, dass er gerade vom klassischen 4er-Rockband-Sound auf einen reduzierteren, fast keltischen Sound wechselt. Außerdem soll sein letztes Album großes Aufsehen erregt haben, weil es in 432 Hz statt der üblichen 440 Hz aufgenommen worden sei. Aha.

Der melancholische Lagerfeuerpop wird mit einem braven Applaus bedacht. Gareth Icke schlurft von der Bühne, die Lichter im Saal gehen aus. Der Beamer springt an, und auf der großen Leinwand steht: »David Icke – The Background«. Es ist eine Mini-Biografie von David Icke, die man auf der offiziellen DVD der Veranstaltung nachschauen kann und die wir Ihnen nicht vorenthalten wollen. Die Biografie im O-Ton.

WER IST DAVID ICKE?

David Icke wird am 29.April 1952 in Leicester, England geboren. Schon als junger Mann dachte er, dass er auf der Welt sei, um eine Aufgabe zu erfüllen, auch wenn er nicht genau wusste, woraus diese besteht. Zuerst dachte er, er wäre bestimmt, Fußballspieler zu sein. Die Liebe zum Fußball begleitete ihn durch seine Kindheit und führte ihn zu einer Profikarriere, die von Arthritis-Diagnose beendet wurde.

Bilder vom jungen David Icke sind zu sehen. Er sieht aus wie ein hübscher Günter Netzer.

Danach wurde er Journalist, BBC-Moderator und ein bekanntes Gesicht im britischen Fernsehen für viele Jahre. In den 80ern wird David Icke dann Sprecher für die britische Grünenpartei.

David Icke steht mit einem grünen Schlips vor einer Plakatwand. Auf den Plakaten ist genau das Bild der Weltkugel zu sehen, das jetzt draußen auf den Postern der »Worldwide Wake Up Tour« ist.

Aber dann kommt der Tag, der sein Leben für immer ändern sollte. Im Jahr 1989 fühlt David Icke eine Präsenz um sich herum. Auch wenn er alleine war, dachte er, dass irgendetwas da sei. Etwas, das immer konkreter und greifbarer wurde.

Ein 80er-Jahre-Bild von David Icke mit prächtigem Vokuhila

und Jeanshemd. Die Haare sind schon grau, der Blick schweift wissend in die Ferne. Vermutlich sieht er schon einen Echsenmenschen am Horizont.

Dieses Gefühl führte ihn zu Betty Shine, einem professionellen Medium. Sie sollte ihm sagen, was da mit ihm passiert. David hat noch nicht mal begonnen, ihr zu erzählen, was los ist, als sie ihm erzählt, dass eine Präsenz durch sie mit ihm kommunizieren will. Betty erzählt ihm, dass er auf einer Weltbühne stehen und große Geheimnisse verraten würde. »*Ein Mann wird nicht die Welt ändern können. Aber ein Mann kann die Botschaft überbringen, die die Welt ändert.*« *Betty sagt, dass er enormen Widerstand spüren würde, aber* »*sie*« *wären immer da, um ihn zu beschützen.*

Als das Wort »sie« fällt, sieht man die Silhouette eines Menschen, die von einem Weltraumbild durchleuchtet wird. Eins dieser Weltraumbilder vom Hubble-Teleskop, das ein atemberaubendes Sternensystem oder einen noch atemberaubenderen Nebel zeigt. Man sieht solche Bilder auch gern auf Facebook, wenn unsere Tante mal ein ausgefallenes Hintergrundbild für ihren »Carpe Diem«-Motivationsspruch braucht.

Von diesem Tag wurde Davids Leben eine fantastische Reise der Synchronizität.

Sorry, auch wir haben keine Ahnung, was das bedeutet.

Eine Reise, die ihn zu Menschen, Dokumenten, Informationen, persönlichen Erfahrungen führte. All das gab ihm die Puzzleteile, um zu enthüllen, was wirklich los ist, in der Welt hinter der Nebelwand aus Lügen, Unterdrückung und Manipulation. Die Reise führte ihn nach Peru, wo er unglaubliche Erfahrungen machte. Darunter: Ein Informationsdownload auf einem Hügel nahe einer heiligen Inka-Stätte.

Wir sehen eine Rekonstruktion dieses Informationsdownloads, gefilmt während eines Besuchs im Jahr 2012, wie uns der Film erzählt. David Icke steht mit weißer Jeansjacke in der

Gegend rum, die Hände nach oben gereckt. Sein Gesicht ist schmerzverzerrt. Die Kamera fährt wild um ihn herum.

Eine Stunde kann sich David nicht bewegen. Während des Downloads steht er in einem kraftvollen elektromagnetischen Feld aus Energie.

Hoffentlich auf 432 Hz. Wir werfen uns einen zweifelnden Blick zu.

Drei Monate nach dieser Erfahrung ist David benommen und verwirrt. Er sagt, es ist, als würde ein Computer abstürzen, weil man zu viele Tasten gleichzeitig gedrückt hat. Erst nach drei Monaten wird alles wieder klar. Und während seine Freunde denken, er wäre wieder der alte David, war er das nicht. Plötzlich konnte er die Welt sehen, wie er es zuvor nicht konnte.

Logos der Illuminaten und Freimaurer blitzen über die Leinwand. Bilder der Queen. Obama mit einem gephotoshopten Auge der Wahrheit.

In seinen Worten: Er konnte hinter das Programm blicken, das die Menschheit in Knechtschaft hält. David schrieb eine Reihe an Büchern, die Weltereignisse mit bemerkenswerter Genauigkeit vorhergesagt haben.

Wir werfen uns einen weiteren zweifelnden Blick zu.

Der Mann, von dem sie sagten, er wäre verrückt, ist jetzt ganz vorne dabei, wenn es darum geht, die menschliche Zwangslage aufzudecken. Er lüftet den Schleier, der über all dem liegt, was von uns versteckt wird. Machen Sie sich auf einen Tag gefasst, den Sie so schnell nicht wieder vergessen werden. Meine Damen und Herren, David Icke.

8 SEKUNDEN

Applaus brandet auf. Ganz vorne gibt es sogar Standing Ovations. David Icke hat heute sein Jeanshemd zu Hause gelassen. Stattdessen trägt er etwas, das sich am besten als Safarihemd in Blau beschreiben lässt. Vom Vokuhila der 80er sind noch Reste zu sehen. Nach dieser fulminanten Einführung lässt Icke keine Zeit verstreichen, er geht gleich in medias res und spricht von seiner Tour. Und denen, die seine Auftritte verhindern wollen. Die »ultra-zionistischen Hass-Gruppen«.

Eigentlich hatten wir vor, unsere Handys die ganze Zeit mitlaufen zu lassen – mit angeschaltetem Diktiermodus. Aber leider wäre das doch zu auffällig. Denn als David Icke die Bühne betritt, verdunkelt sich der Saal fast so wie im Kino. Klar, denn David Icke spricht ja nicht nur, er hält eine Powerpointpräsentation. Also stecken wir unsere Handys wieder weg. Vielleicht ist das ja auch besser so, denn wir beiden Nerds haben natürlich nicht irgendwelche Handys, sondern diese ganz neuen Modelle mit Fingerabdruck- und Gesichtsscanner. Es wäre dann doch ein bisschen unrealistisch, wenn wir ausgerechnet mit der modernsten Big-Brother-Technik bei David Icke auftrumpfen würden. Wir sind ja nicht als Journalisten hier, sondern als ganz normale Besucher: Wir sind Hans und Horst Fuchs. Zwei Brüder, die die Eimsbütteler Dosenfabrik des Vaters übernommen haben und es »denen da oben mal zeigen wollen«. Also dann eben Bleistift und Papier. Schnell schreiben wir im Dunkeln mit.

Wir unterscheiden uns gar nicht so sehr von David Icke, das fällt uns schnell auf. Auch David Icke liebt Vergleiche und Metaphern, Chiffren und Allegorien. Auf einer der ersten Folien, die er uns zeigt, ist eine große Pyramide zu sehen. Unten sind wir – das unterdrückte Volk –, ganz oben die Elite. Das Bild der Pyramide wird Icke noch häufiger zeigen. Manchmal tauscht er es aber auch aus gegen das Bild eines Spinnennetzes. Dann sind wir außen und im Zentrum des Netzes dann die »wahren Herrscher«, die uns Fliegen in ihr Netz gelockt haben. Manchmal zeigt Icke aber auch das Bild der Pyramide, benutzt im Vortrag dann aber das Wort »Kaninchenbau«. Wie in Alice im Wunderland wagen wir uns also auch hier – geführt von unserem wackeren Wahrheitssucher David Icke – immer tiefer in den Kaninchenbau vor. Aber egal, ob Kaninchenbau oder Pyramide oder Spinnennetz oder Puppentheater: Hauptsache, wir sind die Dummen und von jemand anderem fremdgesteuert. »Ich werde euch heute mitnehmen, ganz tief in den Kaninchenbau«, sagt Icke. Wir haben schon eine Vermutung, was da ganz tief im Kaninchenbau auf uns warten könnte, schließlich haben wir David Ickes Bücher gelesen und seine Vorträge auf Youtube geschaut. Ganz tief im Kaninchenbau sitzen natürlich die Echsenmenschen, eh klar.

Auf der Pyramide sind natürlich auch wir drauf, irgendwo in der Mitte zwischen Politik und kleinem Mann: die Medien. Spätestens als David Icke über die Medien zu sprechen beginnt, stellt sich heraus, dass es eine gute Entscheidung war, die Handys wegzupacken. Selten haben wir uns mehr gewünscht, Dosenfabrikanten aus Eimsbüttel zu sein. Immer wenn Icke über »die Medien«, »die Journalisten« oder »die Experten« spricht, geht ein Raunen durch den Saal, gefolgt von einem höhnischen Gelächter. Wirklich Angst haben wir keine, aber ein flaues Gefühl in der Magengegend, das stellt sich schon ein. Vielleicht fühlen sich so Verschwörungstheoretiker im Alltag: alleine und unverstanden – die einzigen Skeptiker im Raum, während alle anderen einer Meinung sind. Während wir da sitzen und brav mitschreiben, schaut unser Sitznachbar immer häufiger auf unsere Notizen. Um nicht noch mehr Aufmerksamkeit zu erregen, schreiben wir die wirklichen Notizen in ganz kleiner

Handschrift, während wir Schlagworte wie »SOROS!!!!«, »KLI-MA!!!« oder »DIE SPINNE IM NETZ!!!!!« ganz fett schreiben, doppelt unterstreichen. Man will ja nicht auffallen.

David Icke ist ein sehr guter Redner, das muss man ihm lassen. Man spürt deutlich, dass er mal BBC-Moderator war. Er setzt an den richtigen Stellen Pausen, streut hier und da einen Witz an und nimmt den Zuschauer richtig an der Hand. Er trägt hier ein Programm vor, das er in- und auswendig kennt, das er schon tausend Mal vorgetragen hat. Das hier ist Bullshit, der hochraffiniert ist – im doppelten Sinn. Denn so ein David-Icke-Vortrag läuft immer nach dem gleichen Schema ab, das fällt uns schnell auf: Zuerst präsentiert Icke eine Aussage, die so mainstreamfähig wie nur möglich ist. Zum Beispiel: »Unser Schulsystem stammt aus dem 19. Jahrhundert und ist nicht für die Gegenwart gerüstet.« »Recht hat er!«, denkt man dann so auf seinem gemütlichen Sitz und ertappt sich dabei, wie man David Icke zugestimmt hat. Nach der Mainstream-Aussage kommt meistens irgendeine Studie, die Icke in zwei Sätzen zusammenfasst. Im konkreten Beispiel zitiert er eine Studie von Kyung Hee Kim, die festgestellt hat, dass das amerikanische Schulsystem Kinder weniger kreativ macht. »Das gibt's ja nicht!«, denkt man sich und will gerade sein Handy rausholen, um die Studie nachzulesen, aber da ist Icke schon weiter bei der nächsten Folie. Die enthält dann meistens einen Sinnspruch oder ein Witz oder ein nettes Zitat oder irgendwas Anrührendes. Denn nachdem wir durch die zitierte Studie intellektuell abgeholt wurden, folgt jetzt noch die emotionale Seite. Die Emotion in diesem Fall ist Wut: »Wir lassen unsere armen, kreativen Kinder vor die Hunde gehen! Dieses Scheißsystem! Vielleicht wäre ich heute Bildhauer, wenn die Frau Mertens mich damals nicht zu Mathe-Hausaufgaben gezwungen hätte, jetzt bin ich halt scheiß Buchhalter!«

Und genau das ist der Moment, in dem wir die sicheren Mainstreamgewässer verlassen. Denn jetzt kommt das, was David Icke uns eigentlich erzählen will. Das, worum es ihm eigentlich geht. Im Falle seiner Bildungskritik: dass das Bildungssystem uns in einer Meinungsblase festhält. Eine Blase, die so entworfen ist, dass unsere Kinder Menschen wie David Icke mit Skepsis gegenüberstehen und lieber Leuten glauben, die vom System bestätigt wurden: Experten, Doktoren, Professoren, Journalisten. Die Kinder werden vom Staat programmiert, und wir lassen das zu.

Icke macht seinen Job sehr gut, kein Wunder, dass hier so viele Leute sind. Die ganze Herleitung, die Studien, die kleinen Witze auf dem Weg – die sind später alle vergessen. Im Gedächtnis bleibt nur das, was Icke wirklich erzählen will. Seine Schlussfolgerungen und Forderungen packt er in leicht merkbare Informationshappen, die von leicht zu verstehenden Powerpointfolien begleitet werden. Das Ergebnis unseres Bildungssystems nennt er zum Beispiel »die Arroganzblase«. Das ist catchy, das zieht, das macht allen Skeptikern ein schlechtes Gewissen. Denn arrogant will man ja nun wirklich nicht sein.

Das klingt jetzt wahrscheinlich alles nicht so tragisch. Aber wir sind ja noch ganz am Anfang des Vortrags. Wir haben in den Kaninchenbau, vom dem David Icke so gerne spricht, noch nicht mal einen Hasenfuß gesetzt. Und ehrlich gesagt: Wir sind ein bisschen beunruhigt. Auf unserem Ticket steht zwar, dass die Veranstaltung von 10 Uhr morgens bis 22 Uhr abends stattfindet, aber so lange wird wohl niemand reden, haben wir uns gedacht. Der Icke, der wird bestimmt einen kleinen Vortrag halten – zwei Stunden maximal – und dann kann man sich den restlichen Tag mit Verschwörungstheoretikern austauschen, Bücher und Merchandising und die CD von Gareth Icke kaufen. Wenn alles gut läuft, sind wir hier am Nachmittag wieder raus, essen auf dem Weg noch ein paar belgische Pommes und fahren nach Hause.

Nach einer Stunde dämmert uns: Der könnte das mit den zwölf Stunden tatsächlich ernst gemeint haben. Hat er auch. Die erste Pause kommt nach dreieinhalb Stunden. Dreieinhalb Stunden! Dreieinhalb Stunden, in denen David Icke ununterbrochen redet und, ohne abzulesen, seine Show abzieht. Insgesamt wird David Icke heute eine reine Redezeit von mehr als zehn Stunden haben. Wir sind wirklich ein bisschen beeindruckt, soll noch einer sagen, Verschwörungstheorien wären kein hartes Business.

Es sind zehn Stunden, die David Icke ganz bewusst einsetzt. Die eben beschriebene Technik, das langsame Vorantasten zu dem, was er eigentlich sagen will, die setzt er über die gesamten zehn Stunden ein. Zu den wahren Strippenziehern, formlosen Alienwesen, kommen wir erst nach sieben Stunden. Die epische Breite ist auch Mittel zum Zweck, denn wer bis hierhin dranbleibt, der glaubt alles.

Ironischerweise wird diese Art des Vorantastens zur wirklichen Botschaft auch von Icke selbst auf die Schippe genommen. Er zeigt uns eine angebliche Wissenspyramide der Freimaurer. Die untersten Mitglieder wissen nichts, erst wenn sie innerhalb der Organisation aufsteigen, bekommen sie »wirkliche Wahrheit« mit. Auch Scientology funktioniert nach demselben Prinzip. Erst auf Thetan-Level III, einer Stufe, die man erst nach mehreren Jahren erreicht, wird einem die ganze Wahrheit der Scientology-Lehre beigebracht: Menschen tragen Seelenfragmente einer alten Weltraumzivilisation in sich, die vom bösen Herrscher Xenu mit Atombomben in die Luft gesprengt wurde. Egal, ob Freimaurer, Xenu oder die Echsenmenschen von David Icke. Alle diese »Lernmodelle« setzen auf einen psychologischen Trick: die Sunk-Cost-Fallacy. Diese Verzerrung macht es für uns sehr schwer, uns von Dingen oder Überzeugungen zu trennen, wenn wir schon in sie investiert haben. »Rita, wir haben jetzt siebzig Euro gezahlt, einen Babysitter besorgt und sind nach fucking Maastricht gefahren, wir bleiben jetzt hier!«

Wenn David Icke schon in der ersten Stunde die Geschichte seiner Aliens in Menschengestalt erzählen würde, dann wäre der Saal bald leer. Deswegen ködert er uns: hier ein bisschen Gesellschaftskritik, ein bisschen Medienschelte, verschwörungstheoretisches Geraune, bevor er die ganz großen Geschütze auffährt. In den sieben Stunden, die wir brauchen, um bei den Echsenmenschen zu landen, werden die Theorien immer wilder und krasser. Von der Bildungs- und Medienkritik machen wir einen Abstecher zur Neurologie des Gehirns. Dann geht's zu Identitätspolitik, zu der Verlogenheit des Zwei-Parteien-Systems in den USA. Bis hierhin noch alles Dinge, die man in der Sonntagsbeilage Ihrer Tageszeitung erwarten könnte. Dann, nach anderthalb Stunden, endlich handfestes Verschwörungsfutter: 9/11 war ein Inside Job! Aber auch das ist ja immer noch eine Verschwörungstheorie für Einsteiger, für all die, die noch mit Stützrädern fahren. Danach geht's zur NATO, die angeblich einen Krieg gegen Russland vorbereitet. Dann kommen Soros und die Weltbank und, und, und.

Es macht an dieser Stelle keinen Sinn, zu erzählen, was David Icke en detail glaubt. Wenn Sie unsere Top 5 der Verschwörungstheorien gelesen haben, dann bekommen Sie einen ziemlich guten Eindruck. Spannend ist hingehend das System, in dem er denkt. David Icke ist so weit im Kaninchenbau, für ihn gibt es gar keine Zufälle mehr. Jede Nachricht, jede Meldung, jedes Ereignis kann punktgenau in sein verschwörerisches Koordinatensystem eingepasst werden. Es ist so, als würde Icke ständig das von Rob MacDougall entwickelte Spiel »The Paranoid Style« spielen, von dem wir in Kapitel 9 erzählt haben. Alles hängt zusammen, nichts passiert zufällig. »Ich spreche nicht über mehrere Verschwörungen«, erzählt er auf der Bühne.

»Ich spreche von EINER Verschwörung, die die Menschheit versklavt.« Und worin diese Verschwörung besteht, erzähle er uns in Teil 3 seines Vortrags. Hätte er gesagt, »das erzähle ich euch in circa fünf Stunden«, der Saal wäre leer gewesen.

Das Perfide ist: Icke tut so, als wäre er der Aufklärer des Abendlands. Als würde sich nur jeder seines eigenen Verstandes bedienen müssen, um endlich die ganz große Verschwörung, die wir Leben nennen, aufzudecken. Aber in Wirklichkeit will er gar nicht, dass man nachdenkt, sondern dass man ihm glaubt. Sein kompletter Vortrag will keine Denkanstöße liefern, er will überzeugen. Als wir vorhin gesagt haben, dass Icke einen langen Powerpointvortrag hält, war das gelogen. Icke hält nicht irgendeinen Vortrag, er hält die Mutter aller Powerpointvorträge.

Wir stoppen irgendwann die Zeit und kommen durchschnittlich auf eine Folie alle acht Sekunden. Dieser Overload an Informationen führt dazu, dass man gar nicht so schnell nachdenken kann, wie Icke spricht. Die Studien und Zeitungsartikel – gern aus der so verhassten Mainstreampresse –, die seine Ideen untermauern, werden gerade so lange gezeigt, dass man grob verstanden hat, um was es geht. Selbst recherchieren ist nicht. Icke wirft mit Fakten und Zitaten um sich, als wäre Karneval in Köln. Und irgendwann … gibt man einfach auf. Wir fühlen uns wie David Icke, der auf einem Hügel in Peru steht und sich nicht mehr bewegen kann – kompletter Overload. Das kritische Denken wird ausgehebelt. Wir brauchen eine Pause.

UNSERE NEUEN FREUNDE

Wir sind natürlich nicht nur hier, um David Icke zuzuhören, sondern auch, um mit anderen »Wahrheitssuchern« ins Gespräch zu kommen. Nur gestaltet sich das viel schwerer als gedacht. Wir haben uns den Tag ja ganz anders vorgestellt. Wir dachten, Icke würde zwei Stunden reden und danach hätten wir einen ganzen Tag Zeit, um Kontakte zu knüpfen und Leute auf Kaffees oder Schnäpse einzuladen. Jetzt gibt's also weniger Möglichkeit zum Schnacken, also müssen wir das Beste aus der Zeit machen. »Ganz schön krass, ne?«, fragen wir den Typ, der in der Schlange vor uns wartet.

»Ja. Sehr augenöffnend.«

»Mhm. Mhm. Ja.«

»Bist du das erste Mal hier?«

»Ja. Ihr?«

»Auch.«

»Mhm.«

Ungefähr so verlaufen einige der Gespräche, die wir mit den Zuschauern führen. Seichtes Geplänkel, das im Sande verläuft. Eine junge Frau aus Eindhoven erzählt uns, wie froh sie ist, hier zu sein. »Das mit dem Klimawandel, das hab ich schon die ganze Zeit bezweifelt. Ich bin froh, dass endlich mal jemand die Wahrheit sagt, die Medien lügen einen ja nur an.« »Ja, total«, sagen wir mit einem Nicken, das vielleicht ein bisschen zu enthusiastisch ist. Ein älterer Herr aus Bonn will jetzt seine Pension in Bitcoins stecken. »Damit die Rothschilds daran nix verdienen!« Eine Frau aus Belgien teilt uns ihre Skepsis mit: »Ich muss zu Hause ganz viel nachschlagen, von dem, was er gesagt hat.« Wir sind ganz erleichtert, beobachten dann aber später, wie sie das neue Buch von Icke kauft. Ein mehr als 700 Seiten starker Schmöker mit dem Titel »Everything You Need To Know But

Have Never Been Told«. Wirklich skeptisch ist niemand, mit dem wir an diesem Tag sprechen. Die Skepsis richtet sich immer gegen das System und nie gegen Icke.

Wir setzen uns mit unseren Kaffeebechern an den Rand – wir brauchen mal fünf Minuten Ruhe. Fünf Minuten, in denen niemand irgendeinen ausgedachten Quatsch nachplappert. Fünf Minuten, in denen wir auf Instagram gehen und dort irgendwelche Katzenbilder liken. Oder Bilder von lecker Steinpilzrisottos.

»Entschuldigung?«

Was ist denn jetzt schon wieder? Die Frau sieht relativ unscheinbar aus. In einem Film würde man sie für die Rolle der netten, aber neugierigen Nachbarin casten. Jemand, der sich im Urlaub liebevoll um die Topfpflanzen kümmert und ein bisschen in unserer Steuererklärung des Vorjahrs schmökert. Jemand, der Hildegard heißt oder Helga oder irgendwas anderes mit H.

Jedenfalls: Jetzt steht Helga vor uns und hält uns einen Zettel vor die Nase. »Entschuldigung?«, fragt sie mit angenehmer Stimme und auf Englisch. »Entschuldigung, aber könnte ich euch um eure Hilfe bitten?« Ihr Englisch hat einen schönen, holländischen Einschlag. Wir schauen endlich von unseren Handys hoch. »Wollt ihr mir helfen, eine Wissenspyramide zu bauen?«

»Eine was?«

»Eine Wissenspyramide!«

Der Groschen fällt noch immer nicht.

»Wenn jeder von euch zwei anderen Leuten diese Informationen weitergibt. Und die geben die Infos auch wieder an jeweils zwei Leute weiter. Und die dann auch wieder, dann können wir die Welt verändern.«

Sie hält uns den Zettel noch dringlicher unter die Nase. Er ist eng und doppelseitig bedruckt. Er beginnt mit den Worten »Liebe Leser, die Welt ist NICHT so, wie es uns in der Schule oder in den Medien erzählt wurde«. Beim Überfliegen bleiben nur Stichworte hängen: Obama, Bilderberger, 9/11, SECRET und YOUTUBE. Der Zettel endet mit: »Wenn genug Leute aufwachen und merken, was in unserer Welt läuft, dann wird es einen Wandel im kollektiven Bewusstsein geben (das morphogenetische Feld). Unterzeichnet von MIR (das russische Wort für F R I E D E N)«.

Aha. Danke.

»Was stimmt denn mit der Welt nicht? Warum müssen wir da was ändern?«

Sie holt aus, ringt um Worte. Wahrscheinlich, weil sie gerade nicht so schnell »Was ist denn mit dir los, du Apfelsaftgesicht!« ins Englische übersetzen kann. Stattdessen sagt sie:

»Because it's chaos!«

Keiner von uns beiden weist sie darauf hin, dass es ja gar kein Chaos sein kann, wenn die Eliten doch eh alles kontrollieren und die Strippen ziehen. Woraufhin sie wahrscheinlich antworten würde, dass das Chaos ja nur ein vorgetäuschtes ist, um die Bevölkerung zu verdummen. Aber keiner von uns sagt etwas. Stattdessen wird brav genickt, der Zettel in die Tasche gesteckt. Alles, um ja nicht aufzufallen.

So eine Wissenspyramide, die kennt man ja von Familienfeiern. Da kommt der entfernte Cousin x-ten Grades, mit dem man schon seit der Fußball-WM in Japan und Südkorea nicht mehr geredet hat, plötzlich auf einen zu und meint: »Du, ich hab da eine ganz besondere Investment-Möglichkeit. Hier ist ein Prospekt. Du musst nur zwei andere davon überzeugen, da mitzumachen, und schon regnet es Scheine, Bruder.« Ein klassisches Schneeballsystem.

Helga trottet langsam weg. Jetzt steht sie am Nebentisch und quatscht ein Pärchen mit Dreadlocks an. Auch sie bekommen den Zettel. Auch sie werden zur Wissenspyramide eingeladen. Aber anders als wir stellen sie offenbar keine blöden Fragen. Sie scheinen sogar richtig interessiert, lesen sich alles aufmerksam durch. Dann wird begeistert genickt, die Dreadlocks wippen umher.

Wir verfolgen Helga mit unseren Blicken durch den Raum. Wir sind hier anscheinend die Einzigen, die nicht auf Anhieb Bock haben, bei ihrer bescheuerten Pyramide mitzumachen. Ganz zu Beginn unserer Reise haben wir uns vorgestellt, wie wir die Verschwörungstheoretiker bekehren. Wie wir uns auf den Supermarktparkplatz stellen. Wie wir Zettel verteilen. Wie wir eine Jugendbewegung gründen. Und jetzt sitzen wir hier, vollkommen ausgepowert, während die Menschenfischerin Helga munter ihre Zettel verteilt.

Und so langsam macht uns das richtig wütend. Nein, es pisst uns wahnsinnig an. Sind denn alle verrückt geworden? Drinnen in der Halle steht ein Typ, der tatsächlich glaubt, dass eine geheime Klasse an Aliens in Echsengestalt die Welt regiert, und niemand ist auch nur im Geringsten skeptisch? Niemand hier zweifelt daran, dass Juden die Welt kontrollieren? In Deutschland gibt es Tausende Typen, die glauben, dass es die Bundesrepublik gar nicht gibt! What the fuck! Wo sind wir denn hier? In Berlin gibt es Demonstrationen gegen Chemtrails, aber nicht gegen den Pflegenotstand. In Guatemala gibt es eine Masernepidemie, weil in Berlin nicht mehr geimpft wird! In den USA rennt ein durchgeknallter Typ mit einem Gewehr in einen Pizzaladen, weil er im Internet gelesen hat, dass dort Kinder festgehalten werden. Habt ihr alle den Arsch offen!

Der Ultraverschwörungstag bei David Icke ist der letzte Tropfen, der das Fass zum Überlaufen bringt. Vorher waren wir frustriert, genervt, erschüttert von Verschwörungstheorien und denen, die an sie glauben. Jetzt sind wir nur noch eins: verdammt sauer. Wir wollen schreien, unseren Instantkaffeebecher auf den Boden werfen und alle um uns rum ganz fest schütteln.

Aber das tun wir nicht.

Stattdessen lassen wir das letzte Drittel des Vortrags aus, setzen uns ins Auto und fahren nach Hause. Denn wir wissen jetzt, was wir zu tun haben. Wir werden selbst eine verdammte Wissenspyramide bauen.

KAPITEL 14

LASST UNS
EINE WISSENSPYRAMIDE
BAUEN

Wir brauchen eine Wissenspyramide für all die, die selbst denken wollen, ohne dabei den Verstand zu verlieren. Für die, die betrunken von zu viel Informationen nach einem Geländer suchen. Für die, die ihre Meinung ändern, wenn neue Beweise da sind. Für die, die wissen, dass es echte Verschwörungen gibt, die aber nun einmal sehr selten sind. Für die, die ihre Freunde, Verwandten, Menschen aus der Thekenmannschaft davon abhalten wollen, an haltlose Verschwörungstheorien, Fake News und sonstigen Bullshit zu glauben. Für die, die lieber über Klimawandel reden als darüber, ob die Erde flach ist. Für die, die sich ihres eigenen Verstands bedienen und trotzdem nicht an Reptilien-Overlords glauben.

Bei unserem Pyramidenbau wollen wir uns an den ganz Großen orientieren, an den Lionel Messis des Pyramidenbaus, sprich: an den alten Ägyptern. Und bitte nein, denen haben keine Außerirdischen unter die Arme gegriffen und sie hatten auch keine Hilfe von Dinosauriern. Stattdessen haben die Ägypter über Generationen an ihren Pyramiden herumgebaut, Jahrzehnt um Jahrzehnt. Klar, für eine Wissenspyramide muss man jetzt keine schweren Blöcke herumschleppen und man braucht auch keine Kräne und Seilwinden, um die massiven Steinblöcke hochzuhieven. Eine Wissenspyramide, das ist ja mehr so ein Symbol.

Und dennoch wird uns schnell klar: Selbst zu zweit werden wir das hier nicht schaffen. Und mal ganz ehrlich: Wir sind auch nicht die Therapeuten der Nation, ganz abgesehen davon, dass wir uns als Therapeuten ohnehin nachhaltig disqualifiziert haben, wegen dieser sehr dummen Idee mit der Rauchmelderverschwörung. (._.)

An der Wissenspyramide, so viel ist mal klar, müssen wir alle arbeiten, und vielleicht wird es auch bei dieser Pyramide einige Generationen lang dauern, bis sie einigermaßen stabil steht, genau wie damals im alten Ägypten. Verschwörungstheorien gehörten über Jahrhunderte zum guten Ton, im 20. Jahrhundert waren sie dann eine Weile aus dem Alltag verschwunden. Jetzt sind sie wieder da und rammen uns den blauen Like-Daumen in die Augen. Unsere Wissenspyramide soll Verschwörungstheorien nicht komplett vom Erdboden verbannen. Denn das wird nicht gehen. Verschwörungstheorien gehören zum Mensch-Sein dazu wie die Zigarette zu Helmut Schmidt: Es ist nicht unbedingt gesund, aber wir kriegen sie nicht weg. Aber wenn schon rauchen, dann bitte keine Filterlosen mit LIDL-Tabak. Unsere Wissenspyramide soll den größten Bullshit einfangen, die größten Wissenslücken stopfen und Verschwörungstheorien endlich wieder darauf zurückstutzen, was sie in den 90ern noch waren: eine halbwegs harmlose Denkübung für Nerds und kein demokratiezerstörender Bullshit.

Wir würden gern wieder in einer Welt leben, in der wir darüber diskutieren, ob die Fernsehserie ALF nur deshalb existiert, damit wir uns kollektiv an die Existenz von Aliens gewöhnen und nicht vom Stuhl fallen, wenn die Regierung wirklich die Wesen vom Planeten Melmac präsentiert. Wir wollen, dass die Illuminati wieder harmlose Verschwörungskasper sind und nicht Nazi-Code für »Jude«. Wir wollen darüber reden, wer Michael Jackson umgebracht haben könnte, und nicht darüber, wann der Anders Breivik der Reichsbürgerszene zuschlägt. Das Verschwörungsdenken soll sich ruhig auf den Feldern der Pop-kultur austoben, aber bitte unsere Politik in Ruhe lassen. Denn dann wird's ungemütlich.

Damit wir diese Pyramide bauen können, brauchen wir Hilfe. Jeder muss mit anpacken, jeder muss mal Steine schleppen, jeder muss sich anstrengen und auch mal ein paar Schwielen an den Händen riskieren. Keine Sorge, auch wir werden uns nicht vor der Plackerei drücken und haben auf unserer Reise Vorschläge gesammelt, wie diese Pyramide aussehen soll.

ERSTENS: DAS FUNDAMENT

Damit die Pyramide stehen kann, müssen erst einmal ein paar grundsätzliche Probleme angegangen werden. Denn auch das ist eine Folge dieses schönen neuen Wahns, der unsere Gesellschaft heimgesucht hat: Verschwörungstheorien lenken von den wirk-lich wichtigen Themen ab. Anstatt alle 500 Jahre die Frage neu zu diskutieren, ob die Erde eine Kugel ist oder möglicherweise eine Scheibe, sollten wir lieber darüber streiten, wie man alle Menschen gerecht am Wohlstand beteiligt. Wäre es nicht besser, die Großtante würde uns auf der Familienfeier zu Steuerpolitik volllabern anstatt über Chemtrails? Wäre es nicht besser, der zweikampfstarke Linksaußen mit der Pferdelunge würde uns irgendwas zum Thema Elektroautos erzählen anstatt zu 9/11? Und wäre es nicht besser, wenn uns der mittlerweile pensio-nierte Deutschlehrer ein längliches Co-Referat halten würde zum Thema Geldpolitik der Europäischen Union und den da-raus folgenden Konsequenzen für die Binnennachfrage, anstatt irgendeinen Quatsch über den großen Bevölkerungsaustausch daherzuhalluzinieren? Ja, wirklich: Das wäre besser.

Es geht um Teilhabe an der Gesellschaft, die nun mal uns allen gehört. Und zur Teilhabe gehört letztlich eben auch, den Mitgliedern der Gesellschaft die Selbstwirksamkeit zurückzugeben. Mangelnde Selbstwirksamkeit, das wissen wir aus der Psychologie, ist zentral für die Ausbildung von Verschwörungsdenken. Wie genau das aussieht, das müssen wir gemeinsam entwickeln – im Streit mit- und nicht gegeneinander. Linke würden wahrscheinlich sagen:»Die Gängelei von Hartz IV, wo jedem Arbeitslosen unterstellt wird, sein ohnehin kaum vorhandenes Geld zu versaufen, muss aufhören.« Die FDP würde wahrscheinlich sagen:»Der deutsche Unternehmer wird durch absurde Normen und Richtlinien gegängelt und darf nichts mehr selbst entscheiden.« Reichsbürger in spe würden vielleicht sagen:»Ich sehe nicht ein, wieso ich Steuern zahlen muss, wenn Apple, Google und Co. keinen Pfennig zahlen.« Ja, die rechnen immer noch in Mark. Angela Merkel mag zwar nicht Hitlers Tochter sein, aber ihr Lieblingswort »alternativlos« hat, zusammen mit gefühlt drölftausend Jahren großer Koalition, die Debattenkultur in unserem Land empfindlich gestört.

Für eine neue Debattenkultur brauchen wir alle, auch die, die gerade an Verschwörungstheorien glauben. Und damit wir in unserer schönen neuen Welt nicht alle wieder auf dieselben Theorien im neuen Gewand reinfallen, hier ein paar Tipps. 23 Tipps, um genau zu sein, die nötig sind, dieses Fundament zu bilden.

1. Bleib skeptisch.
2. Bleib verdammt noch mal skeptisch!
3. Aber irgendwann ist auch mal gut! Du kannst nicht für alles Experte sein. Und wenn Hunderte Gutachter sagen, dass der 11. September kein Inside Job war, dann ist es an der Zeit, das zu akzeptieren. Denn:
4. Nicht alles, von dem du willst, dass es wahr ist, ist auch wahr.

5. Manchmal ist die einfachste Erklärung die richtigste!

6. Die meisten Menschen wollen die Welt zum Positiven verändern. Auch Verschwörungstheoretiker.

7. Mit Verschwörungstheorien ist es wie mit der Religion: Du kannst gerne an welche glauben, aber bitte geh anderen nicht damit auf den Sack.

8. Medien machen Fehler, sie recherchieren und zitieren falsch. Aber von oben gesteuert sind sie nicht.

9. Versuche für jede absurde Behauptung die Primärquelle zu finden. Obskure Domains gelten nicht.

10. Finde Meta-Studien! Das heißt, Studien, die mehrere Studien zusammenfassen und eben nicht nur eine Sichtweise produzieren. Denn Lobbyismus ist auch in der Wissenschaft ein Problem.

11. Übernimm Verantwortung für das, was du ins Internet postest. Wenn sich wegen deiner Anti-Impf-Posts Menschen in Guatemala mit den Masern anstecken, ist das zum Teil auch dein Problem.

12. Die goldene Regel der Verschwörungstheorie: Wenn du nicht willst, dass über dich irre Theorien verbreitet werden, dann verbreite keine irren Theorien über andere.

13. Hinter jedem Verschwörungstheoretiker steckt ein Mensch wie du und ich. Mit Hoffnungen, Träumen, Sorgen und Problemen. Dasselbe gilt für die Menschen, über die Verschwörungstheorien existieren. Ja, auch George Soros.

14. »Cui bono?« gilt auch für Verschwörungstheorien. Die Akasha-Säule gegen Chemtrails für 4450 Euro verkauft sich eben nur, wenn man auch an Chemtrails glaubt.

15. Nur weil viele Leute deine Theorien liken, heißt das nicht, dass sie wahr sind.

16. Verschwörungstheoretiker unterschätzen die Inkompetenz unserer Geheimdienste.

17. Verschwörungstheoretiker unterschätzen die Macht des Zufalls.

18. Auch wenn es keine 100-prozentigen Wahrheiten gibt: In ganz vielen Fällen sind wir bei 99 Prozent. Besser wird's nicht.

19. Wir machen als Gesellschaft nur Fortschritte, wenn wir nicht alle paar Jahre noch mal die Basics klären müssen.

20. Sei kein Sand im Getriebe der Gesellschaft.

21. Debunking bringt nichts.

22. Verschwörungstheorien waren immer da und werden immer da sein. Es ist unsere Aufgabe, sie wieder zu verharmlosen.

23. Wenn du mit dem Gedanken spielst, eine eigene Verschwörungstheorie zu erfinden: Tu's nicht!

ZWEITENS: DAS GERÜST

Damit unsere Pyramide nicht beim ersten Windhauch in sich zusammenfällt wie ein Soufflé, brauchen wir ein belastbares Gerüst. Und daran mithämmern müssen auch Politik und Verwaltung. Denn was wurde da immer für ein Zinnober veranstaltet, Anfang der 90er, um die geheimen Akten zum Mord an Kennedy! Während wir dieses Buch geschrieben haben, hat Donald Trump diese Akten veröffentlichen lassen. Und was ist passiert? Nichts ist passiert. Ein mysteriöser Anruf vor dem Attentat, ein paar Kontakte Oswalds zum KGB, ein bisschen was Neues über die Sicht der Sowjets auf das Attentat. Ganz interessant, aber die Geschichte muss deswegen nicht gerade neu geschrieben werden, nach zwei Tagen und ein paar Berichten interessierten sich zu Recht alle schon wieder mehr für das Ehe-Aus von Pietro Lombardi und Sarah Dingsbums.

Jedes Informationsvakuum wird mit eigenen Theorien gefüllt, deswegen, liebe Politik: Hör auf, Informationsvakuen zu produzieren! Mach nicht um alles ein so großes Geheimnis! Facebook gibt es jetzt schon seit knapp fünfzehn Jahren. Twitter schon mehr als zehn Jahre. Und trotzdem tun wir so, als wäre der Bundesanzeiger die heißeste Erfindung seit geschnitten Brot. Wir brauchen eine neue Kultur der Transparenz. Damit eben niemand auf die Idee kommt, dass George Soros in dunklen Zimmern die Strippen zieht. Denn: Politik operiert heute nicht mehr zwischen dem Bonner Parlament und dem Starkbieranstich am Nockherberg. Die Welt ist nun mal komplizierter geworden, und die Politik steht in der Pflicht, uns das zu erklären. Warum ist es gut, dass bestimmte Entscheidungen zentral in Brüssel getroffen werden? Wie kommt es, dass immer wieder Teile von Gesetzen von Lobbyisten geschrieben werden? Warum ist nach der Bankenkrise niemand wirklich bestraft worden?

Verschwörungstheorien entstehen auch aus einem Ungerechtigkeitsgefühl heraus: Mir wird hier was weggenommen, während andere machen können, was sie wollen. Die Politik ist uns Rechenschaft schuldig, damit es eben nicht zu so einem Gefühl kommt. Und das geht nur durch direktere und bessere Kommunikation.

Und wenn wir schon beim Thema Kommunikation sind: Auch die Wissenschaft könnte sich ein wenig mehr darum bemühen, ihre Ergebnisse populärer darzustellen. Also nicht gerade Galileo-Mystery-populär, sondern mehr so Knoff-Hoff-populär, dann beteiligen sich auch mehr Leute am Bau dieser neuen Wissenspyramide.

DRITTENS: DIE SPITZE

Zum Schluss werden wir vielleicht etwas kratzbürstig, aber wir müssen auf etwas bestehen: Verschwörungstheorien muss mit der derselben Skepsis begegnet werden wie anderen Theorien auch. Es kann nicht sein, dass jede Theorie durch ein Stahlbad an Zweifeln gehen muss und ausgerechnet dann für Verschwörungstheorien so eine Art Welpenschutz besteht. Zweifel ist eine gute Sache, kritisch zu sein ist eine gute Sache, aber dann müssen sich auch Verschwörungstheorien gefallen lassen, dass man sie anzweifelt und sie kritisch hinterfragt.

Also bitte: Keine Extrawurst für Verschwörungstheorien, keine Nachspielzeit und auch keinen Nachschlag am Asia-Buffet. Stattdessen brauchen wir einen Aufstand der Vernunft, selbstbewusst und ohne Arroganz. Denn wir glauben zwar nicht, dass man mit Rechten reden muss, aber mit vielen Verschwörungstheoretikern sollte man es zumindest versuchen, schon alleine, um zu verhindern, dass sie zu Rechten werden.

AB IN DIE EISTONNE

Irgendwann wird hoffentlich diese neue Pyramide stehen. Ob sie stehen bleibt, das wissen wir nicht. Aber wir hoffen es, denn wir brauchen so eine Wissenspyramide jetzt dringender denn je. Am Horizont der flachen Erde sehen wir schon, wie die nächste Verschwörungstheorie auf uns zurollt. Und bis die uns erreicht, haben wir besser unsere Pyramide gebaut, sonst wird es sehr ungemütlich. Diese Theorie ist ähnlich gefährlich wie die Reichsbürger-Theorie und wird bereits jetzt in rechten Kreisen öfter geteilt als CDs von »Gigi und die Braunen Stadtmusikanten«. Es handelt sich um die Verschwörungstheorie des »großen Austauschs«, manchmal auch »Umvolkung« genannt: Die NWO und ihre Handpuppe Angela Merkel lassen deshalb so viele Flüchtlinge ins Land, um auf lange Sicht die Bevölkerung »auszutauschen«. Statt deutschen Kartoffeln mit Hunde-Krawatte gibt es in ein paar Jahrzehnten dann nur noch neudeutsche Kumpir-Kartoffeln.

Heute wird die »Umvolkungs«-Theorie zwar nur von ein paar rechten Spinnern und von Eva Hermann vertreten. Morgen läuft dazu auf Youtube aber vielleicht schon ein Special von RT Deutsch, und übermorgen hat die Facebook-Gruppe »Recht auf Widerstand – Nein zur Umvolkung unserer Heimatländer« nicht mehr, so wie im April 2018, nur sechs Mitglieder, sondern 60 000. Wenn wir davon sprechen, dass Verschwörungstheorien nicht mehr so harmlos sind wie früher, dann meinen wir genau so etwas wie die »Umvolkung«. Es ist eine Theorie, die Mitglieder der Gesellschaft zu Feinden macht und zum Widerstand aufruft. Echos aus der Geschichte sind hörbar, haben die Nazis damals doch auch nur »Widerstand« gegen das Weltjudentum geleistet. Gegen solche Verschwörungstheorien müssen wir alle ankämpfen. Wir hoffen, mit diesem Buch einen bescheidenen Beitrag dazu geleistet zu haben.

Falls sich diese Theorie trotzdem durchsetzen sollte, dann werden wir natürlich in der ersten Reihe stehen und versuchen, den Verschwörungstheorien mit Vernunft beizukommen, auch wenn wir wissen, wie wenig das bringt. Irgendein Hobby braucht man ja. Trotzdem hoffen wir, dass es bis zum nächsten Anti-Bullshit-Großeinsatz ein bisschen dauert. Denn ganz ehrlich: Wir sind inzwischen sehr müde und müssen dringend in die Eistonne. Mehr als drei Jahre recherchieren wir jetzt schon Verschwörungstheorien hinterher. Wir wissen inzwischen aus eigener Erfahrung: An Verschwörungstheorien zu glauben, das macht nicht glücklich. Wenn jede noch so kleine Nachricht, jede

Winz-Meldung, jeder Tweet auf eine mögliche Verschwörung abgeklopft wird. Wenn man im Alltag immer und immer wieder die Frage »Cui bono?« stellt. Wenn man nicht aufgibt, danach zu suchen, wie die »da oben« »uns« wohl als Nächstes verarschen wollen. Dann führt man kein glückliches und erfülltes Leben. Man muss auch mal vertrauen können. Wenn wir durchs Leben gehen und allem und jedem misstrauen, dann werden wir nicht besonders glücklich werden. Und wer jede Wahrheit anzweifelt, der wird es zudem schwer haben, eine Lüge überhaupt noch als Lüge zu erkennen.

Und deshalb freuen wir uns wahnsinnig darauf, jetzt endlich mal Pause machen zu können. Aus allen Gruppen austreten, die Google-News-Alerts abstellen, die Twitter-Hashtags muten. Wir gehen jetzt in die Eistonne, und dann machen wir das, was wir am besten können: auf der Couch liegen, Flips essen und Playstation spielen.

Denn wir können nicht alles wissen, wir können nicht alles kontrollieren, Nicht-Wissen und Unsicherheit sind keine Schande. Das Einzige, worin wir uns sicher sind, ist, dass die Wahrheit irgendwo da draußen ist.

DANKSAGUNG

WIR DANKEN:

Gila Keplin, die uns erst dazu gebracht hat, ein Buch zu schreiben, und für das mit den Zauberwörtern.

Christian Koth, der uns wie ein Seebär über die raue See des Buchmarkts geschippert hat.

Dem Hanser-Verlag, dass er uns die Chance gegeben hat.

Anna Bühler, Till Ottlitz und Sara Weber, die erste Versionen dieses Buchs gelesen haben. Euer Input hat sehr viel verändert.

Ulrike Ebenbeck, die die Radio-Version unserer Verschwörungsrecherchen zu einer fantastischen Sendung gemacht hat.

Allen, mit denen wir für dieses Buch gesprochen haben: Barto, Giulia, Stephanie, Marco, Sara, Richard und alle anderen.

Hans Fuchs.

CHRISTIAN ALT:

Ich danke meinen Eltern, ohne deren Vertrauen und Unterstützung ich nicht so weit gekommen wäre. Mit diesem Buch kann ich ihnen beweisen, dass man auch ohne Organisationstalent was erreichen kann. Außerdem danke ich meiner Freundin, die mehrere Monate meinen schriftstellerischen Jogginghosenlifestyle ertragen hat.

CHRISTIAN SCHIFFER:

Gracias a mis padres, a mis hermanos y a mis amigos que me apoyaron tanto.

WEITERFÜHRENDE LITERATUR UND LINKS

FÜR AUSSTEIGER UND AUSGESTIEGENE:

Sekten-Info NRW e. V.
http://www.sekten-info-nrw.de/

Die Aussteiger vom Preis »Die lockere Schraube«
http://www.dielockereschraube.de

Der Goldene Aluhut
http://blog.dergoldenealuhut.de/

Das Goldene Brett
http://goldenesbrett.guru/

Die Facebookgruppe »Nothing But The Truth – Aufklärung über die
    Verschwörungsszene«
https://www.facebook.com/groups/NbtT.DasOriginal

BÜCHER FÜR NEUGIERIGE:

Das Chemtrailhandbuch: Was sich wirklich über unseren Köpfen abspielt
Jörg Lorenz, JMB Verlag 2013

Suspicious Minds: Why We Believe Conspiracy Theories
Rob Brotherton, Bloomsbury 2015

»Nichts ist, wie es scheint«: Über Verschwörungstheorien
Michael Butter, Suhrkamp 2018

Among the Truthers: A Journey Through America's Growing
    Conspiracist Underground
Jonathan Kay, Harper & Row 2011

Fantasyland: How America Went Haywire: A 500-Year History
Kurt Andersen, Random House 2018

Them: Adventures with Extremists
Jon Ronson, Simon & Schuster 2003

Verkappte Religionen. Kritik des kollektiven Wahns
Carl Christian Bry, Ehrenwirth 1979 (1924)

Illuminatus!
Robert Shea und Robert Anton Wilson, Rowohlt 2006 (1977)

VERSTRAHLTES:

Behold A Pale Horse (allein das Cover!)
Bill Cooper, Light Technology Pub 1995

In the Light of Experience: The Autobiography of David Icke
David Icke, Warner Books 1993

9–11 Descent into Tyranny: The New World Order's Dark Plans to Turn
    Earth into a Prison Planet
Alex Jones, Aej Pub 2002

Chemtrails, HAARP, and the Full Spectrum Dominance of Planet Earth
Elana Freeland, Feral House 2014

Hitler in Argentina: The Documented Truth of Hitler's Escape from
    Berlin
Harry Cooper, CreateSpace Independent Publishing Platform 2014

REGISTER